JN233580

[現代国際法叢書]

国際「合意」論序説
法的拘束力を有しない国際「合意」について

中村 耕一郎 著

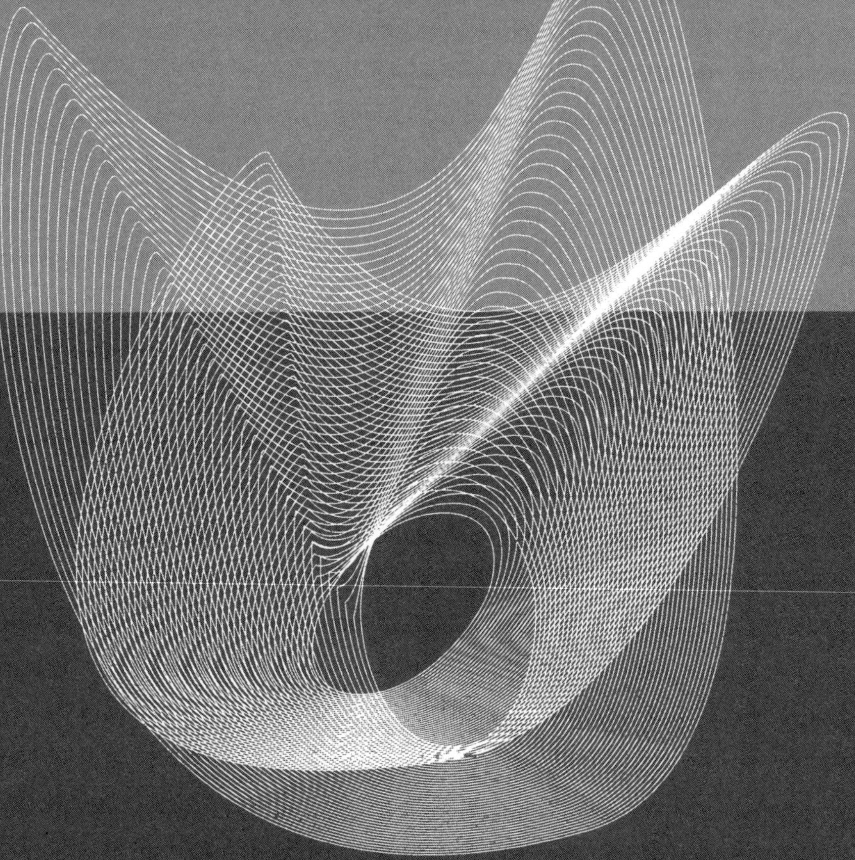

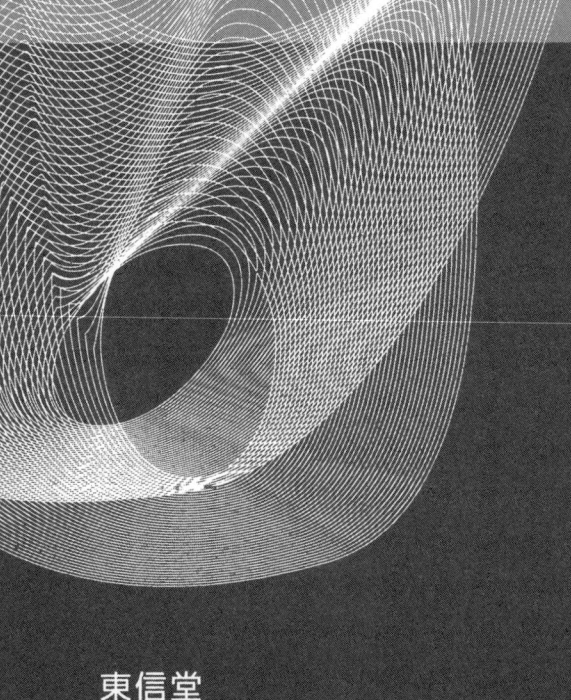

東信堂

目次／国際「合意」論序説

序　7
1. はじめに（問題の所在）：国際社会における国際約束以外の広義の「合意」　7
2. 広義の「合意」と国際法学　10
3. 本書の目的と構成　12
4. Some Caveats　12

第1章　対象と概念　17

第1節　本書の対象　17
第2節　概念の問題（terminology）　24

第2章　法的拘束力を有しない国際「合意」の類型　33

第1節　文書の名称及び形式　33
第2節　文書の当事者の数　38
第3節　作成当事者のレベル　38
第4節　文書作成のための国内手続　39
第5節　文書の内容　40

第3章　国際約束との区別の認識と形式面における具体的な差異化　45

第1節　国際約束との区別の認識　45
1. 1969年の条約法に関するウィーン条約起草過程における議論　45
2. 国際判例　50
3. 実務における区別の認識　55
4. 学説における区別の認識　58
   (1) 国際法（Klabbers教授の見解の検討を中心に）　58
   (2) 国際政治学・国際関係論　61

第2節　具体的な区別の方法　67
　　1．当事者の意図を客観的に明示することの必要性　67
　　2．文書の名称　71
　　3．文言上の工夫・用語法　73
　　4．文書への署名　77
　　5．その他の文書の形式　78
　　6．文書の登録及び公表の方法　80
　　　(1) 国際機関への登録　80
　　　(2) 国内における公表　83
　　7．形式上・手続上の外形的な区別の意義　84

第4章　内容面での違い（法的拘束力と法的効果）　85

　第1節　法的拘束力の不存在　85
　第2節　法的拘束力に直接帰結する法的効果　86
　　1．違反に対する責任及び救済　86
　　2．承　継　87
　　3．国家承認及び政府承認の問題　90
　第3節　その他の法的効果及び法的含意　92
　　1．承認及び法的確信の証拠　92
　　2．国際約束の実質的な修正？　93
　　3．信義誠実（good faith）原則との関係　94
　第4節　法的拘束力を有しない国際「合意」の「拘束力」？
　　　　　（法的拘束力を有しない国際「合意」の遵守を促す「力」）　96

第5章　国際関係における法的拘束力を有しない
　　　　国際「合意」の機能　103

　第1節　なぜ法的拘束力を有しない国際「合意」を
　　　　　使用するのか　103
　第2節　簡易かつ柔軟な形式　104
　　1．迅速性及び国内法令との整合性　104
　　2．容易かつ迅速な改正と終了　105
　　3．非国家主体の参加　106
　第3節　柔軟な内容　106
　　1．法的拘束力を有しない国際「合意」が対象とするに

ふさわしい事項　107
　　2. 新しい問題・不明確な問題に対する対処　107
　　3. 妥協の手段　108
　第4節　非公然性　112

第6章　国際約束との差異及びその相対性　115

　第1節　なぜ国際約束を選択するのか?　115
　第2節　形式上・手続上の外形的な区別とその相対性　118
　第3節　形式：安定性と柔軟性　118
　　1. 形式の明確性　119
　　2. 迅速性　120
　　3. 国内法令との整合性　121
　　4. 改正の難易　123
　　5. 終了の難易　123
　　6. 非国家主体の参加の有無　124

　第4節　内容：明確性と柔軟性　125
　　1. 対象となる事項　125
　　　(1) 国際約束の対象　125
　　　(2) 対象の重複・代替性　126
　　2. 法的言語の使用　127
　　3. 新しい問題への対処・妥協の道具　128

　第5節　透明性及び公表性　130
　第6節　「拘束力」　133
　　1. 国際約束が有する法的拘束力　133
　　2. 「法」であることから生じる正統性　134
　　3. 拘束力（「合意」の遵守を求める力）　135

第7章　結びとして　139

　註　145
　文　献　189
　あとがき　203
　事項索引　207
　人名索引　214

国際「合意」論序説
——法的拘束力を有しない国際「合意」について——

序

1　はじめに（問題の所在）：国際社会における国際約束以外の広義の「合意」

　政治は、言葉と行為によって営まれる[1]。人は、言葉によって他者を支配し、自らの行為を正当化する[2]。歴史の進展を省みると、書かれた言葉の重要性が話される言葉の重要性を凌駕する傾向にある[3]。この傾向は、ヨーロッパにおける活版印刷術の発明・普及とともに一層強化され、また、ヨーロッパ社会の拡大によって世界的に共有されることとなった。この歴史の大きな流れが、人間生活にとって非常に重要な領域の一つである政治及び法にも等しく影響したのは当然のことである。政治と法は、膨大な数の文書によって営まれている[4]。

　このような現象は、政治の重要な一分野である国際政治及び外交についても、同様に生じている。日々無数の文書が、各国の外務省や政府の中で作成され、または外交機関と接受国政府又は接受国の要人との間でやりとりされ、または本国と海外の外交機関との間で又は相手国政府との間で外交行嚢、電信やファックス、さらに最近ではインターネットを通じて行き来し、または広報・報道用の資料として自国の内外で配布されている[5]。条約（国際約束を構成する文書）もこの無数の文書を構成する重要な一部分である。

　ここで「条約」としてとりあえず念頭に置かれているのは、国家を主とする国際法主体間で作成される法的拘束力を有する文書の一範疇である[6]。しかし、国際法主体間で作成される文書は、これに限られない。条約以外にも、様々な名称を持ち、様々な内容の、様々な形式の文書が、国際法主体間の様々なレベルで作成されている。国家間に限ってみても、二国間関係の歴史のみならず国際社会の歴史に重要な影響を与えるような首脳間の政策意図等を表明した共同宣言又は共同声明もあれば、毎年のG8首脳会議の共同コ

ミュニケをはじめとする国際会議の結果文書、外相間の共同コミュニケ、二国間交渉の決着文書、さらには外交機関と接受国外務省との間の口上書の交換、実務当局者間協議の結果として作成される議事録等、実に様々なものが存在する。また、国際機関における決議、国際機関と国家の間で作成される何らかの文書もこの範疇に加えることができよう。

　近年の国際関係の緊密化に伴い、国際約束の締結数は、年を追う毎に急速に増大してきた[7]。一方、条約以外の国際法主体間で作成される文書の数については、後述するようにそれらの多くが条約のように制度的に登録又は公表されていないため、それを正確に把握し、その趨勢を統計的に実証することは困難である。しかし、前記の国際約束締結数の増大を考えれば、これらの文書の数が時とともに増大していることも容易に想像できる。特に、交通・通信手段をはじめとする科学技術の進歩により諸国民の生活の様々な分野が国境を超えて密接に関連するようになり、それに伴って行政のあらゆる分野が国際的な側面と切り離すことができなくなったことを背景として国際約束の締結数が増大したことに鑑みれば、国際約束を構成する文書以外の文書も、同様の程度に又はそれ以上の速度をもって、増大してきたと考えることができよう[8]。

　国際法主体間で作成された条約以外の文書が持つ国際関係・外交における重要性は、条約と比べても決して遜色するものではない。例えば、戦中・戦後日本の外交史に関連する重要な外交文書を挙げてみよう。一方で降伏文書[9]、平和条約、新旧日米安全保障条約、日ソ共同宣言、日韓基本条約、沖縄返還協定、日中平和友好条約といった重要な国際約束を構成する文書があることが知られている[10]。これに対して、連合国共同宣言、カイロ宣言、ヤルタ協定[11]、（沖縄返還に関する）日米共同声明、日中共同声明、日露東京宣言、日米安全保障共同宣言といった法的拘束力を有さないが、国際約束を構成する文書と同様に外交上重要な文書を挙げることができる[12]。

　別の例を紹介したい。『外交青書・平成11年度版』をみると、「日本国政府が締結し、日本について98年1月1日から98年12月31日の間に発効した条約その他の国際約束」として二国間条約30件（内、国会承認条約4件）及び多数国間条約13件（すべて国会承認条約）の計43件の国際約束を構成する文書（条

約）名が列挙されている[13]。これに対し、同外交青書は、「日本国政府が関与した主要な共同コミュニケ等」として19件の国際約束を構成しない文書のテキストを掲載している[14]。これらの内の11件は、日露、日中、日韓それぞれの二国間を含む首脳レベルで作成された文書であり、これら首脳レベルの文書を含め前記の多くの文書は、今後の二国間関係・多数国関係のあり方を示す政治的に重要な文書である。さらに、同外交青書の「国際主要事項（1998年1月1日～12月31日）」を見ると、日本及び国際の事項を併せて10項目が国際約束に言及しているのに対して、26項目が国際約束を構成しない（又は構成しないと推定される）文書について言及している（ただし、内9項目は、国際連合安全保障理事会決議を除く国際機関の決議である。)[15]。

　以上の例は、統計学的正確さをもって国際社会全体の傾向を論証したものではない。しかし、これがこれら国際約束を構成しない文書がますます頻繁に使用されていることの一端を示していると言っても決して誤りではない。さらに、このことは、これらの文書の中で、当事者が行った国際約束には当たらない「合意」、いわば広義の「合意」が、近年ますます国際社会において頻繁かつ重要になってきている[16]という趨勢を示しているということができると考える。

　ここで本書が、これらの国際約束に当たらない文書に表されている内容を、厳密な意味での法的な拘束力を有する法的な合意ではないが、当事者間の広義の「合意」を意味するものであるとしていることに対しては、次のような批判があることが予想できる。すなわち、これらの文書は、当事者の政策意図の表明や事実の認識の表明を行ったものにすぎず、ここに書かれている内容を「合意」と呼ぶことはできない、そもそも文書を作成する当事者としても、法的な拘束力を持つ国際約束とは明確に区別してこれらを政治文書として作成したものであるから、これを「合意」と呼ぶことは不適切であるといった批判である。

　この批判は、ある意味では正しい。後に検討するように、国際約束を構成する文書とこれら政治的文書は、国家実行における扱いにおいても、また、国際関係における機能の面においても、明らかに区別し得るものであるからである。

しかし、そのような区別があるにもかかわらず、当事者の何らかの意図や事実認識について文書が作成されたことそれ自体が重要な意味を持つことは否定できない。それらについて何も作成されない場合と比較すると、明らかに質的な差がある。そのような文書があること自体によって、相手である当事者又は第三者との関係において、何らかの意味が生じる。むしろ何らかの意味があるからこそ、国家は、相手との関係で文書を作成するのである。何も文書が作成されていない状態と比較すれば、その文書を作成することによってその当事者の意図や認識が紙の上で明確に確定され、その結果相手又は第三者に何らかの「期待」が生じることになる。後に検討するように（第4章第3節）、この期待が生じた結果、一定の場合においては、禁反言等の法的効果が生じる場合もある。そのような場合に限らず、国家は、相手側に期待が生じてしまった以上、功利的、道徳的及び政治的理由から、実際はこれらを「守る」ことが通常である。以前行った「意図」又は「認識」を変更する場合であっても、相手又は第三者の理解を得るべく一定の合理的な説明（例えば、政治的事情の変化、国際環境の変化等）を行うことが必要となる。このように、これらの文書の内容が、その程度の強弱がケースにより異なるにせよ、国家の行動の制約要因となっていることは否定できない。以上のような現象を踏まえつつ、この制約要因を、法的拘束力の有無に関わりない広義の意味での「合意」と呼ぶことには、一定の合理性があるものと考える。

2　広義の「合意」と国際法学

　しかし、このような法的拘束力を有しない広義の「合意」に対するこれまでの国際法学の態度は、全般的に消極的又は否定的であったとの感があることは否めない。もちろん、広義の「合意」を検討の対象とする論考の中には、Reisman教授のように「権威」（authority）と「統制」（control）が一致しない国際社会においては必要なものであり有用なものであるとする立場[17]も少数ながらあった。しかし、国際法学者の多数としては、むしろこれを無用とする立場、国際法の規範性を弱める有害かつ危険なものとする立場[18]、さらには法的拘束力を有しない「合意」を明確化しこれを排除することによって厳密な意味で法的な拘束力を有する合意のみをすくい上げようとする立場[19]を

とる者が多かった。中にはそもそも「法的拘束力を有しない合意」など存在しないとする立場[20]も少数ながら存在する。また、「ソフト・ロー」論者の一部のように、これらに対して一定の役割を認めるが、それはあくまで国際法規範（hard law）形成に至る過渡的な段階の規範としての側面を重視するのみであり、その「合意」独自の国際社会における機能にはあまり関心を払わない立場もある[21]。

　もちろん、国際法学の扱う対象を純粋に法的拘束力がある規範のみに限定し、その中で精緻な理論化を行っていくことも一定の合理性を持った一つの選択し得る学問的な立場である。しかし、なぜ現実の国際社会において諸国家がかくも大量の法的拘束力を有しない国際「合意」を「生産」し続けるのかについて思いを馳せたとき、まさに国際社会を規律するに当たっては、伝統的な意味での国際法だけでは不十分であり、そのためには国際法以外のルールが必要とされているからであるとの厳然たる事実が存在することを無視することはできない。このようなルールがどのようなものであり、国際社会においてどのような機能を担っており、また、国際法とどのような関係にあるのか（国際ルール[22]全般の中で、国際法とそれ以外のルールはどのような棲み分けを行っているのか）を今一度検討してみることは、常に法であるか否かを問われ続けている国際法の限界と性質に関し有益な示唆を与える[23]ばかりでなく、国際社会のあり方自体を考えるための一つの手がかりとなると考える。

　もっとも、近年においては、このような問題意識は、必ずしも本書だけのものでなく、最近発表されたいくつかの重要な研究成果においても共有されている。例えば、米国国際法協会（American Society of International Law）は、3年間にわたって共同研究プロジェクトを実施し、その成果として　論文集 *"Commitment and Compliance: the Role of Non-binding Norms in the International Legal System"*[24]を発表した。また、米国の代表的な国際関係論の学術誌の一つである*International Organization*誌も、2000年夏期号として"Legalization and World Politics"と題した特集を組んだ[25]。それは、国際約束と国際約束以外の国際「合意」の双方を視野に入れた国際社会の法制度化（legalization）に関する国際関係論学者と国際法学者による5年以上にわたる共同研究の成果

を掲載している[26]。これらの研究は、法的拘束力を有しない国際合意が果たす国際社会における役割をより正面から据えたものであり、国際法学としてもこの種の「合意」を無視し得ないとする新たな態度を示すものとして注目される。

3 本書の目的と構成

本書は、以上のような意義と背景を踏まえ、法的拘束力を有しない国際「合意」が、国際社会又は国際関係においてどのような機能を有しているかについて、特に法的拘束力を有する合意（すなわち国際約束）が果たしている機能との異同の観点から考察を試みようとするものである。すなわち、法的拘束力を有しない国際「合意」が現実の国際社会において、どのような機能と限界を持ち、どのような場合に用いられているかを国際約束との比較の中で検討し、両者の間に明らかな差異があると同時に、一定の相対性、互換性及び相補性も存在し、国際関係においては両者がともに欠くことのできない手段として機能していることを明らかにすることとしたい。

まず第1章では、本書の対象の範囲を明らかにし、その対象を表現すべき概念（概念）について考察を行う。第2章では、法的拘束力を有しない国際「合意」の類型について論ずる。第3章では、法的拘束力を有しない国際「合意」と国際約束の区別が国際社会においてどのように認識されているか及び具体的にはどのような方法で両「合意」の区別が試みられているかについて、特にその外形的なメルクマールの詳細と意義について検討する。第4章では、法的拘束力を有しない国際「合意」は、国際約束と内容面においてどのような違いがあるかについて、特に法的拘束力、法的効果及び（広義の）拘束力一般の観点から検討する。さらに、第5章では、法的拘束力を有しない国際「合意」の機能について検討し、なぜこの形式の「合意」が用いられるか、その理由につき考察する。第6章では、逆に国際約束が法的拘束力を有しない国際「合意」との比較でどのような異なる機能を有しているかを検討し、さらに、両「合意」の間の差異には一定の相対性が存在すること明らかにしたい。最後に、第7章では、以上の考察を踏まえ、著者なりのとりあえずの結論を示すこととしたい。

4. Some Caveats

　以下のいくつかの「断り書き」又は「但し書き」を行っておきたい。

　第一は、本書が扱う実例の範囲及びその限界についてである。法的拘束力を有しない国際「合意」は、これまでの国際実行において確立してきたものであり、また、それには多様なヴァリエーションがある。したがって、本書においては、著者の知見と能力が及ぶ限りできるだけ多くの実際例に言及することを心がけることとする。特に、法的拘束力を有しない国際「合意」が国際社会一般で果たしている機能を示すためには、地域に偏ることなくできるだけ多くの例に言及することが望ましい。しかしながら、既に今まで言及してきた諸例を見ても明らかなように、著者として言及し得る例は、自ずとこれまでの自国、すなわち日本の諸例が中心とならざるを得ない。それをさらに拡大しても、せいぜい英米を中心とした先進諸国間の例に限られてしまうという偏りがあることは否定できない[27]。

　これは、一つは著者の知見と能力の限界を示していると言えよう。しかし、これとは別に客観的な理由もある。後に（第5章第4節）説明するように、そもそも本書の対象となるような文書は、（例えば、首脳会談の結果作成される文書や政治声明のように）当事者が広報・報道用の目的をもって敢えて公表をしない限り、組織的に公表されるものではない。公表される例に限ってみても、技術的にも容易に入手できるのは先進国の例が中心となってしまうというのが現実である。本書だけでなく本書と同様に「合意」を論ずる他の論考についても、どうしても自国の例中心、先進国の例中心となってしまう傾向があるようであることは否めない[28]。

　ただ、このことは、本書で検討された結果が、およそ途上国の実行には当てはまらないことまでを必ずしも意味するものではない。それは、国際約束の締結に係る途上国の実行からもかなりの程度類推できる。国際約束の形式は、ヨーロッパ諸国で誕生し、時の移り変わりとととともに変化を遂げてきたが[29]、戦後独立した途上国によっても基本的にそのまま受容された[30]。外交文書の作成に限らず、外交上の儀礼、慣行、外交制度・体制自体もそもそもヨーロッパ諸国で生まれたものであるが、これらも基本的に途上国に受け入

れられつつ、変遷を遂げている。このように考えると、法的拘束力を有しない国際「合意」についても、先進国の実行と途上国の実行の間にそれほどの大きな差があるとは思われない。このことは、本書において言及されている途上国が当事者となったいくつかの法的拘束力を有しない国際「合意」の例によっても支持され得る見解であると考える。

　そうは言っても、本書は、先進国にせよ途上国にせよ国際社会における諸例を包括的に分析したものではないことは否定できない。また、問題の所在がわかりやすいという理由から、本書で扱われている諸例は、全体として多数国間よりも二国間関係の文書に重点を置いている。本書には以上のような限界があり、その意味では、本書は、法的拘束力を有しない国際「合意」に関する一試論にすぎない[31]。したがって、より実証的な研究の積み重ねによる裏付けが必要である。特に、本書では若干の問題提起しかできなかったが、法的拘束力を有しない国際「合意」と国際約束の両方が選択可能な場合において、国家は、実際にはどのような要因を考慮してある形式を選択するのか、そしてどのような要因に基づいてそれを守るのかについて、具体的な事例に基づいた研究を重ねる必要がある[32]。

　なお、現代の国際社会においては、国際機関、多国籍企業、NGO（非政府団体）、個人といった非国家主体の担う役割がますます大きくなってきていることは、今日しばしば指摘されているところである。その意味では、国際社会における「合意」を扱うのであるならば、これらの非国家主体が行う「合意」を含めて本書の考察の対象にしなければならないのかもしれない。第1章第1節の「本書の対象」でも論ずるとおり、本書は、これら非国家主体が関わる「合意」を全く排除するものではない。しかし、本書の主たる視点が国際約束との比較にあり、その国際約束の主たる担い手が現在も依然として国家であるため、本書の関心がどうしても国家間（政府間）とならざるを得なくなったことも付言しておく。

　第二は、本書の関心と問題に対するアプローチについてである。すなわち、本書は、法的拘束力を有しない国際「合意」が、さらにはそれらの積み重ねが慣習国際法又は一般国際法を形成するか否かといった法源論の観点からの考察も行っていない。その意味では、これまで「ソフト・ロー」という概念

の下でこの「合意」の問題の考察を行ってきたを論者[33]とは、視点と関心が異なる。

　その理由は、第一に、法的拘束力を有しない国際「合意」の法源性のテーマ自体が独立して論じられるべき大きな問題であると考えるからである。この問題を考えるに当たっては、法的拘束力を有しない国際「合意」に限らず、国際機関決議、一方的行為を含めたその他の国家の行動との並びの中で検討するべきである。第二に、前述のとおり、著者としては、法的拘束力を有しない国際「合意」を法的拘束力がある合意である国際約束とは別の種類の「合意」であると捉えている。そして、それが国際社会において国際約束と異なるいかなる機能を担っているのかという問題に専ら焦点を絞って検討したいと考えているからである。

　最後に、もう一つ積み残した問題についても触れておく。法的拘束力を有しない国際「合意」は、外交政策及び国際政治において、国際約束同様に大きな意義を持っている。そのような「合意」に対してどのような民主的統制を行うことが必要であるか又は必要ではないかという問題を本書では十分に検討しなかった。一方においては、法的拘束力を有しない国際「合意」の意義に着目して、国際約束に対するのと同等のコントロール（例えば、閣議決定、議会への報告、公表の制度化）を行うべきだとする考え方[34]もあろう。しかし、他方では、この「合意」は国民の権利義務関係に対して直接の影響を与えるものではなく、議会の権限とも抵触しないのであるから、外交政策一般に対するのと同じようなコントロール（例えば、国会の有する一般的な国政調査権、情報公開制度等を通じたコントロール）で十分であるとする考え方もあろう。著者は、現時点では残念ながらこの問題に対する適切かつ十分な回答を用意していない。しかし、少なくとも次の点を留意する必要があると思われる。すなわち、たしかに法的拘束力を有しない国際「合意」は、外交政策を遂行するに当たって、国際約束と同様に重要な役割を果たす場合がある。その役割の重要さに比べると、これまで必ずしも適当な関心が払われてこなかったかもしれない。しかし、この「合意」は、本書で論じるとおり国際約束と異なる機能を有する外交上の「道具」であり、そのようなものとして使われている。それにもかかわらず、これを国際約束と全く同等に扱ってしま

う（例えば、国際約束と同等の公表性を確保する）ことは、その「道具」としての意義を圧殺することになりかねない。したがって、法的拘束力を有しない国際「合意」の作成を、外交政策遂行上の「実際的要請」と「民主的統制」の二つの要請[35]の間のどのあたりに位置付けるかについては、本書で検討する両「合意」の機能の差異を念頭に置きつつ統制に関する制度設計を行わなければならないと考える[36]。

第1章　対象と概念

第1節　本書の対象

　以下、本書が扱う「合意」の範囲について論じる。

　本書の対象は、序の1でも述べたとおり、国際法に規律される国際法主体間の合意（以下本書では「国際約束」という[37]。）以外の国際「合意」、すなわち法的拘束力を有しない国際（法主体間の）「合意」（広義の合意、広義のコミットメント）である。

　このように一応定義した場合、ここでいう「法的拘束力」とは何か、さらには、「法的な」拘束力と「法的」ではない拘束力との間にはどのような違いがあるのかが問題となる。この問いは、結局は、「法とは何か」という極めて大きい問題に行き着くことになる。この「法とは何か」という問題は、それぞれの時代、社会、個人によって様々である客体的及び主体的条件によって異なり、ここで一概に述べることはできない[38]。したがって、本書は、「法的拘束力」が一体何であるかについて包括的かつ体系的に論じることも行わない。しかし、少なくとも本書の議論を進めていくこととの関係では、現在の国際関係において（イ）ある「合意」には「法的拘束力」があり、ある別の「合意」には「法的拘束力」がないとの区別を少なくともそれらの「合意」を行う当事者が認識していること（第3章参照）、（ロ）ある「合意」に「法的拘束力」があるのであれば、その論理的な帰結として、後に（第4章第2節）に示すような「法的拘束力」に直接帰結する（国際法上の）法的効果が当該「合意」に生ずるということを「合意」を行う当事者が認識していることを、事実の問題として指摘しておくにとどめることとする。そして、このような前提の下で、法的拘束力を有しない国際「合意」が、どのように

法的拘束力を有する国際約束とは異なる機能を果たしているかを検討していく方が、国際社会における「法的拘束力」が有する意味に何らかの光を当てることができるのではないかと考える。

このような法的拘束力を有しない国際「合意」については、既に19世紀後半の著作でも言及されている。例えば、David Fieldの"*Outlines of International Code*"は、国際法の法典化を試みた著作であるが、1876年に出された同書の第2版の第203条では次のように言及している。

「第203条　非公式な協約（informal compacts）を行うことができる。

条約以外の協約は、国家間で条約の形式によることなく書面で行うことができる。」[39]

しかしここでいう「非公式な協約」（informal compacts）が何であるかについては、同書は説明していない。

また、1917年に出版されたSir Ernest Satowの"*A Guide to Diplomatic Practice*"は、上記のFieldのように法的拘束力を有しない国際「合意」に対し直接言及していない。しかし、同書は、「条約その他の国際的な協約」（Treaties and other international compacts）の項の中で国際会議の結果を議事録等として作成する「最終議定書」（Acte Final）[40]、法的権利義務関係を設定しない「宣言」（Declaration）、元首間の合意の非公式な記録又は全権代表の会議の記録としての「議定書」（Protocol）等について説明している[41]。

このように、法的拘束力を有しない国際「合意」は、かなり古くから存在していると考えられてきた。しかし、それが頻繁に使用されるようになったのは、国際関係が一層緊密化した戦後、それも通信・交通がますます発達してきた近年になってからであった。この量的増大に伴い、法的拘束力を有しない国際「合意」の内容も多様なものとなってきた。本書と同様に法的拘束力を有しない国際「合意」を扱う諸論考を見ると、それぞれが念頭に置いている「合意」が具体的に何であるかについて必ずしも一致していない。それは、各論考が論証しようとする目的と密接な関連の中でそれぞれの対象の範囲が決定されるという事情にもよる。

例えば、一方では、法的拘束力を有する合意を厳格に解釈するとの観点から、国際約束を構成する文書の中にあっても法的な義務を実質的に規定しな

いような条文や、「交渉の合意」（*pacta de negotiando*）、「締結の合意」（*pacta de contrahendo*）といった[42]「制限的拘束力を有する合意」（restricted binding force）を「非（法的）拘束的合意」に含ませるとする立場がある[43]。他方で、逆に法的効果を持つテキストの範囲をできるだけ広くとろうとする観点から、「制限的（拘束力を有する）約束」（les engagements juridiques limités）（「適切な方法で検討及び行動する約束」、「協議の約束」、「交渉の約束」及び「協力の約束」を含む「善意の約束」（les engagements de bonne volonté）並びに国際司法裁判所の義務的管轄を認める宣言（国際司法裁判所規程第36条2）といった「裁量を留保した約束」（les engagements sous réserve discrétionnaire））をその対象から排除しようとする立場もある[44]。また、国連決議、IMFとの"stand-by agreements"、OECDのガイドライン等の国際機関決議や国際機関との取決めを含めて検討の対象とする立場[45]、口頭の合意及び黙示の合意（tacit agreements）を含める立場[46]、「ソフト・ロー」という包括的な概念を用いて様々な規範を一括りにして論じる立場もある[47]。

　本書が対象としようとする「合意」は、前述のとおり様々な形式、名称、内容等を持つものであり、適当な長さの言葉でもってかつ正確にこれを積極的に定義することは困難である。ここではむしろ、次のような消極的な方法でその対象を限定することを試みたい。すなわち、法的拘束力を有しない国際「合意」が国際関係においてどのような機能を有しているかを検討する本書の目的に鑑み、とりあえず以下に列挙する合意又は「合意」は、原則として今後除外して論ずることとする。ただし、比較等の観点から必要に応じ再度これらに言及することを排除するものではない。

（イ）国際約束

　国際約束は、当然のことながら本書の対象から除外される。
　1969年に採択された条約法に関するウィーン条約は、条約法に関する既存の国際慣習法を確認しその内容を一層明確に体系化[48]した条約であるが、あくまで「国の間の条約について適用する」（同第1条）ものであり、必ずしもすべての国際約束に適用されるものではない。したがって、同条約の対象とならない合意、すなわち、主権国家以外の国際法主体が締結する国際約束

及び口頭の国際約束並びに同条約が発効する以前に締結された国際約束（同第四条）[49]も国際約束であり、本書の対象からは除外される。

（ロ）国際約束を実施するための実施取決め・補足文書

　国際約束の中には、その国際約束自体では当事者間の協力の大枠のみを定めるにとどめ、その細目については、①別途の国際約束[50]又は②（外交機関以外の）政府機関間の取決め[51]に委ねることがある。①の国際約束は、その協力の大枠を定める国際約束の有無にかかわらず、いずれにしてもそれ自体が国際約束として締結されているので上記（イ）に当たり、当然のことながら本書の対象から除外される。②の政府機関間の取決めについても、国際約束による授権の下で両政府機関が法的拘束力を有する合意を行うものであり、本書が対象とする法的拘束力を有しない国際「合意」には該当しない。

　また、当事者間の協力の細目を定めるものではないが、国際約束のある特定の規定の解釈に関し当事者の間で一致した見解が存在する場合、そのことにつき事後に紛争が生じないようにそのような解釈を記録として残しておく又は確認しておくために、実務者間で国際約束に至らない何らかの「アレンジメント」を文書として残しておく場合がある[52]。このような文書は、あくまで国際約束の特定の規定に関し当事者間で一致した解釈を記録したものにすぎず、一般的には、上記①及び②の場合とは異なり、その文書自体としては厳密な意味で法的拘束力を有するものではないと考えられる。しかし、その文書が具体的にどのような性格を有するか又はどのような機能を有するかについては、それらが対象としている国際約束との関係で個別に検討されるべきものであり、本書の考察の対象とはしない。

（ハ）（前記（ロ）に当たらない）政府機関間の取決め

　前記（ロ）でいうような別途の国際約束による授権がない場合であっても、各国の国内法制[53]によっては外交機関以外の政府機関が外国の政府機関と法的拘束力を有する取決めを行うことを認めている場合がある[54]。これらの合意がいかなる法によって規律されているのか、つまり国際法によって規律されているのか否かについては、個別ケース毎に検討する必要があるが、いず

れにしても法的拘束力を有する合意であるものは、本書の対象とはならない。

(ニ) 国内法に規律される国際法主体間の合意

　国際法主体間において、相互の間に法的権利義務関係を設定する合意であっても特定の国内法の規律を受ける合意が行われることがある[55]。この例としてしばしば挙げられるのは、在外公館の土地及び建物に関する取決めである。これらは、通常不動産が所在する国の国内法によって規律される[56]。これらは、国内法に規律されている以上私法上の契約と観念され、国際約束には当たらない。いずれにしても、この合意は、法的拘束力を有する合意であるだけでなく国内法の適用の問題でもあるので、本書の対象の外にある[57]。

(ホ) 非国際法主体との「合意」

　国際社会においては、主権国家に至らない何らかの団体（entities）との間で、少なからぬ数の「合意」が行われている[58]。しかし、これら「合意」が法的拘束力を有する合意なのか、さらに法的拘束力を有する場合であってもそれらが国際法によって規律される合意であるのか又は国内法によって規律される合意であるのかについても、必ずしも明らかでない[59]。

　また、特に人権、環境といった国際公共性に係る多国間のルールについては、NGO（非政府団体）をはじめとする非国家主体のより積極的な参加（その定立及び実施に対する参加）を得るために、これらの主体が当事者としての資格を持たない国際約束ではなく、法的拘束力を有しない「合意」が活用されており、これらの分野で重要な役割を果たしているとの指摘がある[60]。この関連で、非政府専門家により作成されその後何度も参照される「規則」の例としては、国際法協会により1966年に起草された「国際河川の使用に関するヘルシンキ規則」が、必ずしも代表権限を持たない各国政府関係者によって作成された「合意」の例としては、標準以下の船舶の航行を除去するための寄港国の管理に関する関係海事当局間の四つのMOUが、政府の代表とNGOの代表が行った取決めとしては、1979年のボン条約の下で一定の渡り鳥を保護するために政府の代表とNGOの代表が行った「合意」等が挙げられ

ている[61]。

　これらの文書又は「合意」が、いかなる法的性質を有し、国際社会においていかなる機能を果たしているかについては、それぞれの文書又は「合意」がどのような状況で作成され、各当事者がどのような政治的・経済的利益を有しているかによって異なってくると考えられる[62]。したがって、この問題は、今後個別具体的な事例に則して探求すべき興味深いテーマであるが、それらの問題をここで包括的に論じることはできない。本書においては、主権国家に至らない団体であっても国家に準じた程度、態様で事実上のアクターとして国際社会において活動しており、それが参加する「合意」が国際法主体間の「合意」に準ずるものとみなされるものに限り、本書の対象として扱っていくこととする（ただし、そのような「合意」であっても、国際法上又は国内法上法的拘束力を有する合意は、当然のことながら本書の対象から排除される）。

　以上の基準に鑑みても本書の対象となる「合意」と対象とならない「合意」の間に具体的に線を引くことは必ずしも容易ではない。しかし、例えば、政府の参画なくNGOが独自に作成した文書であって、当該政府の行動に間接的な影響しか及ぼさないものは、本書の対象から除外される。

（ヘ）「言葉による一方的な行為」[63]

　「言葉による一方的な行為」もそれ自体としては通常は法的拘束力を持つ合意を構成するものではない。しかし、外交及び国際関係の文脈において重要性を有するという点では、また、一定の場合には法的効果が生じるという点[64]では、本書の対象である法的拘束力を有しない国際「合意」と共通する面がある。また、一方の当事者が発した声明等の意図表明に対して、他方の当事者がこれに続いて何らかの対応する意図表明を行い、その結果両者の間で何らかの共通の了解が生じた場合、本書が対象とする「合意」との区別が必ずしも容易でないことも考えられる。しかし、本書においては、とりあえず共同行為と一方的な行為を区別し、国際法主体（及びそれに準じる主体）が共同して作成した文書に表れた法的拘束力を有しない「合意」に限り考察の対象にすることとする[65]。

(ト) 当局間・実務担当者間の連絡及び了解による「合意」（?）

　通信・交通手段の発達に伴い、今日では、国の行政担当者が様々なレベルで他国のカウンターパートと外交ルート以外の経路を通じて日々連絡をとり、場合によっては協力してそれぞれの国の行政を運営していくことは何ら珍しいことではない[66]。その結果、電話、ファックス、電子メールを用いた連絡を通じて彼らの間に何らかの共通の了解が形成されることも十分に考えられる。ひいては、それらが当事者間において事実上広義の「合意」を形成することとなる可能性も排除されない。

　しかし、仮にこのような「合意」が成立した場合であっても、それらは、担当者間の日々のやりとりの中で行われるものであって、その存在及び内容を特定しにくい。また、その「合意」が各担当者の属する政府の意思をどこまで正確かつ正統に反映したものであるのかが明らかでない。そのためそれらが単に担当者個人間の「合意」にすぎないのか、それとも、各担当者が個人の資格としてではなく自らが属する政府機関を代表して行動している以上、それぞれが属する政府又は少なくとも所属する当該政府機関を拘束するものであるのかについても様々な議論があり得る[67]。このように、この種の「合意」については、相手国政府との間の行為の共同性もかなり程度曖昧であるため、前記（ヘ）同様に本書の対象とはしない。

(チ) 国際機関における決議、決定、宣言等

　最後に、国際機関において採択される機関決議、決定又は宣言、国際機関の加盟国会議の議長又は加盟国（単数又は複数）によって発出される声明等は、法的拘束力を有しない国際「合意」と一括して論じられることが多い[68]。特に「ソフト・ロー」の観点からこの問題に取り組む論者は、これらの国際機関によって作られた決議等をその検討の対象の中心においている[69]。

　たしかに、国際機関の決議等の中には、既存の国際法の確認と明確化を行うだけでなく、その反復や以後の国家実行を経て新たな慣習国際法を生み出すこともある。また、人権、環境、宇宙、海洋等の分野で見られるように、国際機関の決議等が後の多数国間条約の形成の契機となることもあるといった意味で[70]、国際社会における規範形成の途中の段階で重要な機能を果たし

ている場合もあるとみることができる。さらに、技術革新、人口・環境・資源問題、人権侵害、軍縮といった地球規模の問題に取り組むためには、これまでの慣習国際法や多数国間条約による対応では不十分であり、かつ、新たな法形成のためのプロセスは複雑で時間がかかる。このような国際社会の現実を国際機関の決議等が補完し、そこで形成された広い意味での「ルール」に従って国際社会が行動することについて一定の「期待」が生じる場合もある[71]。特に後者の「期待」形成については、本書が対象とする法的拘束力を有しない国際「合意」とかなりの程度共通している側面があることは否定できない。

　しかし、国連決議等がどのような形式及び手続によって作成され、どのような特徴と法的性格を有し、どのような法的効果を生じさせ、また、国際社会においてどのような機能を果たしているかについては、まずこれら国際機関それぞれの設立条約並びにそれら内部の手続及び慣行によって決定される。また、その機能は、それら国際機関及びその活動の性格並びにそれらが国際社会において占めている位置及び意義にも大きく依存する。例えば、これが国際連合のような普遍的な国際機関で採択されたのか、専門機関で採択されたのか、地域的機関で採択されたのかによって自ずと異なってくるであろう。したがって、国際機関の決議等に係る問題は、以上のような観点から、まずは個別具体的に検討されるべき問題である[72]。

　以上に鑑みて、国際機関の決議等を本書の検討の主たる対象とはしない。しかし、このことは、国際機関の決議等の中には、以後検討するような法的拘束力を有しない国際「合意」が国際社会において有する機能を相当程度共有しているものがあることを何ら否定するものではない。

第2節　概念の問題（terminology）

　以下、本書の対象をどのように表現し、総称するかについて論じる。
　本書と同様に法的拘束力を有しない国際「合意」を扱う諸論考においてもその呼び名は様々であり一致をみていない。以下いくつかを列挙すると、
①「非法律的合意」[73]、

② 「非法的文書」（non-legal instruments）[74]、
③ 「非法的取決め」（non-legal arrangements）[75]、
④ 「非法的規範・義務」（non-legal norms / obligation）[76]、
⑤ 「非条約合意」（non-treaty agreements）[77]、
⑥ 「非条約的共同行動」（non-conventional concerted acts）[78]、
⑦ 「法的性格を有さない合意及び宣言」（agreements and declarations of a non-legal character）[79]、
⑧ 「非拘束的合意」（non-binding agreements）[80]、
⑨ 「非拘束的約束」（non-binding commitments）[81]、
⑩ 「非拘束的取決め」（non-binding arrangements）[82]、
⑪ 「非公式国際文書」（informal international instruments）[83]、
⑫ 「非公式合意」（informal agreements）[84]、
⑬ 「事実上の合意」（*de facto* agreements）[85]、
⑭ 「政治的及び道徳的拘束力を有する合意」（politically or morally binding agreements）[86]、
⑮ 「純粋に（の）政治的（な）約束」（engagemants purement politiques）[87]、
⑯ 「政治的テキスト」（political texts）[88]、
⑰ MOUs [89]、
⑱ 「国際了解」（international understanding）[90]、
⑲ 「紳士協定」（gentleman's agreements）[91]、
⑳ 「ソフト・ロー」（soft law）[92] 又は「ソフトな国際法」（soft international law）[93]

と非常に多様である。この他にも「（国際的）非拘束規範」（(international) non-binding norms）、「非拘束的文書」、「非拘束的な国際法上の同意」（non-binding international legal accords）がある[94]。

このように概念の使用が論者によって様々である理由としては、第1章第1節でも述べたとおり、それぞれの論考がその議論の対象とする文書の範囲を異にしていること、それ故にこれらの「合意」の異なる側面に着目していることが考えられる。したがって、本書とは異なる立場から行われた名付けの一つ一つについて論難を試みたとしても、必ずしも実益があるとも思われ

ない。しかし、本書においていかなる概念を使用するのかとの観点から敢えてコメントをするなら、次の九点が指摘できよう。

　第一に、「非拘束的」という語をそのまま用いることは（⑧⑨⑩）、必ずしも適切ではない。たしかに、これらの「合意」には法的拘束力はない。しかし、以下で検討するように、この「合意」を行った当事者がこれを「遵守」又は「実施」することが期待されており、当事者自身もそのような期待に応えなければならないことを自覚している。このように、この「合意」にはいかなる意味でも「拘束力」がないということは、必ずしも正確ではない。

　第二に、「非公式」（informal）という語を用いることも（⑪⑫）、同様に適当ではない。たしかに、これらの「合意」を表す諸文書は、国際約束を構成する文書として作成されたものではなく、その意味では（国際約束を構成する文書としての）定式性（formality）を有していない。他方、後（第2章第1節）で検討するように、法的拘束力を有しない国際「合意」に関する文書であるといっても、全く非定型であるわけではない。この文書の形式についても、国際約束を構成する文書よりは緩やかであるが、一種の慣行が実務において確立している。したがって、国際約束を構成する文書と比較してみれば、informalであるというにすぎない。

　さらに重要であるのは、informalには「非公式」という意味もある。法的拘束力を有しない国際「合意」を表す文書は、形式においても、内容においても種々雑多である。その中には、例えば、国家の首脳間でなされる何らかのコミットメントを記録し、報道機関等を通じて公にされる共同宣言や共同声明といった文書も含んでいる。これらは、国際約束を構成する文書ではないので、それらと比べれば国際法上及び国内憲法体制上informalかもしれない。しかし、これらの文書は、憲法上正統な行政権（外交権）の行使として作成されたものである。また、対外的にも今後の二国間又は多数国間の関係を少なくとも政治的に規律する重要な公式文書であり、その内容も公式のものである。このようなものを含めてinformalであると呼称することは、場合によってはこれらも「非公式」であるとの誤解を与えかねない。以上の理由からも、「非公式」（informal）という言葉を用いるのは好ましくないと考える。

第三に、上記⑬の「事実上の」(*de facto*) との表現も、いろいろな意味にとられかねない。これを用いることによって、およそこれらの「合意」が、すべて法的に適切な手続に従うことなく形成された「合意」であるが、最終的には何らかの理由により、法的拘束力を有する合意又は正式の効力ある「合意」となったものであると解釈されかねない[95]。このような理由により、この表現も適切ではない[96]。

　第四に、上記⑭⑮⑯のように、「政治的」又は「政治的及び道徳的」との用語を用いることにも次のような問題がある。本書が対象とするような「合意」にある何らかの「拘束力」は、法的な拘束力ではなく、いわば政治的、道徳的性格の「拘束力」であると一般的には考えられている。しかし、もしこれらの「合意」に法的拘束力以外の「拘束力」があるとしても、そのことが必然的にその「拘束力」の性格が政治的・道徳的なものであること意味しないと批判する説得的な少数説がある[97]。これに加えて、国際約束であっても、例えば平和条約や同盟条約のように、法的拘束力だけではなく、同時に政治的若しくは道徳的性格又は「拘束力」を持つものは多数存在する。この意味でも、本書が対象とするような「合意」を名付けるに当たって、その政治的・道徳的側面にのみに着目した命名法は、必ずしも適当ではない。

　第五に、上記⑰及び⑱のように「MOUs」又は「国際了解」を用いる用語法にも問題がある。MOUs又はMemorandum of Understanding（了解覚書）は、現在の国際実行において頻繁に用いられている文書である。しかし、そのような名称を持つ文書の法的な性格は、個々の文書によって又は当事者によって様々である。このことは、これらの用語法を用いる論者自身でさえ認めているところである[98]。MOUs又はMemorandum of Understanding（了解覚書）の中には、独立した国際約束を構成するもの、又は協力の大枠を定めた国際約束を具体的に実施するために協力の細目について合意する取決めとして作成されたもの[99]がある。このように法的拘束力を有するMOUs等がある一方で、法的拘束力を有しない文書として作成されるものも多数ある。その結果、MOUs又はMemorandum of Understanding（了解覚書）という名称を持つ文書の法的性格について、各国の間で見解の相違が生じることがある。例えば、英国は、通常これを法的拘束力がない文書としているのに対して、米国は、

これを国際約束を構成する文書の一種としている。このため、実際に1983年のヒースロー空港の使用料に関するMOU等の法的性格について英米間で見解の不一致が生じたことがあった[100]。本書の対象を総称するに当たって、このような多義的な用語をそのまま用いることは適当ではない。

　第六の「紳士協定」(⑲) は、本来は英米法の用語であるが、国際関係においても長い間これを借用して使われてきた[101]。しかし、この言葉は、多くの場合国家の代表個人の信義の側面をとかく強調する傾向がある[102]。個人の信義に基づく「合意」よりも一層広い内容を対象とする本書においては、別の概念を使用した方が適切である。

　これに対して、第七の「ソフト・ロー」(⑳) は、通常これに国際機関の決議を含める等、本書の対象よりもかなり広範な概念であるだけでなく、その意味するところは必ずしも一義的ではない[103]。また、この用語は、伝統的な意味で国際約束を構成しないとされる文書であっても何らかの法的拘束力を有するのではないかという観点から概念化されたものである。故に、この概念化によって、法と非法の間に中間段階を認め、本来法でないものを法のレベルに引き上げて評価しようとするとしているのではないかといった批判がある[104]。また、これとは反対に、そもそも法と非法の区別を明確にすべきであるとの観点から、「ソフト・ロー」も単に「法」と呼ぶべきであってわざわざ「ソフト・ロー」といった用語を用いるべきではないとする批判もある[105]。さらに、この概念が国家実行及び国際裁判において真剣に支持されていないのではないかといった批判や[106]、多様な性質のものを一まとめにしているので国際法上の分析概念として有用でないとの批判[107]もある。

　いずれにしても、このように広範かつ多義的な用語を本書では採用しない。また、国際社会において行われている様々な「合意」を国際法の法源の観点から捉えるのではなく、それらが国際社会においてどのように機能しているかをありのままに見ていこうとする本書の立場からしても、法的拘束力という唯一の尺度のみに着目し、すべての「合意」をその強弱でもって把握していこうとする「ソフト・ロー」の概念は、必ずしも有用でないと考える。特に、現実の国際関係において国家は、かなり以前より「法」と「非法」を明確に区別し、法的拘束力を有しない国際「合意」に独自の機能を見出してき

たことを考えれば、このような区別を曖昧にするおそれのある用語法を採用することは適当ではない[108]。

第八の「非法（律）的」「法的性格を有さない」（①②③④⑦）についてもやや不明確な点がある。すなわち、ここで「非法」としているのは、その「合意」に「法的拘束力」が存在していないことのみ意味しているのか、それともこれらの「合意」には「法的効果」一般さえないことについて述べているのか必ずしも明らかではない。仮に後者を意味しているのであれば、後に第4章で検討するように、本書が対象とする「合意」であっても一定の場合には何らかの法的効果が生じることが排除されないので、必ずしも一義的ではない。

最後に、「非条約（的）」という用語法（⑤⑥）は、以上検討した諸例と比べれば問題も少なく、より適当な候補となり得よう。しかし、「非条約（的）」という用語についても、「条約」という言葉が多義的であるが故に生じる曖昧さがあることは指摘しておきたい。すなわち、日本において「条約」という言葉を用いることによって、以下のそれぞれを指す場合がある。

(a)「日米和親条約」「サンフランシスコ平和条約」「日米安保条約」といったように、形式的に「条約」という表題を付された最狭義の条約を指す場合

(b) 日本国憲法第73条2号にいうその締結について国会の承認を必要とする狭義の条約（いわゆる国会承認条約）を指す場合

(c) 1969年の条約法に関するウィーン条約が規律の対象とする一定範囲の条約を指す場合

(d) 日本国憲法第98条2項にいう「条約」のように、最広義の条約を指す場合。[109]

この(c)の場合であっても、ウィーン条約は、あくまで「国の間の条約について適用する」（同第1条）ものであり、必ずしもすべての国際法に規律される国際的な合意（国際法主体間の合意）を含むものではない。同条約の対象とならない主権国家以外の国際法主体が締結する国際的な合意[110]及び口頭の合意並びに同条約が発効する以前に締結された条約（同第4条）を含めたものが、(d)の最も広い意味での「条約」（＝国際法に規律される国際法主体

間の合意）となる。このように、「条約」という語が持つ多義性から生ずる混乱を回避するため、日本の法令においては、「条約その他の国際約束」又は単に「国際約束」と呼んでいる[111]（例えば、外務省設置法4条15号、銀行法4条3号等）。本書においても、このような観点から引用等を除き原則としてこの日本の法令用語である「国際約束」の語を使用している所以である。

　以上を踏まえ、本書においては、その対象となる「合意」をとりあえず「法的拘束力を有しない国際『合意』」と呼ぶこととする。ここで「合意」というのは、これまで何度も述べてきたとおり法的拘束力を有するいわゆる狭義の合意に限られず、それを行った主体が政治的、道義的その他の理由によりその内容の実現をする必要があると考えるような約束全体を意味するものである[112]。また、先に述べたとおりここで「国際法主体」とあるが、場合によりこれに準じる主体（entities）を必ずしも排除するものでもない。

　もっとも、ここで先に列挙した他の用例の内、最後の用法にいう「条約」を(d)の最広義の「条約」であると定義してしまって、「非条約的国際『合意』」とすることも選択肢の一つとして可能である。さらに一歩進んで「国際約束ではない国際『合意』」とする方がよりその意味するところが明確になる。他方、本書のように「法的拘束力を有しない国際『合意』」とした場合、そもそもここでいう「法的拘束力」とは何かということが問題となろう[113]。この概念が明確にならない限り、「法的拘束力を有しない国際『合意』」という概念も必ずしも明確な概念とはならないという指摘もあり得る。たしかに、このような意味では、どの名称も一長一短があり、名付けの問題は相対的な問題にすぎない。

　それにもかかわらず、本書において「法的拘束力を有しない国際『合意』」の名称を採用するのは以下の二点を考慮した結果である。

　第一に、形式上国際約束を構成する文書の中に入っていても法的拘束力がない規定があることとの関係である。例えば、国際約束の前文は、通常法的拘束力がないと考えられており、そこには単なる政治的な意図表明や交渉の結果として国際約束の本文には入れることができなかったが何らかの言及を確保するために妥協として入れられた事項が含まれることがある[114]。また、国際約束本文であっても法的拘束力を有さないのではないかと思われる規定

が存在する[115]。これらの規定だけを取り出してみれば、その機能は、本来の「国際約束」、すなわち「法的拘束力を有する国際合意」とは機能的に区別され得るものである。むしろ「法的拘束力を有しない国際『合意』」の機能と類似している面がある[116]。そのような規定が国際約束を構成する文書の中に存在していることを意識するためにも、法的拘束力を有しない国際「合意」の概念を用いる意味がある。

第二に、こちらの方がより重要な点であるが、後に見るとおり、国際社会における「合意」の機能の観点から見た場合、その内容が何であれ結局は「法的拘束力」の有無が重要なメルクマールとなるため、この概念を名称の中に取り込んだ方が適当ではないかと考える。

したがって、本書では、とりあえず「法的拘束力を有しない国際『合意』」を用いることにする。その対概念は、正確に言えば「法的拘束力を有する国際合意」となるべきであるが、混同を避けるためにも、原則としてより簡潔な表現である「国際約束」を用いることとする。

以上を踏まえ、以下個別の問題の検討に入る。

第 2 章　法的拘束力を有しない国際「合意」の類型

　この章では、法的拘束力を有しない国際「合意」として具体的にどのようなものがあるかを念頭に置きつつ、それらをどのように類型化できるのか、そもそもそのように類型化すること自体にどのような意味があるのかについて検討する。

　本書の対象となる「合意」は、国際約束には当たらない、すなわち法的拘束力を有さず当事者間で法的な権利義務関係を設定するものではないという点では共通している。しかし、その他の点では極めて多種多様である。したがって、国際約束の分類[117]以上に次のような様々な基準でこれを分類することが可能である。

第 1 節　文書の名称及び形式

　国際約束については、1969年の条約法に関するウィーン条約が規定するとおり、文書の形式により締結する場合であれば、その文書の数及びその名称の如何を問われることはない（同条約第 2 条 1 (a)）。しかし、国際約束を構成する文書の形式を決定する又はそれに名称を付けるに当たっては、その国際約束の内容、締結の機会及び目的の種類等の違いに応じた、一定の確立した慣行が存在している[118]。

　法的拘束力を有しない国際「合意」についても、その名称及び形式は極めて多様であり、それらが直接に「合意」の性格を決定するわけではない。その形式一つを見ても、一つの文書で構成されるもの（例えば、共同宣言、共同声明、共同コミュニケ、（国によっては）了解覚書、覚書、議事録、討議の記録等）もあれば、複数の文書で構成されるもの（例えば、書簡の交換、口上書の交換等又は相互補完的な諸文書からなるもの）ものもある。また、単独の文書であ

っても、例えば、「日米構造問題協議最終報告書」[119]のように、当事国の首脳への報告書の形式をとるものもある。さらに、「合意」文書に対して署名が行われるものもあれば、行われないものもある。このほかにも「合意」の形式について様々な数え切れないヴァリエーションが存在する。むしろこのように定式性がなく、個別の状況、当事者の思惑に応じて柔軟に形式が選択されているところが、この種の「合意」を表す文書の特徴となっている。

このような形式の多様性、柔軟性の一例として、1993年の7月より開始された「日米包括経済協議」の過程で作成された一連の文書を見てみよう。この協議の枠組みは、首脳間の共同声明[120]で設定され、個別の分野においては様々な形式の文書が採用されている。

主要な個別分野の一つである政府調達分野は、さらに電気通信（に係る政府調達）及び医療技術（に係る政府調達）の二つの小分野からなる。これら小分野のそれぞれについて、日本側がとるべき措置及びガイドラインに関する文書等を別添とした日本側書簡が発出され、この書簡の中で別添の中にある措置等を日本政府としてとる旨通報している。これに対して、かかる日本側の決定を歓迎する旨の述べる同日付けの書簡が米側から発出されており、これら二つの書簡が一体となってそれぞれの小分野の決着文書を構成している[121]。

保険分野については、「保険に関する日本国政府及びアメリカ合衆国政府の（諸）措置」と題する文書（1994年10月1日付け）がある。この文書には双方の代表者（日本側は、駐米大使、米国側は、通商代表）が署名を行った[122]。

金融サーヴィスに関しては、保険分野と同様の文書（「金融サーヴィスに関する日本国政府及びアメリカ合衆国政府の（諸）措置」1995年2月13日付け）に双方の代表者（日本側は、駐米大使、米国側は、財務長官）が署名した。さらに、大蔵大臣及び財務長官がこの（諸）措置に関する文書を別添した書簡をそれぞれ相手に対して発出し、そこにある措置をそれぞれが誠実に実施する旨通報し合っている[123]。

自動車及び自動車部品分野に関する決着文書（1995年8月23日付け）は、「日本国政府及びアメリカ合衆国政府による自動車及び自動車部品に関する措置」と題する文書を添付した日本側書簡（署名者は、駐米大使）及びこれ

に返答する米側書簡（署名者は、通商代表及び商務長官の連名）の二つの書簡により構成されている。双方の書簡はいずれも、自国の政府としては別添の文書に書かれた自国に関する措置を実施する意図を有している旨をそれぞれ相手側に通報する形式をとっている[124]。これら決着文書が作成されたのは、1995年8月23日であるが、交渉自体は、それに先立つ同年6月29日にジュネーブにおいて橋本通商産業大臣（当時）とカンター通商代表（当時）との間で実質的に決着していた。この実質合意の結果、両閣僚の名で四つの「共同発表」（Joint Announcement）（署名なし）が発表された[125]。

　直接投資及び企業間関係の分野に関しても決着文書が作成された。すなわち、この分野に関する日米双方の措置及び政策を記述した文書を別添した日本側書簡（駐米大使）が発出され、これに対してそれら措置及び政策を歓迎し日本側と見解を共有する旨表明した米国側書簡（国務次官）が発出された[126]。

　最後に、以上の分野と異なり必ずしも日米包括経済協議の枠内で協議された問題ではないが、同時期に日米経済関係において決着を見た問題として、NTTの調達問題がある。この問題の決着文書は、①NTTとしてとるべき措置を郵政大臣に対して通報するNTT社長の書簡を別添しそこにあるNTTの決定を歓迎する旨米側に通報する日本の外務大臣書簡及び②この書簡の受領を確認する米側通商代表書簡（以上1994年11月1日付け）並びに③NTTドコモ等関連会社が出した自社の調達方針に関するプレスリリースを別添しこれを米側に通報する日本側駐米大使書簡及び④この書簡の受領を確認する米側通商代表書簡（以上同年11月9日付け）といった四通の書簡より構成される[127]。
（以上をとりまとめたものとして、次頁の表参照）

　このように一つの協議プロセスの枠内であっても、様々な名称及び形式の文書が作成されていることがわかる。

　以上の例を見てもわかるように、法的拘束力を有しない国際「合意」を表す文書は、かなり自由に形式を採用している。しかしながら、その場合であっても、次の二つの点に留意する必要がある。

　第一に、法的拘束力を有しない国際「合意」を表す文書を作成するに当たっては、当事者は、その文書が国際約束を構成する文書となってしまわない

日米包括経済協議において作成された決着文書

分　野 (決着文書の日付)	日本側文書 本体	米国側文書 別添	本　体	別　添
政府調達分野・電気通信 (1994年10月1日)	書簡 (駐米大使：右の措置等を日本政府としてとる旨通報)	日本側がとるべき措置及びガイドラインに関する文書等	書簡 (日本側の決定を歓迎)	なし
政府調達分野・医療技術	書簡 (駐米大使：右の措置等を日本政府としてとる旨通報)	日本側がとるべき措置及びガイドラインに関する文書等	書簡 (日本側の決定を歓迎)	なし
保険分野 (1994年10月1日)	「保険に関する日本国政府及びアメリカ合衆国政府の（諸）措置」に日本側駐米大使及び米国側通商代表が署名			
金融サービス (1995年2月13日)	大蔵大臣書簡 (別添の措置を誠実に実施する旨通報)	「金融サービスに関する日本国政府及びアメリカ合衆国政府の（諸）措置」(日本側駐米大使及び米国側財務長官が署名)	財務長官書簡 (別添の措置を誠実に実施する旨通報)	「金融サービスに関する日本国政府及びアメリカ合衆国政府の（諸）措置」(日本側駐米大使及び米国側財務長官が署名)
自動車及び自動車部品分野 (1995年8月23日) (実質決着：6月29日)	日本側書簡 (駐米大使：別添にある自国に関する措置を実施する意図を通報) 四つの「共同発表」(Joint Announcement) (通商産業大臣と通商代表との間の交渉の結果。署名なし。)	「日本国政府及びアメリカ合衆国政府による自動車及び自動車部品に関する措置」	米側書簡 (通商代表・商務長官：日本側書簡別添にある自国に関する措置を実施する意図を通報)	なし
直接投資及び企業間関係 (1995年7月20日)	書簡 (駐米大使：両政府が別添のそれぞれの措置を実施する旨通報)	日米双方の措置及び政策を記述した文書	書簡 (国務長官代行：日本側と見解を共有する旨表明)	なし
NTTの調達問題 (1994年11月1日)	①書簡 (外務大臣：別添のNTTの決定を歓迎) ③書簡 (駐米大使：別添を通報)	NTTとしてとるべき措置を郵政大臣に対して通報するNTT社長の書簡 NTTドコモ等関連会社が出した自社の調達方針に関するプレスリリース	②書簡 (通商代表：①の受領確認) ④書簡 (通商代表：③の受領確認)	なし

ように、その実体にふさわしい形式及び文言を細心の注意で採用している。この限界を超えてまで自由に形式及び名称の選択を行うものではない。極端な例で説明すると、「条約」という名称を持った法的拘束力を有しない国際「合意」を表す文書を作成することまずあり得ないのである。(詳細は第3章第2節で後述する)。

　第二に留意すべき点は、第一の点とも密接に関連する。すなわち、ふさわしい形式及び文言を細心の注意で選択しつつ法的拘束力を有しない国際「合意」を表す文書を作成することを実務上長い期間繰り返し実践することを通じて、国際約束を構成する文書よりは緩やかであるが、この文書の形式についても一種の慣行が確立している。一例を挙げると、首脳レベルを含む要人往来等の機会に日本が各国の間で作成する二国間の政治的な文書の名称がある。このような文書のためにいかなる名称を選択するかについては、一定の慣行が存在するようである。すなわち、第一に、政治的文書の名称の選択方法については、従うべき法令等何らかの規則が存在するわけではないが、これまでの日本の前例を見ると、一般に次のような名称を採用することを通例としているようである[128]。

　　①共同宣言（joint declaration）[129]、
　　②共同声明（joint statement又はjoint announcement）[130]、
　　③共同発表（joint announcement又はjoint statement）[131]、
　　④共同コミュニケ（joint communiqué）[132]、
　　⑤共同新聞（プレス）発表（joint press release / communiqué / announcement）[133]

　第二に、どのような機会にどのような文書を作っているかを見てみると、おおよその傾向が見えてくる。つまり、慣例上、上記①から⑤の順に「重い」、つまり政治的に重要な文書であると考えられているようである。①の共同宣言について言えば、日本は、1956年にソ連邦との間で「日本国とソヴィエト社会主義共和国連邦との共同宣言」を締結した。同共同宣言は、「共同宣言」という名称を採用しているにもかかわらず国会承認条約であったことから、以来最近まで、日本が二国間で何らかの政治的文書を作成する場合には、当該政治的文書が国際約束であるかのような無用な誤解を避けるためにも、文書の標題に①の「共同宣言」又は「宣言」を用いることがなかった。すなわ

ち、たとえ非常に重要な意義を持つ政治文書であっても「共同声明」の標題を用いることを常としてきた（例えば、1973年田中総理訪ソの際の「日ソ共同声明」、1972年日中国交回復の際の「日中共同声明」、1991年4月ゴルバチョフ大統領訪日の際の「日ソ共同声明」等）。これに対して、それほどの政治的重要性を有しない政治的文書については、③以下の名称を用いてきた。しかし最近においては、このような慣例も若干の変化が見られ、非常に重要と考えられる二国間関係を総括する政治的文書については、「共同宣言」又は「宣言」の名称が採用されるようになった。

また、①及び②（場合によっては、③及び④）については、署名のあるものと署名のないものが存在する。一般に、署名のあるものの方がないものよりも「重い」と考えられているようである。このような文書の「軽重」に応じた名称の選択については、その実行を見ると、また、相手国もこのような日本の慣行に応じているところを見ると、各国とも日本とこのような「軽重」に関する認識をかなりの程度共有しているのではないかと推測できる。また、以上は二国間で文書を作成する際の例であるが、多数国間で同様な文書を作る際にも二国間の場合とかなり似た慣行があるようである。このことは、例えば重要な首脳会合の後に作成される文書には、「共同宣言」又は「宣言」との名を冠されることが多いこと[134]からも看取できる。

第2節　文書の当事者の数

国際約束を構成する文書の場合と同様に、法的拘束力を有しない国際「合意」を表す文書についても、その当事者の数により、二国間又は多数国間といった分類[135]を行うことができる。

第3節　作成当事者のレベル

法的拘束力を有しない国際「合意」を表す文書を実際に作成する（又は署名者若しくは名宛人となる）当事者のレベルも様々である。一方では各国の首脳レベル間で作成されるものもあれば、外務大臣をはじめとする閣僚間、さ

らには実務当局者間[136]までいろいろなケースがあり得る。また、首脳又は閣僚レベルの文書は、相手国への訪問の機会を利用して又はその訪問のために作成されることが一般的である。他方、そのような適当な機会がなく、かつ、文書を作成する必要がある場合には、相手国にある自国の大使館（大使）を通じてかかる文書が作成されることも多い[137]。

どのようなレベルで文書が作成されるかについては、当事国間の同意による。その際に、どのような当事者がどのような文書を作成する権限を有しているか否かについては、国際約束の締結の場合のように、国際法上厳密な意味での代表権[138]の問題が生じるわけではない。基本的には、それぞれの国が自国の国内法制及び政治状況を踏まえて判断することになる。したがって、ある国の国内法制及び政治状況に照らして、そもそもその国を代表してコミットメントを行い得ない者又は一般的にはその国を代表し得るがある文書の対象となっている特定の問題については適切な権限を有していない者がその文書の当事者になったとしても、そのことによって政治的な問題を引き起こし、場合によっては非友誼的な行為と見られる可能性は排除されないが、いずれにしても当該文書が有効か無効かということが法的に問題になるわけではない。もっとも、実際の問題としては、権限のない者等との間でそのような文書を作成しても、現実的には何ら意味を持ち得ないことは明らかである。

また、国際約束の場合と異なり、国際法上国際約束締結権限を持たない非国家主体の代表が当事者の一つとして参加することを排除するものではない[139]。

第4節　文書作成のための国内手続

国際約束には、批准の要否、議会の承認の要否といった国内手続の違いに着目した区別が存在する。例えば日本においては、このような観点からいわゆる「国会承認条約」と「行政取極」の区別がある[140]。また、アメリカにおいても、条約の締結には上院の三分の二（過半数ではない）の同意を得なければならないことが憲法（第2編2節2項）で定められていることとの関係から、議会の承認を要しない「行政取極」(executive agreements) は、以下の

三種類に分類される[141]。

　①congressional executive agreements（具体的な案件に関して連邦議会の授権があり、これに基づいて締結されるもの）
　②pure（sole）executive agreements（大統領がその最高司令官としての権限及び外交権限に基づいて締結するもの）
　③treaty executive（implementing）agreements（既に上院の同意を得て締結された条約の条項を根拠としてその実施のために結ばれるもの）

　これに対して、法的拘束力を有しない国際「合意」を行うに当たっては、上記のような区別は存在しない。行政府の中でいかなる手続が必要かについては、専らその国の国内法制による。国によってはその手続に関して明文の規定が存在する場合もある。例えば、アメリカにおいては、各省庁が作成した文書が国際約束（より正確に言えば、米国国内法[142]にいう"international agreements"[143]）に該当するか否かを決定する権限は、国務省（具体的にはその法律顧問、次席法律顧問及び、多くの場合は、条約担当法律顧問補）にあり、各省庁は、国務省と協議することを連邦規則により義務づけられている[144]。

第5節　文書の内容

　以上述べてきたことは、形式的な基準に着目した法的拘束力を有しない国際「合意」の分類の試みである。一方、文書の内容に着目した分類もあり得る。実際に内容に着目した類型の試みが一部の論者により行われている。いくつか例を挙げる。

　Münch教授は、彼のいう「非拘束的合意」を①「テキスト全体として拘束力を有しない条約疑似のテキスト」、②「正式の条約テキスト中に含まれる非拘束的合意」、③「明白な非拘束的合意」、④「戦争目的協定」、及び⑤「制限的拘束力を有する合意」の五つに分類している[145]。

　長谷川教授は、Eisemannの分類[146]を参考にしつつ、二国間及び多数国間という形式的な基準と、「ゆるやかな枠組又は将来の指針を規定するもの」と「相互的関係又は規則を規定するもの」という実質的な基準の両方を用いて、同教授のいう「非法律的合意」の類型化を試みている[147]。

このような文書の内容に則した類型化は、形式的な基準に基づく類型化とは異なり、その類型の違いから一定の効果、性質の差異が生じることを示すことを目的として採用される。したがって、その類型化の方法の選択は、結局その論者が主張したい結論と密接な関連を持つことが多い。

　前記のMünch教授による類型化の目的は、一方では③の「明白な非拘束的合意」を彼のいう「非拘束的合意」の核とすること、さらには他方では従来形式的には国際約束を構成する文書とみなされている文書であってもその内容を精査してみると、その全部又は一部が結局は③の「明白な非拘束的合意」と同じように法的拘束力を持っていない合意であることを示すことにある。すなわち、これは、「合意」一般の中から厳密な意味で法的拘束力がある合意のみを選別し救い上げようとするMünch教授の議論の本来の目的[148]に資するために行われた類型化である。このような姿勢は、特に、⑤の「制限的拘束力を有する合意」を厳密な意味での法的義務を設定する合意ではないとして、これを「非拘束的合意」に分類しようとする彼のアプローチにも窺われる。

　このような方法の採用は、国際法から法的拘束力を有しないような「不純物」を取り除いて純粋な意味での国際法規範の範囲を確定し、その中で厳密な理論化を行っていこうとするMünch教授のような立場にとっては有効であり、そのような立場を前提とすれば理解し得る方法ではある。しかし、本書の目的は、「非拘束的合意」を国際法規範から排除することではなく、冒頭でも述べたとおり、法的拘束力を有しない国際「合意」自体の機能を検討することにある。このような本書の立場からすれば、Münch教授の方法は、必ずしも有意味な類型化にはならないと言わざるを得ない。

　長谷川教授の実質的基準に基づく類型化のねらいは、「相互的関係又は規則を規定する非法律的合意」と「ゆるやかな枠組又は将来の指針を規定する非法律的合意」のそれぞれが遵守される期待の高さの違いにある。すなわち、「相互的関係又は規則を規定する非法律的合意」について当事国が相手国に対して抱く当該合意遵守の期待は、一般に「ゆるやかな枠組又は将来の指針を規定する非法律的合意」ついてのそれよりも高い。つまり、前者において当事国は当該合意を遵守する一層の非法律的な義務（政治的義務又は道徳的義

務）を負ったといえる[149]という点に着目している。このことは、「相互的関係又は規則を規定する非法律的合意」には「より直接的な行動の基準としての地位」（傍点は著者による）が与えられており、「表現方法及び内容に関して、当事国が非法律的合意を意図したという点を除外すれば、通常の条約と異ならない場合がしばしばある」[150]との判断に基づいている。

この長谷川教授の類型化の方法及びその背景にある考え方には、法的拘束力を有しない国際「合意」の機能の考察という本書の目的にとってもかなり興味深く思われる点が少なくない。しかし、それにもかかわらず、次の二つの疑問点がある。

第一は、この方法に従うことによってはたしてすべての「合意」を実際に分類することができるかという点である。もっとも、この疑問は、類型論一般に常につきまとう問題であり、どの類型化についても中間領域に属すると思われる個別具体の例が常に存在する。類型は、あくまで理念型を示すものにすぎないとの前提の上に成り立っている。しかし、このことを考慮しても、次の疑問が残る。すなわち、長谷川教授の類型論は、いわば「相互的関係又は規則を規定する非法律的合意」の方が「ゆるやかな枠組又は将来の指針を規定する非法律的合意」よりも当該合意遵守に対する期待という観点からは国際約束に近いという判断に立脚している。その結果、その相互の遠近に従い「国際約束」-「相互的関係又は規則を規定する非法律的合意」-「ゆるやかな枠組又は将来の指針を規定する非法律的合意」といった図式が念頭に置かれているように思われる。

しかし、国際約束にしても、法的拘束力を有しない国際「合意」にしても、実際はこのような図式に収まらないほどより多様である。例えば、長谷川教授は、1972年2月28日の米中共同声明（いわゆる「上海コミュニケ」）[151]を「ゆるやかな枠組又は将来の指針を規定する非法律的合意」に分類し、1979年1月1日付けの外交関係の樹立に関する米中共同コミュニケ[152]を法律的合意（国際約束）に分類している[153]。それでは、似たような文書であるが、1972年に作成された「日中共同声明」[154]はどちらの類型に分類されるのであろうか。この日中共同声明は、少なくとも日本の理解では国際約束を構成しない文書であるとされている[155]。一方で、その内容は、二国間の不正な状態の終了、

中国政府が中国唯一の合法政府であることの承認、外交関係樹立、戦争賠償の相互放棄といった国際約束の内容ともなり得るような事項も含んでいる。つまり、形式的には国際約束であり日本においては国会承認条約[156]であるが国家間の基本的な原則のみを掲げるにすぎない1979年の日中平和友好条約と比べてみても、同共同声明の方が「直接的な行動基準」をより多くその中に含んでいると考えることができる。このような事例に対して、前述の図式(「国際約束」―「相互的関係又は規則を規定する非法律的合意」―「ゆるやかな枠組又は将来の指針を規定する非法律的合意」)がそのままうまく当てはまるかどうか必ずしも明らかではない。

　第二の疑問点は、本書にとってより本質的な問題を含むものである。つまり、このような類型化を行うことによりどのような効果が導き出せたのかという疑問である。残念ながら、著者が承知する限り、長谷川教授はこの類型化以後の部分を発表されておらず、この論文は現在のところ未完のままとなっているので、同教授が意図されているところは必ずしも明らかではない。しかし、仮にこの類型化によって、より直接的な行動の基準の有無に応じて「当事国が相手国に対して抱く当該合意遵守の期待」の程度の違いを示したかったのであれば、著者としてはその結論に対して一定の留保を付けざるを得ない。

　たしかに、より国際約束に近い内容を持った法的拘束力を有しない国際「合意」の方が、直接的な行動の基準を含むことがより多く、事後の当事者の行動をその「合意」の内容に照らしてより具体的に評価しやすいという利点がある。したがって、一般に当事者も逸脱の批判から免れるために、その文書がより具体的に予定した行動をとるように努力する傾向があろう。しかし、ある法的拘束力を有しない国際「合意」が遵守される程度及びその遵守に対する期待の程度は、そこに直接的な行動基準が含まれているかどうかのみでは決定されない。それは、あくまで一つの決定要素にとどまる。むしろ、例えば、①その「合意」が誰によって行われたのか、②その「合意」がどのような文脈の中で行われ、③その内容が当事者にとって又は第三者にとってどのような意義を持つか、④「合意」の違反に対してどのような対応があり得るか等の諸要素が相絡まって、当事者の遵守に対する期待が決定されるの

ではないだろうか。その内容が国際約束に近いかどうかだけが、必ずしも重要な要因ではないといわざるを得ない。

したがって、以上の諸例のような方法で内容に則した類型化を大上段から一般的に行うことが本書の目的との関係でどこまで有用性であるかについては、必ずしも確信が持てない。形式的な基準同様、このような類型化によってもある程度の整理を行うことはできるが、法的拘束力を有しない国際「合意」の機能に対して包括的な示唆を与える道具とはなり得ないかもしれない。この関連で、1969年の条約法に関するウィーン条約が、契約（的）条約と立法条約をはじめとする様々な講学上の国際約束の類型論にかかわらず、条約が多様であることを考慮して一般的な分類規定を定めることなく、個別の問題毎に性格の違いを検討するアプローチを採用したことは示唆的である[157]。

もっとも、本来であるならば、上に著者が示した①から④といった要素に着目して、これらの個々の要素がある法的拘束力を有しない国際「合意」の遵守にどのように影響をしているのか（又はしないのか）を実証的に検討し、「合意」の遵守を規定する要因を探究し、類型化することが重要なのであろう。このことは、本書第4章第4節で若干考察することになるが、必ずしも十分なものとは言えないであろう。上記の①から④といった要素を抽出して仮説化し、これを実証するためには、数多くの実証研究を行わなければならない。このような分析は、非常に興味深いものであるが、残念ながら本書の手に余る作業である。今後の著者自身の、又はこの問題に関心を持つ他の研究者の将来の研究課題とすることでお許し頂きたい。

いずれにしても、本書においては、法的拘束力を有しない国際「合意」の多様性を考慮しつつ、これらを特に一般的に分類することなく、具体的な問題において必要があれば場合分けを行う方法を採用していくこととする。

第3章　国際約束との区別の認識と
　　　　形式面における具体的な差異化

第1節　国際約束との区別の認識

　これまでの議論は、法的拘束力を有しない国際「合意」が存在し、それが国際約束と明確に区別されることが前提として議論してきた。本章では、一度その前提に立ち返って、両「合意」の区別が1969年の条約法に関するウィーン条約の起草過程、国際判例、実務及び学説によってどのように認識され、さらに具体的にどのような方法で区別されてきたかにつき検討する。

1.　1969年の条約法に関するウィーン条約起草過程における議論

　結論からいえば、国際法委員会及び国連条約法会議におけるこの条約の起草過程、特に同条約第2条1 (a) の規定[158]の起草過程において、国際約束と法的拘束力を有しない国際「合意」の区別は、明確に認識されていた。さらに、この区別は、まさに当事者の意思によって決定されるということでほぼ議論が一致していた。しかしながら、そのことがこの条文の文言には必ずしも正確に反映されていない結果となってしまったとの批判がある[159]。以下簡単に説明する[160]。

　国連国際法委員会におけるこの条約の最初の特別報告者であるBrierly委員及びその次の報告者であるLauterpacht委員は、国際約束と法的拘束力を有しない国際「合意」の区別を明確に意識し、それに基づき「条約」の定義に係る案文を作成した。Brierlyは、条約を「…国際法に基づき関係を設定する…合意」(an agreement...which establishes a relation under international law...) と定義した[161]。さらに、彼は、そのコメンタリーの中で、この「関係」の設定とは、「権利・義務関係の創設」を意味するとして権利義務関係の設定を行わない

「合意」をこの定義から排除しようとした[162]。Lauterpacht委員も、条約を「…当事者の法的な権利及び義務の創設を意図する合意…」（agreements ...intended to create legal rights and obligations of the parties）であると定義した[163]。彼もまた、その定義より法的拘束力を有しない国際「合意」を排除し、両者の区別を当事者の意思によるとしている[164]。

　第三の特別報告者であるFitzmaurice委員は、Brierly委員の「関係の設定」の概念をLauterpacht委員の「権利及び義務の創設」の概念に追加する形で条約の定義に再導入した[165]。すなわち、条約とは、「…国際法によって規律される権利及び義務の創設又は関係の設定を意図する国際的な合意」（an international agreement...intended to create rights and obligations, or to establish relationships, governed by international law）であるとした[166]。Fitzmaurice委員が「関係の設定」の概念を再導入した理由は、Lauterpacht委員の定義のままでは、おおまかな（bare）関係をだけを設定し、権利義務に関する含意にその帰結を依拠させたままにしておくような平和友好条約及び同盟条約といった文書に条約の名称を与えることができなくなってしまうからであるとしている[167]。しかし、そのような含意があるのであるならば、それは、権利義務の創設が意図されていることを意味する。したがって、Lauterpacht委員の定義とFitzmaurice委員の定義は、意味するところはこの点では基本的には同じである[168]。

　しかし、1959年の国際法委員会でこの案文が審議される過程で、この箇所に関して大きな修正が行われるようになる。Ago委員は、「権利義務の創設」は当事者間の「関係の設定」を意味するのであるから、これは同義反復であるとする一方で、この文言は、（直接的な権利義務の創設というよりも）規則の定立を意図する合意、先行する条約の解釈に関する合意、特定の紛争処理に関する合意といったすべての国家間の合意をカヴァーしていないと批判した。さらに、Alfaro委員も、権利義務を修正し、規制し又は終了する合意もこれに含まれるべきではないかと指摘した。これに対して、Fitzmaurice委員は、これらの合意も定義に含まれるべきであり、この定義に含まれていると説明した[169]。彼は、さらに、自分の主要な関心は、国際法に規律される合意と国際法以外の他の法体系（すなわち国内法）に規律される合意の区別

の明確にすることにあったと説明した。Fitzmaurice委員は、以上を踏まえ、より一般的な規定としては、「国際法によって規律されることを意図する規定」(the provisions of which are intended to be governed by international law) があり得るとした[170]。国際法委員会は、以上の議論を踏まえ、Fitzmaurice委員の報告書を基礎に暫定的な案文を採択した。条約に係る定義は、「国際合意とは、…国際法に規律される合意…」となった[171]。この過程の中で、国際約束と国内法によって規律される合意との間の境界をどのように明確に画定するかの方に次第に重点が置かれるようになった[172]。

　第四の特別報告者であるWaldock委員の第一報告書は、「国際合意」(international agreement) を「国際法によって規律されることを意図する…合意」(an agreement intended to be governed by international law...) とし、その内文書の形式によるものを「条約」とした[173][174]。上記の1959年の暫定的な案文と比べ「…ことを意図する」(intended to) の文言が追加されたことについては、Ago委員のようにこの文言によってある条約が国際法に規律されるか否かを当事国が自由に決定することができるかのような含意があるとして、これの削除を主張した[175]。これに対して、Waldock委員は、この文言を入れたのは国家間の取引行為 (transactions) から商契約的な性質を持つ取引行為 (transactions in the nature of commercial contracts) を区別するためであると説明しつつ、このような誤解が生じないのであれば、この文言を削除する用意がある旨述べた[176]。その結果、1962年の仮草案からは、この文言が削除され、条約の定義は、「…国際法によって規律される国際的合意」(any international agreement...governed by international law) となった[177]。結局、この規定ぶりが、現在の条約法に関するウィーン条約にも受け継がれることになった。

　このような規定ぶりを採用したことについては、次の問題点が指摘されている。すなわち、条約の定義を考える際には、①国際約束と法的拘束力を有しない国際「合意」の区別とともに、②国際約束と他の法秩序（国内法）に規律される合意との区別を念頭に置かなければならない。Brierly委員及びLauterpacht委員の報告書においては、そして、Fitzmaurice委員の報告書においても、この①と②の二種類の区別は明確に意識されていた[178]。しかし、Waldock委員の報告書に至り、①に対する認識がほとんど欠落し、後者を専

ら意識する形での議論がなされてきた[179]。そのため、「権利義務」に対する言及だけでなく、「意思」に対する言及がなくなってしまった。その結果、ある合意が条約であるのかどうか、特に国際約束と法的拘束力を有しない国際「合意」を区別する判断基準が定義からなくなってしまい、この定義は同義反復的で頼りないものとなってしまった。少なくとも意思への言及を削除したのは、不用意であったといえる[180]。

　この定義の欠陥は、その後の議論ですぐに露呈することになる。前記の1962年の暫定草案は各国政府に対し送付され、コメントを求められた。Waldock委員は、このコメントの要約と、条文修正の提案を第四報告書で行った。問題の定義については、オーストリア、オーストラリア、ルクセンブルク及び英国より、この定義は十分でなく、法的権利義務関係の創設又はその意思への言及が必要であるとの意見が出された。特にオーストラリアは、この規定ぶりでは、法的権利の創設を意図しない非公式の了解をも含んでしまう危険性があることを指摘している[181]。これに対して、Waldock委員は、この規定の変遷を説明し、この文言の目的は、条約を「(a) 法的義務の創設を意図しない合意された政策表明」、及び「(b) 実行上まれなことではないが、ある国の国内法に従うことを当事国が明示的に表明した合意」と区別することにあることを指摘し、「意思の要素が『国際法により規律される』との文言に含まれる」と判断し、原案を維持することを主張した[182]。同様に1966年に採択された国連国際法委員会の最終条文草案のコメンタリーも、「国際法委員会が関連を有する限りにおいては、意思の要素は『国際法により規律される』との文言に含まれると結論し、定義の中で意思の要素に対するいかなる言及も行わないことを決定した」としている[183]。

　1968年及び1969年にウィーンで行われた条約法会議においても、スイス等から法的拘束力を有しない国際「合意」をこの条約の定義から排除する観点から修正案が出された。しかし、起草委員会は、コメンタリーの立場を維持して修正案を退け、この点の変更はなされなかった[184]。

　このように、起草過程において、国際約束と法的拘束力を有しない国際「合意」の区別は、明確に認識され、この区別は、当事者の意思によって決定されるということで終始一致していた。しかし、その内容がこの条約の文

言には直接に反映されることがなかったことについては、以上のとおりである。

　これに関連して、この条約における「条約」の定義と本書が対象とする法的拘束力を有しない国際「合意」との関係について述べておきたい。第2条1 (a) の定義を一見すると、この条約の対象は、「国際法によって規律される国際的な合意」であるので、この条約の対象とならないような「合意」は、あたかもおよそ国際法の規律の外にあるかのように読むこともできる。つまり、法的拘束力を有しない国際「合意」に対しては、国際法はいかなる規律も行っていないことを意味しているかのようにさえ見える。もし仮にそうであるとするならば、そのことは、後に説明するように（第4章参照）一定の場合にはこの「合意」に様々な国際法上の効果があるという事実に矛盾するように思われる。

　しかし、このような読み方は正しくない。そのことは、これまで説明したこの定義の起草過程からも明らかである。その理由として、次の二点が指摘できる。第一に、この「国際法により規律される」との文言は、当事者の「国際法に規律される意思」を意味する。この「意思」によって、国際約束と他の法秩序（国内法）に規律される合意と間の区別だけでなく、法的拘束を有するとされる合意（国際約束）と法的拘束力を有しないとされる国際「合意」の間の区別を行うことができると考えられていた[185]。第二に、さらに詳細に検討すると、ここで言われている「意思」の内容は、そもそもBrierly委員、Lauterpacht委員及びFitzmaurice委員の報告書においては「法的権利義務を創設する意思」を意味していた。1959年の段階になって、第一に、その他の周辺的ではあるが、必ずしもこの「法的権利義務の創設」とは矛盾しない[186]諸合意を取り込むために、第二に、国内法によって規律される国家間の合意と区別するため、より一般的な表現である「国際法によって規律されることを意図する」、さらには、「国際法により規律される」との表現を採用したのである。

　したがって、「国際法により規律される」という概念は、「法的権利義務を創設する意思」という概念を少なくとも内包した概念であると考えられる。この意味では、法的権利義務関係を創設することによって法的拘束力が生じ

ることに鑑みれば、条約の定義における「国際法により規律される」との文言は、「（国際法上の）法的拘束力がある」という概念と同置できるということができよう。このことは、前述の国連条約法会議におけるスイス代表による修正案をめぐる対応も示している。スイスの修正案は、同条約第2条1（a）の定義から国際レベルで国家間において締結される合意だが条約を構成しないもの（意図の宣言、政治的宣言及び紳士協定）を排除することを目的として、「"treaty" means an international agreement」の後に「providing for rights and obligations」（権利義務を規定する）を挿入するとするものであった。また、これに先立ち、同様の立場から行われた修正案がチリ提案及びマレーシア・メキシコ共同提案としてそれぞれ提出されていた。しかし、そのような趣旨は既に草案の規定に含まれているとして、これらの修正案が取り入れられることはなかった[187]ことは既に説明した。

いずれにしても、「法的権利義務を創設する意思」又は「（国際法上の）法的拘束力がある」ことを意味するに当たって、この「国際法により規律される」という文言が最もふさわしい表現ではない。その結果、いまだに様々な混乱を生じていること[188]については、以上説明してきたとおりである。

2. 国際判例[189]

本書との関係で、次の二つの国際司法裁判所の判決に注目したい。

第一は、1978年12月19日のエーゲ海大陸棚事件判決（裁判管轄権）[190]である。この裁判において、ギリシア側は、本件に対する裁判所の管轄権を基礎づける文書として1975年5月31日のブリュッセル共同コミュニケ（ギリシア及びトルコ両国首相が会合後記者会見の中で公表。署名なし）を挙げ、さらにこの文書が国際法上の合意（国際約束）に相当する旨主張した[191]。これに対して、トルコ側は、同コミュニケが「国際法上の合意」を構成することを否定するとともに、裁判所に付託されるべき問題の範囲に関して何ら合意をみていないときにこれにより両政府が共同又は個別に本件についての裁判所の判断を受諾したとは言えないこと、そして、このコミュニケが一方の国が他方の国の一方的請求に基づいて裁判所の管轄に付託することを認める合意に相当するものでは断じてないことを主張した[192]。

裁判所は、このコミュニケが国際法上の合意に当たるかどうかについては、次のとおり判断している。すなわち、裁判所は、「形式の問題に関しては、裁判所としては、共同コミュニケが紛争を仲裁裁判又は司法的解決に付託する国際合意を構成することを妨げるような国際法の規則は何にも知らない旨述べておくだけでよい（条約法に関するウィーン条約第2条、第3条及び第11条を見よ）」として、共同コミュニケという形式を採用していること一事でもってこの問題は解決されない旨判示した。さらに、この共同コミュニケが「そのような合意を構成しているか否かは、本質上コミュニケの表現する行為（act）又は取引（transaction）の性質如何によって決まる」とし、その「コミュニケに具体化された行為又は取引の性質が実際にいかなるものであったかを決定するに当たって、裁判所は、特に、現実に用いられた表現とその作成された特別の事情を考慮しなければならない」との見解を一般的に示した[193]。しかしながら、裁判所は、このコミュニケの解釈について見解の不一致があるのでその意味の確定のためにこの文書が作成された背景を検討する必要があるとした[194]。その検討の結果、判決は、このコミュニケが本件紛争を一方的に付託することを無条件に受け入れることを両国首相がそれぞれの国を代表して直ちに約束することを意図したものでもなかったし、また、事実そのような約束を行ったものでもないとの結論のみを下し、本件に対し裁判所の管轄権を設定する基礎とはならないとした[195]。

このように、この判決は、いかなる「合意」が「国際法上の合意」を構成するかについては、問題となる文書が具体化する当事国の「行為又は取引の性質」によって決まるとし、そのための一般的な判断基準（「現実に用いられた表現とその作成された特別の事情を考慮」）を示した。しかしながら、このコミュニケが「国際法上の合意」を構成するかどうかという一般的な問題については必ずしも明確な判断をすることはなかった[196]。むしろ、この「行為又は取引の性質」の焦点は、このコミュニケが「本件紛争を一方的に付託することを無条件に受け入れることを両国首相がそれぞれの国を代表して直ちに約束すること」を意味するかという点に絞られた。しかし、結論として、コミュニケが「そのような約束を意図したものではない」としているように、「行為又は取引の性質」の内容は、結局は、当事者の意図がどのようなとこ

ろにあったかに帰着することを示しているようである。

　第二の判決は、1994年7月1日の「カタールとバーレーン間の海洋境界画定及び領土問題事件（管轄権及び受理可能性）（第一判決）」[197]である。この裁判においても、1990年12月25日に両国外務大臣及びサウジ・アラビア外相の間で作成された議事録（Minute）（以下「90年議事録」という）が「両国間において（法的）拘束力を持った国際約束（合意）」を構成するか否かが争点の一つとなった[198]。

　バーレーン側は、90年議事録が国際約束を構成しないと主張し、その証拠として1992年5月21日付けの外務大臣の声明を提出した。この声明には、同外相としては、90年議事録署名時にこの議事録が法的拘束力を持つものとは考えなかったこと、バーレーンの憲法上、領土に関する条約の発効には国内法の制定が必要であること及び同外相は署名によって直ちに発効するような条約に署名する権限を与えられておらず、あくまで政治的な了解を記録する文書に署名を行ったにすぎないと考えていたことが主張されていた[199]。また、バーレーンは、カタールが国連憲章第102条に従った登録をこの90年議事録を1991年6月まで行っていなかったこと、バーレーンとしてはそのような登録を拒否したこと、カタールがアラブ連盟規約第17条に従った登録も行っていないこと及びカタールが条約締結のための憲法上の手続を行っていないことを指摘し、両当事者とも90年議事録を国際約束とはみなしていないことの証拠であると主張した[200]。

　これに対して、判決は、まず、国際約束は多くの形式を採用し、様々な名称が与えられることができるとし、条約法に関するウィーン条約第2条1(a)の規定及び「裁判所としては、共同コミュニケが紛争を仲裁裁判又は司法的解決に付託する国際合意を構成することを妨げるような国際法の規則は何も知ら」ず、また「裁判所は、就中、現実に用いられた表現とその作成された特別の事情を考慮しなければならない」とする前記のエーゲ海大陸棚事件判決に言及した[201]。第二に、裁判所は、90年議事録の内容を検討し、そこに「両国間で合意されこと」が述べられていることに着目した上で、この議事録が議論の報告や一致点及び不一致点の要約といった単なる会議の記録（a simple record of meeting）ではなく、両当事者の同意した約束を列挙しており、

当事者の国際法上の権利義務を創設する国際約束であると判断した[202]。第三に、バーレーン外相の声明に関しては、判決は、裁判所としては署名者の意図が何であったかを検討する必要はない、両者は、両政府として受諾した約束を記録した文書に署名したのであり、そうであるからには、「政治的了解を記録した声明」に署名することを意図していたということはできない旨判示した[203]。さらに、90年議事録の国連等への登録が行われなかったという指摘については、判決は、国連未登録の国際約束は国連のいかなる機関に対して援用され得ないということを意味するだけであり、未登録又は登録の遅れによって合意の実際の効力に影響があるものではなく、依然として当事者を拘束する旨述べた[204]。最後に、カタールの国内手続に係る指摘については、判決は、これによってカタールが国際約束を締結する意図がなかったことを証明する資料が提出されなかった、また仮に証明されたとしても、議事録の実際の文言に優越することはない旨述べた[205]。以上に鑑み、判決は、90年議事録を「両国間において（法的）拘束力を持った国際約束（合意）」を構成する旨結論した[206]。

このように、同判決は、90年議事録の表現する行為又は取引の性質を判断するに当たって、実際に現実に用いられた表現とその作成された特別の事情を考慮した。この点で、エーゲ海大陸棚事件の判決を踏襲したものである。一見すると、この判決は、90年議事録の署名者であったバーレーン外相自身が同議事録に法的拘束力があるとは考えもしなかったと声明したにもかかわらず、同議事録に法的拘束力があることを認めたかのように思われる。さらにこの結論を敷衍して、この判決は、「政治的合意」を行おうとする当事者の意図にかかわらず、すべての合意は法的拘束力を持つということを示したものであると主張する論者さえいる[207]。

しかし、判決は、法的拘束力の有無を決定するに当たって当事者の意図を無視したものではない。むしろ、問題は、当事国の意図という主観的要素をいかに確定するかという点に収斂すると解した方が適当である。法的拘束力の有無を決定するのが当事者の意図か否かという問題と、その意図をいかなる方法で確定するかという問題は、区別して考える必要がある。

当事国の意図という主観的要素の確定は、必ずしも容易ではない。慣習国

際法についても、その成立のための主観的要件である国家の法的確信（*opinio juris*）を確定するのはしばしば困難である。これを確定するためには、関係機関の心理的動機など内面的な過程そのものを探るのではなく、外面に表れた行態から推論するしかない[208]。同様に、ある「合意」を行う際に当事者がいかなる意図を有していたかを事後に確定するに当たっても、それがただちに明白でない場合には外面に表れた行態から推論するしかない。

さらに、確定すべき対象は、作成当時の両当事国の意図であることに注意しなければならない。それは、必ずしも、「合意」を表す文書の署名者（又はその内の一人）の意図と同一でもなければ[209]、当事国が事後になって表明する主張とも同じでもない[210]。その文書の性質について事後に当事国間で見解の相違がある以上は、裁判所は、問題となっている文面自体及び交渉過程を含めた周囲の事情から作成当時の両当事国の意図を推論せざるを得ないであろう[211]。この90年議事録について言えば、同議事録が「両国間で合意されたこと」を明示的に述べているという事実（文言）が重要な意味を持つ。

このように、この判決は、問題となる文書の法的拘束力の有無を判断するに当たって当事国の意図を無視又は軽視したものではなく、あくまでその枠内で判断しているものである[212]。そして、法的拘束力の有無は、一義的には当事者の意図によって決定されるが、この点につき事後に当事者間で見解の相違が生じた場合には、それを表す文書に書かれている文言の使い方及び関連する事情が当事者の意図を推定するに当たって非常に重要な意味を持つことになるという点に注目する必要がある。

さらに、これらの判決は、当事国の意図という主観的要素を確定するに当たって考慮すべき「現実に用いられた表現」と「その作成された特別の事情」の間に一定の優先順位があることを示している点も注目する必要がある。既に述べたとおり、「エーゲ海大陸棚事件」判決は、いかなる「合意」が「国際法上の合意」を構成するかについての一般的な判断基準として、「現実に用いられた表現とその作成された特別の事情を考慮」することを示した。「カタールとバーレーン間の海洋境界画定及び領土問題事件」判決は、この一般基準を踏襲して、具体的な判断を行った。そして、後者の判決は、この「現実に用いられた表現」と「その作成された特別の事情」の内、まず前者

を重視しているようである[213]。学説の中には、裁判所が判断の優先順位を付けるに当たって当事者の意図と文面及び周囲の事情との間を行ったり来たりしているとの批判もあるが[214]、それでもこの判決をよく見ると、それは「現実に用いられた表現」を優先しているようである。

その理由は、既に説明した例えば次のような点にも見出すことができる。第一に、判決が、90年議事録が法的拘束拘束力を持つと判断するに当たって、明示的にこの議事録が「両国間で合意されこと」を述べているという事実を何よりも重視している。第二に、カタール政府が条約締結のための憲法上の手続を行っていないことについても、判決は、仮にこのことが証明されたとしても、議事録の実際の文言に優越することはないと判断している。

他方、「エーゲ海大陸棚事件」判決は、共同コミュニケが「国際法上の合意」を構成するかどうかという一般的な問題については必ずしも明確な判断をしなかった。しかし、この判決もまた、共同コミュニケが言及する「行為又は取引の性質」、すなわち当事者の意図を検討するに当たっては、まずはこの文書の文言の検討を行い、それが決定的ではなかったから、背景の検討に移るという同様の手法をとっている[215]。

このように、ある「合意」を具体化する文書が表す当事者の意思を確定するに当たっては、裁判所は、まずその文書の文言を検討し、それが明確でなければ作成当時の事情を検討する、また、周辺の事情よりは文言が意味することを一層重視するアプローチを採用している。これは、いうまでもなく、まずは「文脈によりかつその趣旨及び目的に照らして与えられる用語の通常の意味に従い」、「条約の準備作業及び条約の締結の際の事情」はあくまで解釈の補足的な手段であるとする1969年の条約法に関するウィーン条約に定める条約の解釈の方法（第31条及び第32条）と整合的である。つまり、このことは、このような条約の解釈の方法を法的拘束力を有しない国際「合意」にも拡大して適用していることを意味する。

3　実務における区別の認識

条約実務に携わる者は、国際約束と法的拘束力を有しない国際「合意」との区別を、他の者以上に明確に認識しており、法的拘束力を有しない国際

「合意」が今後とも活用され続けていく外交上の手段であるとの認識している[216]。ある国との間で文書を作成するに当たって、その文書が国際約束を構成するのか、それとも法的拘束力を有しない国際「合意」を表す文書となるのかを区別することは、実務を担当する者にとって判断すべき重要な問題の一つである[217]。

　両者の区別を前提とする規定を国内法令の中においている国もある。例えば、アメリカ合衆国の法令は、国務省に対し、上院で承認されることを要する条約及びその他国際協定を条約集として公刊することを義務づけている[218]。さらに、同法令は、上院で承認されることを要する条約以外の国際合意（各省庁が行った国際合意も含む。）であっても、原則として60日以内にそれらを議会に提出することを義務づけている[219]。具体的にどのような種類の国際合意が以上の規律の対象となるかについては、国務省規則がその詳細を定めている[220]。それは、一言でいえば、本書でいう国際約束を構成する文書を対象としている[221]。

　同国務省規則は、また、以上の規律の対象に該当するための要件の一つとして「法的に拘束されるとの意図を有すること」を挙げており、政治的、個人的な効果を持つだけで法的拘束力を持たない「合意」を明示的にその対象から排除している[222]。また、国務省は、アメリカの国際法上の国家実行を整理してまとめた *Digest of United States Practice in International Law* を毎年発行していたが[223]、その1975年版から第5章の「条約その他の国際約束に関する法」（The Law of Treaties and Other International Agreements）に「合意を構成しない国際文書」（International Acts Not Constituting Agreements）を新たな独立した節として加え、1975年版には1975年8月1日にヘルシンキで作成された「欧州安全保障協力会議最終文書」を掲載している[224]。

　日本には、国際約束と法的拘束力を有しない国際「合意」とを区別を規定する国内法令はないが、同様に両者の区別を行っており、その区別に際しては当事国の意思が重要な決定要因と考えられている。そのことは、例えば次の最近の国会答弁[225]にも窺うことができる。

　「吉岡吉典君：……そこでお伺いしますが、この極秘の合意議事録、ここ

の[226]四百四十八ページに全文が出て、極めて具体的なものです。こういう秘密合意、こういうものがあった場合、一般論として聞きますけれども、二国間の最高責任者が署名して取り決めた合意というものは政治的あるいは法律的その他拘束力を持つのか一切持たないのか、外務大臣、お答えください。

政府委員（丹波實君）：国際法の問題に絡みますので、私の方から答弁させていただきたいと思います。

　両先生がこの本に基づきまして問題にしておられます合意議事録といいますのは、通常は国際法的な法律的なその条約あるいは協定といったものが交渉された場合に、その解釈、実施につきまして両国間で合意するというような形でつくられるのが合意議事録でございまして、この場合は、そもそも一九六九年十一月の佐藤・ニクソン共同声明、これは沖縄返還に絡みますところの政治的な文書でございまして、その政治的な文書に関して法的な合意議事録ができるというのは通常は考えられないわけでございます。

　そういう意味で、この合意議事録が両政府間において法的な文書として作成されたというふうに、私たちはたとえこういう文書が存在していたとしても、こういうふうな意図を持って作成されたということは考えられませんので、その法的な効力を論じるというその以前の問題ではないかというふうに考えておる次第でございます。」（傍点は著者による。）

このように各国の実務においても、国際約束と法的拘束力を有しない国際「合意」の区別は、一般に当事者の意図によって決定されるとの立場をとっている[227]。しかし、その区別に係る意図の内容については、事後に疑義が生じる可能性があり、事実その問題をめぐって当事者間で紛争が生じている[228]。文書を作成する当事者としては、できるだけこのような事態を回避するためにも、もっと客観的な区別の方法、すなわち、文言上の工夫を含めてあらかじめ形式上の区別をはっきりと付けておくことが必要となってくる。このような観点から行われる具体的な区別の方法については、次節（第2節）で説明する。

4. 学説における区別の認識

(1) 国際法（Klabbers教授の見解の検討を中心に）

　国際法の学説でも、一般的には、これまで述べたような判例、実務等における認識を共有している。たとえ法的拘束力を有しない国際「合意」の存在意義に対して否定的又は消極的な立場をとる者であっても、少なくとも国際約束と区別され得る法的拘束力を有しない国際「合意」の存在自体を認め、両者の区別は当事者の意図によって行われるとする者が大多数である。多くの体系書及び教科書もこの区別を認めている[229]。

　しかし、Klabbers教授は、その論争的な著書[230]において、国家が行う合意はすべて法的拘束力を有する合意であり、それ以外の合意（政治的、道徳的拘束力を有する合意）はおよそ存在しないと主張している[231]。すなわち、同教授は、条約法に関するウィーン条約の起草過程及び多数の国際判例を検討を踏まえた上で、ある合意に法的拘束力があるか否かについての議論を行った。その結果、(イ) 判例等における議論がいわゆる「政治的拘束力がある合意」、「道徳的拘束力がある合意」又は「ソフト・ロー」が存在することを裏付けてはいないこと[232]、(ロ) そもそも国家の意図が果たす役割については、重要ではあっても決定的ではなく相対的であること[233]、及び (ハ) 国家は法的に拘束力のある合意を行うことはできても道徳的拘束力を有する又は政治的拘束力を有する合意を定立することは事の性質上できないこと[234]を主張している[235]。このような文脈において、同教授は、前記の1994年の「カタールとバーレーン間の海洋境界画定及び領土問題事件」判決は、(イ) いかなる合意も法的合意であることを明らかにしたこと、及び (ロ) 当事者であるバーレーンの「意図」にもかかわらず、問題となっている文書の実際の文言に着目してその文書の性質を確定したことの二点において重要であり[236]、国家が法秩序の外で合意を行い得るとするテーゼに「最後のとどめ」を与えた[237]判決であるとして、この判決を評価している。

　しかしながら、このKlabbers教授の主張に対しては、次のような反論を行うことが可能であろう。第一に、この主張は、明らかに国際社会の現実、各国政府の認識とあまりにかけ離れている[238]。これまで説明してきた例からわ

かるように、各国政府は、意識的に国際約束と法的拘束力を有しない国際「合意」の使い分けを行っている。また、各国政府は、法的拘束力を有しない国際「合意」を含めたすべての合意が法的拘束力を有していることを主張しているわけでもない。たしかに、ある特定の文書について法的拘束力があるか否かについて当事国政府間で紛争が生じることがある。しかし、だからといって、当該文書の法的拘束力の存在を主張する側が、その論拠としておよそすべての国際「合意」が法的拘束力を有していることを主張しているわけではない。あくまで、その問題となっている「合意」に法的拘束力があることを主張しているにすぎない。反対に、各政府は、後に見るとおり、ある「合意」に法的拘束力がないことに一定の有用性を見出しているからこそ、この種の「合意」を用いるのである。したがって、Klabbers教授の理論は、学術的著作、判決の解釈及び哲学的議論に大きく依拠しているが、国家実行のテストを経ていないとするAust英国外務省法律顧問による批判は、妥当である[239]。

　第二に、Klabbers教授の主張は、主権国家には条約を締結する（しない）自由があるとする国際法の原則に反する[240]。国際法主体が、法的拘束力を有しない国際「合意」を行うことを禁ずる国際法の規則は存在しない。さらに、Klabbers教授は、事の性質上、道徳は意図的に作られるものではなく、また当事者の意思によってその者が道徳に拘束されたりされなかったりするのではないので、国家は、道徳的拘束力を有する義務を合意によって設定することはできないとしている。しかし、この議論は若干奇異である。我々が、一般に「道徳的拘束力のある合意」という場合、これは、当事者が「合意」によって新たな道徳を作り出すことを意味するのでも、また、当事者がこの「合意」によってある特定の道徳規範にコミットすることをも意味するのでもない[241]。むしろこの場合、たとえこの「合意」に法的な拘束力がなくても、当事者として当該「合意」を遵守することが望ましいという「義務感」を道徳的・倫理的な見地から感じるような、そのような内容の「合意」を我々は念頭に置いている。このことは、法的拘束力と政治的拘束力を切り離すことはできないとする同教授の見解[242]の当否はともかくとして、「政治的な拘束力を有する合意」についても妥当する。「政治的な拘束力を有する合意」と

は、たとえその「合意」に法的拘束力がない場合であっても、政治的な見地からその「合意」を遵守させるような「力」がその当事者に働くような内容を含んだ「合意」を指すことが通常である。

　たしかに、ある「合意」に法的拘束力がないにもかかわらずその当事者に対しそれを遵守せざるを得ないような何らかの「力」が存在し、その存在故に当該「合意」が実際に遵守される場合、我々は、この「力」の内容をあまり吟味しないまま漠然と「道徳的」拘束力又は「政治的」拘束力と呼んでいる。このことを考えれば、Klabbers教授が、この概念を曖昧かつ不明瞭な概念であるとして否定しようとする気持ちは理解できないわけではない[243]。しかし、概念の曖昧さを否定することが、そのままそのような「力」の存在自体の否定をも意味するものではないことは言うまでもない。

　同様の観点からの批判は、Klabbers教授による判例の解釈についても妥当する[244]。前述のとおり、同教授は、判例がある合意の法的拘束力の有無については区別しているが、「政治的拘束力がある合意」、「道徳的拘束力がある合意」又は「ソフト・ロー」[245]には言及しておらず、これらの存在を裏付けるものではない旨主張している。裁判所が何を判断するかは、具体的に何が裁判所に付託されたかによる。すなわち、一般的に裁判に付し得る紛争は、その性質上、実定国際法の解釈・適用について見解の対立のある紛争又は実定国際法の適用によってその解決の得られる紛争であり、その性質上司法的判断になじまないものはその対象とならない[246]。このような観点からすれば、法的拘束力を有しない国際「合意」について裁判所として行い得るのは、その「合意」に法的拘束力がないという判断だけである。裁判所は、法的拘束力があると判断する場合には、さらにその合意の解釈等に進むことができることはいうまでもない。しかし、裁判所としては、ある「合意」に法的拘束力がないと判断した場合には、仮にその「合意」に法的拘束力とは別の種類の遵守を促す「力」があるとしても、その「力」の存否を確認する立場にもなければ、その「力」がいかなる性質を持っているかを判断する立場にもない。ましてや、その「力」の性質が「道徳的」なものであるのか、「政治的」なものであるか、それともそれ以外のものであるかが曖昧な場合には、裁判所としてそのことについて判断を差し控えるであろうことは、容易に想像で

きる。したがって、仮りに諸判例が「政治的拘束力を有する合意」、「道徳的拘束力を有する合意」又は「ソフト・ロー」には言及していないとするKlabbers教授の指摘が正しいとしても、単にそれは、裁判所としてそれらの性質を確定できないことを意味しているのにとどまるのであり、それらの「合意」の存在を否定する主張の根拠となることまでをも意味するものではない。

　最後に、Klabbers教授の主張は、条約法に関するウィーン条約の起草過程における経緯に必ずしも合致しない[247]。1968から1969年に行われた国連条約法会議において、同条約第2条1（a）の定義から国際レベルで国家間において締結される合意であるが条約を構成しないものを排除することを目的としたスイス代表等から修正案の提示がなされたが、そのような趣旨は既に草案の規定に含まれているとして、これらの修正案は取り入れられることはなかったことは、既に説明したとおりである（第3章第1節1.）。この議論を見てもわかるように、条約法に関するウィーン条約の起草過程においても、国家が法的拘束力を持つ合意以外の「合意」を行うことができ、そのような「合意」が現実に存在していることを前提に議論が行われていたことは明らかである。

　以上のように、国際約束以外の合意は存在しないとするKlabbers教授の理論は、残念ながら説得的ではない[248]。国際法学上も、国際約束と法的拘束力を有しない国際「合意」との区別の存在を認めるKlabbers教授以外の多数の学説の方が、現実の国際法現象を説明する上ではるかに説得的である。

(2) 国際政治学・国際関係論

　国際法学と同様に国際関係又は国際社会を研究対象とする学問分野として国際政治学及び国際関係論がある。これらが法的拘束力を有しない国際「合意」をどのように認識しているかについても、ここで簡単に触れておきたい[249]。

　そもそも、国際政治学及び国際関係論、特に行動主義以後の学説は、国際法を含めた規範が国際政治（又は国際関係）において担っている役割を軽視し、長らくこれらに対する関心を欠いてきたといわれている[250]。これに対して80年代以降の国際政治・国際関係論の学説は、例えば「国際レジーム論」[251]

やいわゆる「構成主義学派」（Constructivism）のように、国際政治における規範の役割に対する関心を再び高めつつあるともいわれている[252]。しかし、以下示すとおり、そのような傾向にもかかわらず、大多数の論考は、国際法とその他の国際社会における規範との区別をせず、むしろその区別を曖昧にするために敢えて国際法に対する言及を避けようとしている趣がある。たとえ国際法に言及している場合であっても[253]、国際法とそれ以外の規範との間の区別を一般に重要視していない。このように、一般に国際政治学・国際関係論は、本章でこれまで見てきた国際判例、実務、国際法学等と異なり、国際約束と法的拘束力を有しない国際「合意」との間の区別を認識しないか又はほとんど問題しておらず、この区別に起因して生じ得る機能の差異についてもほとんど関心がないように思われる。このような傾向に対して、国際法学者であるByers教授は、「国際関係論の研究者は、（国際法が国家の短期的な行動を限定するという独特な能力（a unique ability to qualify of the short-term behavior）を持っているという意味で、）国際法が彼らが研究している他の要素とは異なるということを（国際法研究者）によって指摘される必要がある」と主張している[254]。以下いくつかの例を見てみよう。

例えば、国際レジーム論は、国際関係におけるルールに関わる問題を扱っているといわれている。しかし、そのいわゆる「合意された定義」（「レジームは、国際関係の特定の分野においてもそれを中心として行為者の期待が収斂する明示的又は黙示的な原理、規範、規則及び意思決定手続のセットと定義できる」("Regimes can be defined as sets of implicit or explicit principles, norms, rules, and decision-making procedures around which actors' expectations converge in a given area of international relations")）[255]においても法的拘束力の有無による区別は全く反映されていない。すなわち、ここで言及されている「原理、規範、規則及び意思決定手続」には、国際約束も法的拘束力を有しない国際「合意」も含み得ると解される[256]。

Lipson教授は、国際政治学者としては例外的に、法的拘束力を有しない国際「合意」（同教授のいう"informal agreements"）に取り組んだ論文を発表している[257]。しかし、そのような同教授さえも、ある国際「合意」に法的拘束力があるかどうかということ自体はほとんど意味がなく、むしろそのような考

えは誤解を招くとしている[258]。

いわゆる「構成主義学派」(Constructivism) は、一つのグループに分類されているがその個々の論者の具体的な立場は多様である。しかし、彼らは、少なくとも世界政治がどのように「社会的に構成」されているかという関心、すなわち、(イ) 国際政治の基本的構造は、完全に物質的というよりはむしろ社会的であり、(ロ) その構造は、行為者の行動よりも、むしろそれらの者のアイデンティティと利益を形成するという二つの主張を共有している[259]。したがって、構成主義学派は、社会的構造の一部である国際法に比較的頻繁に言及するようになった[260]。しかしそのような構成主義学派の論者であっても、国際約束と法的拘束力を有しない国際「合意」の区別を正面から捉えた者はほとんどなく、むしろ法的拘束力の有無にかかわりなく国際的な制度 (institutions) 又は規範 (norms) 一般として捉えた (したがって国際約束又は国際法であることの特殊性をほとんど強調しない) 論考が多数を占めるようである[261]。

Kocs教授は、国際政治においてパワーの関係は重要である一方、国際法の基本的な原則によって構成される国際的な構造もまた国家の戦略的な行動を制約するとして、国際法の重要性を指摘する[262]。同教授は、国家の自己利益が国際法規範 (つまり「構造」) に具体化されていると見る点で[263]、構造が国益を形成するとする構成主義学派とはその視点をやや異にする。しかし、そのような同教授であっても、国際政治学理論にとっては、国際法の基本的な原則の正確な内容よりもそのような規範が存在していてそれが国家行動を構築する (structure) するという事実の方が重要であるとしていることからもわかるとおり[264]、国際法が「法であること」の特質や国際法と国際法以外の国際社会の規範との異同にはほとんど関心がないようである。この意味では、法的拘束力の有無にかかわりなく国際的な制度 (institutions) 又は規範 (norms) 一般として捉える視点しか持たないその他の国際政治学者の立場と基本的には変わらない。

このような構成主義学派の中でも例外的に、国際約束と法的拘束力を有しない国際「合意」の区別に対して否定的ではあるが、この区別について論じた論考として、Finnemore教授による小論文がある[265]。この論考は、国際法学者であるRatner教授の論文[266]に対するコメントとして書かれたものであ

る。このRatner教授の論文は、欧州安全保障・協力機構（OSCE）の少数民族高等弁務官（HCNM: High Commissioner on National Minorities）[267]が民族紛争において果たす役割、特に、新しい規則又了解の定立及び当事者がそれらを遵守するための説得において同高等弁務官が担っている役割について論じたものである。この論文で、Ratner教授は、少数民族高等弁務官がこのような役割を果たすに当たっては、そこで引用される規範に法的拘束力があるか否か（同教授の言葉に則して言えば、それらが「ハード・ロー」であるか、「ソフト・ロー」であるか）の違いは重要でない旨結論している[268]。これに対して、Finnemore教授は、この結論は、「ソフト・ローは重要ではない（又はハード・ローほどは重要ではない）」ことを前提する国際法学にとっては意味がある結論なのかもしれないが、国際関係論の研究者にとっては当然の結論であると指摘する。むしろ同教授は、「もし政策決定者がルールの法的性質を知らない又は気にしないというのであれば、なぜ我々は、規範の遵守において『法であること』（legalness）が重要であると考えなければならないのか」、さらには「世界政治において、法的規範は、一つの類型として（as a type）、その他の種類の規範とは異なった機能をするのか」といったより根本的な問題を提起する。国際関係論の立場からすれば、機能的には両者の間には区別はない。法的規範はその性質において特別な点はなく、何が両者を区別しているのか全く明確でない。法的規範がそれ全体として際立った（distinctive）効果を有していることを証明しない限り、「ハード・ロー／ソフト・ロー：それは重要か？」（Hard Law / Soft Law : Does It Matter?）[269]などという国際法学の議論は、無意味である。このように、Finnemore教授は、国際法学の問題意識に対して強烈な批判を行っている[270]。ここでFinnemore教授の立場は、国際関係論学者は国際法の特質を理解せよとする前述のByers教授の提言と真っ向から対立する[271]。

　この批判は、国際法学が今日まで常に問われ続け、しかしこれに説得的に答えることに苦慮し続けてきた「国際関係において法は重要か」という問題、すなわち「国際法の現実的意味」（relevance of international law）[272]の問題に帰着することとなる。国際法研究者が国際法の他の規範との間の機能的な相対性のみを示し、法規範としての固有の特徴を証明しないことは、結局は国際法学の存在意義自体を損なうことになるとFinnmore教授によって暗に示された

批判は、国際約束と法的拘束力を有しない国際「合意」の国際社会における機能の相対性を示すことを目的とした本書としても真摯に受け止めなければならない。

　ただし、Ratner教授の論文自体については、その結論を国際法又は国際法の国際社会における機能一般に拡大することには一定の留保が必要である。それは、少なくとも次の二つの理由による。第一に、仲介者たる少数民族高等弁務官が交渉及び説得の対象とする者は、生まれつつある新国家の政策決定者及び世論並びにその中に共存する民族集団（ethnic groups）である。つまり、それらはつい最近まで国際法の主体ではなかったか又は現在も依然として国際法の主体ではない当事者（entities）である。その意味では、国際法がこれらの当事者に対して有する正統性には、既存の国家の政策担当者や世論に対するそれと比べると一定の限界があることは否めない[273]。その正当性が低い分、国際法規範とそれ以外の規範との間の「垣根」も低くなると思われる。

　第二に、少数民族高等弁務官が行う仲介活動は、これら当事者が（直接又は間接的に）合意した既存の国際法を遵守することを求めることを目的としていない。それは、マケドニア、ラトヴィアといった新国家が独立するに当たって、民族的な多数者と少数者が一国の内に共存していくことを可能とするような新しい体制を初めから作り出していくプロセスであり、新たな国家設計の過程である。また、そのためにすべての当事者が納得するような枠組みを見出していくプロセスである。したがって、この目的を達成するためには、既存の国際法規範に限らず、様々な政治的規範、道徳的規範、他国の国内法の諸例を新たな知恵として持ち出して、すべての当事者を説得し、解決の方途を見出していかなればならない。このようなプロセスにおいては、国際法規範とそれ以外の正当化規範との間の差異はそれほど問題とならなくなる。このように、Ratner教授が分析した例は、今後の国際社会においてはますます頻繁に見られる事態の先駆けであるかもしれない。しかし、そこで得られた結論を現在の国際関係全体のあり方にまで敷衍して一般化することには十分慎重にならなければならない。

　このようにRatner教授の論文の結論に対して一定の限定を付す必要がある。しかし、いずれにしても、Finnemore教授の批判に対してどのように答

えるべきなのであろうか。同教授が提起した国際法が有する機能的特殊性とは何かという問いに対しては、本論を含め我々として今後きちんと答えていかなければならないことには変わりない[274]。

他方、Finnemore教授の主張自体にも問題があることも指摘しておかなければならない。ある規範に法的な拘束力あるか又はないかということは規範の内容（substance）の問題であって規範の機能（function）ではないとするFinnemore教授等構成主義学派の見解[275]を著者はそのまま受け入れることはできない。その理由の一つは、この見解と彼らのそもそもの主張との間の整合性について疑問があるからである。つまり、一方では、構成主義学派は、行動主体のアイデンティティと利益を形成する社会構造は、（イ）知識の共有（shared knowledge）、（ロ）物質的資源（material resources）及び（ハ）実践（practices）から構成されるとしている[276]。そして、これらの中でも特に、安定した実践（stable practie）が重要である旨を指摘している[277]。他方、これまで示してきたとおり、国際判例においても、実務においても、国際約束と法的拘束力を有しない国際「合意」の区別は明確に認識されてきた。その際には、このあと本書で示すように、その区別に応じて一定の機能の違いがあることが常に意識され、それに従った両形式の使い分けが行われてきた。このように国際約束と法的拘束力を有しない国際「合意」の区別という知識の共有、実践の継続が現実に国家間に存在している。それにもかかわらず、これらの要素だけを殊更考慮しようとしない（又は知ろうとしない）構成主義学派のこの問題に対する取り組み方は、甚だ疑問である。少なくとも、そのような知識の共有、実践の継続が国家の利益及びアイデンティティの形成にとって、またそれらを通じた国家の行動にとってどのような関係があるか、又は無関係であることを実証的に示す必要がある。説得力がどれだけあるかという意味では、前述の国際法学者Byers教授の議論もFinnemore教授の議論も同じレベルにあるということができる。

もっともFinnemore教授自身も、政治学としては法的規範の機能的特殊性の問題に着手したばかりであると認めており[278]、上記の彼女の批判自体も必ずしも実証的根拠に基づいたものではないこと、さらに言えば、国際政治学の批判自体が法的拘束力の有無は重要な要素ではないとする暗黙の前提に立

っていることを窺わせる。構成主義学派の主張が仮説の段階にすぎないのではないかという批判は、以前より指摘されてきたことである[279]。それ以来多くの研究が積み重ねられてはいるが、少なくとも法的拘束力又は法的規範の問題については、現在もこの批判が妥当すると考える[280]。

さらにFinnemore教授自身、今後この問題に取り組むための手がかりとして、(イ) 国家の強制力との関係、(ロ) 政策担当者が受けてきた法学教育、及び (ハ)(かってMax Weberが指摘したような) 法が持つ正統性の世界的な拡大をとりあえず示唆している[281]。だが、これだけでは、これまで国際法学が提起してきた問題に対する回答を導き出すためには十分ではないことは明らかである。例えば、上記 (ハ) との関係では、なぜ国家やNGOといったある規範の推進者 (Finnemore教授のいう「規範の推進者」(norm entrepreneurs)[282]) が、もし可能であればその規範を法的拘束力のある形で法典化・条約化することを望む傾向にあるのかといった問題を解明していく必要がある。また、これらの視点だけでは、国家があるときは国際約束の形式を選択し、あるときは法的拘束力を有しない国際「合意」の形式を選択するのかといった行動の違いも説明できない。他方、国際法学としても、遵守の問題を含めこれまで抱えてきた様々な問題を解決するに当たって、国家等の社会的行動が主観的観念を制度化するメカニズムを明らかにしようとする構成主義学派の試みとその成果は大いに有用であると思われる。本書が扱う法的拘束力を有しない国際「合意」の機能に関しては、前に示したとおり構成主義学派の成果を取り入れて行くには未だ尚早の感はあるが、今後の研究次第では大いに取り入れて行くべき知見が出てくるものと思われることをここでは指摘しておきたい。国際約束と法的拘束力を有しない国際「合意」の区別の問題は、国際法学と国際政治学・国際関係論の両分野の密接な協力が今後一層必要とされる分野である[283]。

第2節　具体的な区別の方法

1. 当事者の意図を客観的に明示することの必要性

前節（第3章第1節）で見たとおり、国際約束と法的拘束力を有しない国際「合意」の間の区別が存在し、その区別は、当事者（国）の意図によって決まると考えられていることについて、条約法に関するウィーン条約の起草過程での認識、国際判例、実務及び学説の多数のいずれの見解も一致している。

　念のため述べておくと、ここで国際約束と法的拘束力を有しない国際「合意」の間の区別が存在し、その区別が当事者（国）の意図によって決まると述べることが、すなわち、およそ当事者（国）の意図又は当事者（国）間の合意のみによって、法的拘束力の有無が決定されるということまでを意味するものではない。ここで指摘しようとしているのは、あくまである「合意」に法的拘束力を付するか否かを一次的に決定するのは、当事者（国）の意図であるということである。他方、ある法的拘束力を有しない国際「合意」がその後時間の経過の中で、何らかの法的効果を有していくこと（第4章第3節参照）、一般国際法の形成に寄与していくことがあること、また、国連総会決議のように国家間の具体的法的諸関係の形成を誘導し、合意の正当性を説得する根拠として採用され得るものもあること[284]もある。著者としてそれらを何ら否定するものでもない。しかし、少なくともある「合意」に法的拘束力があるかないかを一次的に決定する要因は何かという問題と、当事者間では法的拘束力がないとされた「合意」が、例えば一般国際法の形成過程や国際連合という普遍的な国際機関の枠組みといったより大きな文脈の中でどのような規範性を持ち得るのか、何らかの拘束力を持つようになるのかといった問題、すなわち、法源論の問題は区別しなければならない。本書の主たる関心は、専ら前者の問題であり、法源論はその考察の対象としていないことは既に述べたとおりである（序4.参照）[285]。

　国際約束と法的拘束力を有しない国際「合意」の間の区別が当事者（国）の意図によって決まると考えられているにもかかわらず、前節で検討した二つの判例を見てもわかるように、当事者（国）の意図が何であったかを事後的に探求することは、必ずしも容易ではない。そのため、ある「合意」の性質をめぐって事後に当事者（国）の間で紛争が起きることがあり、その場合、当事者（国）の意図をその区別のための唯一の基準とすることには一定のリスクがあることも既に見てきたとおりである。それでは、当事者（国）の意

図以外のいかなる基準に依拠してこれらの「合意」を区別すべきなのであろうか。

　前節で紹介したKlabbers教授の主張は、このようなリスクを回避するために、「合意」の性質決定における意図の役割を一層相対化しようとする試みであったと考えられる。しかし、この試みは、逆に国際社会の現実と必ずしも合致しない結論を導き出す結果となった。したがって、問題は、当事者の意図以外の基準を見出すことではなく、その意図をどのような方法で確定するかという問題に帰着する。

　E.Lauterpacht教授は、慣習国際法における法的確信（*opinio juris*）の存在を確定する際には、どうしても実行（practice）の要素のみに言及することによってそのまま国家の意図を推定してしまう傾向があることを指摘している[286]。同教授は、このような意図の確定に対する制約を念頭に置きつつ、法的拘束力を有しない国際「合意」を法的拘束力のある合意と区別するに当たって、（法的に拘束されるという意図があることではなく）そのような意図を示す明確な証拠がないことが、そのような意図がなかったことを推定する唯一の基準となってしまっている旨述べている。しかし、同教授は、そのような場合であっても、意図がないことを示す明確な（specific）証拠があった方が（何もないよりも）法的な義務を作り出すことを阻止するのに役に立つのではないかと主張する[287]。

　つまり、このような明確な証拠が客観的に（例えば国際司法裁判所の判例にいう「現実に用いられた表現」に）存在しない場合には、その「合意」の作成経緯（つまり「その作成された特別の事情」）を検討し、そこから「合意」を行った当時の当事者の意図が何であったかを推定せざるを得ない[288]。しかしながら、作成経緯の記録が常に残っているとは限らない。記録が残っていたとしても、そこに当事者の意思が明確に表れているとも限らない。仮に「合意」自体に明記されていなくても、この「合意」の作成当時にすべての当事者が当該合意によって法的には拘束されない旨明示的に宣言したという記録が残っているのであれば、当然のことながら当事者の意図を確認する決定的な証拠になる[289]。しかし、それは、例外的な事例である。また、当事者の一又は一部のみがそのような宣言を行った場合[290]であっても、そのことが両当事者

の意図をある程度推定する有用な証拠とはなり得るが、意図を確定する決定的な証拠とはなり得ない。このことは、前述の1994年の「カタールとバーレーン間の海洋境界画定及び領土問題事件」判決にも見られるとおりである。

　以上のことは、交渉経緯から当事者の意思を推定することが困難となる場合をも想定して、「合意」を表す文書の文言又はその文書の作成経緯に係る実行に当事者の意図を容易に推定させるような何らかの明確な証拠を残しておく必要があることを意味する。すなわち、各国政府は、法的拘束力を有しない国際「合意」を意図したにもかかわらず、それが事後に法的合意（国際約束）であると相手方に主張されたり又は中立の第三者に判断されたりすることを極力回避するために、自らの意図の事後的な推定を容易にするような様々な工夫を行うことが必要であると考える。そして実際に各国政府は、そのような工夫について一定の慣行を蓄積しつつある。

　法的に拘束されないとする当事国の意図を文書の文言から推定する手がかりを得る方法としては、まずその「合意」文書の実質的内容を検討することが考えられる。しかし、その文書の中に法的に拘束されない旨が明示的に書いてある場合[291]はともかくとして、一般的にはその内容は意図の推定の基準とはなりにくい[292]。そもそも対象となる事項の重要性も基準とはなりにくい[293]。後に見るとおり、国際機関の設立に係る事項、あるいは各国の憲法上行政府限りではコミットできない事項（例えば、国民の権利義務関係に係る事項）等特定の事項については国際約束で定めるという一般的傾向がある。しかし、これはあくまでも一般的傾向であり、法的拘束力を有しない国際「合意」がこれらの事項を扱った事例が全くないことを意味するものではない[294]。同じような事項を国際約束の中にも、法的拘束力を有しない国際「合意」の中にもそれぞれ見出すことはあり得る。

　他方、ある「合意」の中に当該「合意」から生ずる紛争を司法的解決によって解決することを義務付ける規定が入っている場合がある。この規定は、当該文書が国際約束を構成するという当事者の合意を推定する適切な基準となる[295]。また、効力発生のために批准を必要とする旨の規定（いわゆる「批准条項」）もその文書が国際約束として作成されたことを同様に推定することを可能とする基準となろう[296]。

このように「合意」の実質的内容の違いは、若干の例外を除き必ずしも法的拘束力の存否に関する基準とはなり得ない。そのため、各国政府は、形式的・手続的なメルクマールによって自らの意図を推定させるよう実行を積み重ね、それらの実行をかなりの程度共有してきた[297]。しかしながら、以下に見るように、これら外形的なメルクマールも、必ずしも決定的な基準とはなるとは言い難く、あくまでも国際約束と法的拘束力を有しない国際「合意」を分かつ相対的な基準にとどまるというべきであろう。

2. 文書の名称

1969年の条約法に関するウィーン条約が規定するとおり、ある「合意」の名称の如何によって、当該合意が法的拘束力を有するかどうかが決定されるわけではないが（同条約第2条1 (a)）[298]、他方国際約束の名称を付けるに当たっては、一定の確立した慣行が存在していることについては既に述べたとおりである（第2章第1節）。同様に、法的拘束力を有しない国際「合意」を表す文書の名称にも一定の傾向があり、実際に当事者もそれに従った区別を行っている[299]ことは事実である。したがって、文書の名称に基づいてその文書の性格を一応推定することは可能である。例えば、「条約」（treaty）という名称を持つ文書のほとんどは、国際約束を構成する文書であり、法的拘束力を有しない国際「合意」を表す文書に用いられることはほぼあり得ない。少なくとも著者が知る限り存在しない。

逆に、法的拘束力を有しない国際「合意」を表す文書のために通常用いられる名称も存在する。例えば、「共同コミュニケ」との名称を持った国際約束を構成する文書が存在する理論的な可能性を否定するものではないが、仮に実在するとしてもそれは極めてまれである。また、その名称より明らかに法的拘束力がないことがその名称から明らかな文書の例としては、1992年6月13日にストックホルム開催された国連環境開発会議（UNCED）において採択された、いわゆる「森林原則声明」がある[300]。この声明の正式の名称は、「すべての種類の森林の経営、保全及び持続可能な開発に関する世界的合意のための法的拘束力のない権威ある原則声明」（Non-Legally Binding Authoritative Statement of Principles for a Global Consensus on the Management,

Conservation and Sustainable Development of all Types of Forests）である。この場合、同会議の当事国としてこの声明の内容に法的拘束力を持たせる意図がなかったことは明白であるが、このようなケースは極めて例外的である。

　1988年に作成された英国外務省のマニュアル[301]は、国際約束に通常用いられる名称として、①「Treaty」（条約）、②「Convention」（条約）、③「Agreement」（協定）、④「Protocol」（議定書）及び⑤「Exchange of Notes」（交換公文）を挙げ、さらによりまれに用いられる名称として、⑥「Decision」（決定）[302]、⑦「Pact」（盟約）、⑧「Charter」（憲章）、⑨「Covenant」（規約）、⑩「Constitution」又は「Statute」（憲章又は規程）、⑪「Article of Agreement」、⑫「Regulations」（規則）及び⑬「Modus vivendi」を挙げている。これに対して同マニュアルは、通常条約（国際約束）に当たらない文書の名称として⑭「Memorandum of Understanding」（了解覚書）、⑮「Agreed Minutes」（合意された議事録）[303]及び⑯「Arrangements」（取極）を挙げている。ここに挙げられているものの他にも、法的拘束力を有しない国際「合意」の名称として「議事録」（Minutes）、「討議の記録」（Record of Discussion）[304]、「覚書」（Memorandum）[305]、「共同宣言」（Joint Declaration）、共同声明（Joint Statement）、「共同発表」（Joint Announcement）、「共同コミュニケ」（Joint Communiqué）等も考えられる。しかしながら、繰り返しになるが、これらはあくまでも一般的な傾向を示すものでしかなく、例外となる事例や中間領域に属する名称があることに注意しなければならない。

　その端的な例は、「Memorandum of Understanding」（了解覚書、略してMOU）である。既に説明したとおり、この名称を持つ文書は、英国では法的拘束力を持たない文書とされているのに対して、米国は、通常法的拘束力のある文書とみなしている。「共同宣言」又は「宣言」についても、法的拘束力を有しない政治的な意図表明文書に用いられることが多いが、時として1856年のパリ宣言、1868年のセント・ペテルスブルグ宣言、1956年の日ソ共同宣言のように国際約束の名称にも用いられることもある[306]。「Arrangements」（取極）についても、円借款取極、無償資金供与取極のように交換公文等で締結された国際約束を略称する際にこの名称を使うことがある。

　このように、文書の名称は、当該文書が法的拘束力を持つかどうかの手が

3. 文言上の工夫・用語法

　各国政府は、国際約束と法的拘束力を有しない国際「合意」を区別しそこに誤解が生じないように、その文書の中においてそれぞれ異なった用語法（terminology）を用いるよう努力している[307]。Aust法律顧問は、その最近出版された著書において英国の実行を具体的に紹介している[308]。例えば、国際約束を構成する文書において通常用いられる用語である「Article」（条）の代わりに、法的拘束力を有しない国際「合意」を表す文書においては「paragraph」（段落）が用いられていると指摘しつつ、この他にも次のような例が紹介されている[309]。

国際約束	法的拘束力を有しない国際「合意」
agree（合意する）	decide（決定する）、accept（受け入れる）、approve（承認する）
agreed（合意された）	decided（決定された）、accepted（受け入れられた）、approved（承認された）
agreement（合意）	arrangement(s)（取極）、understanding(s)[310]（了解）
shall	will
enter into force（効力が生じる）	come into effect, come into operation（効果を生ずる、実施する）
authentic (text)（正文）	equally valid (text)（等しく有効な（テキスト））
authoritative (text)（正文）	equally valid (text)（等しく有効な（テキスト））
clause（条項）	paragraph（段落）
conditions	provisions
continue in force	continue to have effect
done（作成された）	signed（署名された）
mutually agreed（相互に合意する）	jointly decided（共同で決定する）

obligations（義務）	commitments（約束）
Parties（締約国）	Participants（参加国）又は Governments（政府）
rights（権利）	benefits（利益）
terms	provisions
undertake（約束する）	carry out（実行する）
undertakings（約束）	understandings（了解）

　Aust法律顧問が挙げた以上の例以外にも、例えば、「should」[311]、「promote」、「encourage」[312]等が法的拘束力を有しない国際「合意」に使用されているようである。また、筆者が知っている限りでも、同じような意味であってもそれぞれの文脈に従った用語の選択が次のとおり行われている。

国際約束	法的拘束力を有しない国際「合意」
shall agree(d) to undertake to　等	intend(ed) to it is (shared / common) intention of ～ that is prepared to is ready to endeavor to make efforts to　等
have agreed as follows reached the following understanding (mutually) it is understood that　等	have stated the following views (mutually) confirmed their intentions confirmed their views share the following views reached common recognition that reached the following conclusion decided (determined) that　等

　このような用語法の慣行は、国際的にどの国においても完全に一致しているものではない。しかし、様々な実例を見てみると、かなりの程度以上共有されていると考えられる。Aust法律顧問は、このような用語法は、滑稽

(comic) だが、現実に機能していると指摘[313]しているのはこのことである。

このような用語法又は用語の使い分けも当事者の意図を客観的に明示するための手段の一つである。仮にある文書において国際約束を構成する文書で使われている用語（例えば、"agree"（合意する））を用いたからといって、すなわち、その事実のみによってその文書が当然に国際約束を構成する文書となるわけではない[314]。文言の使い分けは、あくまで相対的な基準である。

このような用語法に関連して、米国国務省規則は、「国際約束は、締約国の約束を規定する文言において正確さ（precision）及び特定性（specificity）が必要である。曖昧で極めて一般的な文言で表現され、実施及び遂行を決定する客観的な基準を含まない約束は、通常、国際約束ではない」としている[315]。同国務省規則は、「より好ましい世界経済体制の発達を助ける」といった表現を例として挙げ、これは後者（国際約束ではないもの）に該当するとしている[316]。この指摘は、国際約束と法的拘束力を有しない国際「合意」のそれぞれの規定の仕方の違いを一般的に示すものであり、その限りでは参考になり得る。しかし、これもあくまで相対的な基準にすぎない[317]。例えば、一方において日米包括経済協議の決着文書のように、措置の実施の評価方法まで記述する法的拘束力を有しない国際「合意」を表す文書もあるが、他方において経済的、社会的及び文化的権利に関する国際規約（社会権規約）の諸規定（例えば、第3条、第9条）のように非常に漠然とした法的義務を規定する国際約束を構成する文書も存在する。前述の国務省規則自身も、重要な要素はあくまで当事国の意思であり、例えば国連憲章第55条及び第56条は、一般的な規定であるが、当事者の意図により国際法上の義務を創設するものと考えられているとしている[318]。

一般に、当事者の権利義務関係を規定する法的文書である国際約束を構成する文書の方が、そうでない法的拘束力を有しない国際「合意」を表す文書に比べて、その文書の表現及び文言を選択するに当たって細心の注意と多大のエネルギーを必要とすると考えられている。たしかに、「一般的には」この印象は正しい。Aust法律顧問は、法的拘束力を有しない国際「合意」の起草において国際約束の起案ほど十分な注意が払われない傾向が僅かばかりだがあるだろうと指摘する。そのような場合には、法的拘束力を有しない国際

「合意」の内容が国際約束の内容と同じものになり得るので[319]、起草の際の間違いが条約の起草の際の間違いと同じような混乱を引き起こすだろうと述べている[320]。この関連で、Aust法律顧問は、外務省以外の省庁が起案した法的拘束力を有しない国際「合意」の案文には、国際約束で使われる用語法と法的拘束力を有しない国際「合意」で使われるべき用語法が混在していることが時々あると指摘する。したがって、国際約束と法的拘束力を有しない国際「合意」の用語法の違いを知っている外務省がこれらの省庁にしかるべく文言を修正するよう助言すべきであると主張する[321]。このような主張は、国際裁判において「合意」中の文言が法的拘束力に係る当事者の意図の有無に関する重要な証拠となることに鑑みれば（第3章第1節2.）、理解し得るところである。

　しかし、このような国際約束と法的拘束力を有しない国際「合意」のそれぞれに注がれる労力と注意の対比が、常に正しいわけではない。国際約束であっても、日本の無償資金供与取極のように、基本的に同じ雛形（定型）に従った案文で締結されるものもある。他方、法的拘束力を有しない国際「合意」を表す文書の文言に多大のエネルギーを費やした例も少なくない。例えば、ストローブ・タルボットとマイケル・R・ベシュロスの著した『最高首脳交渉』[322]は、1990年の湾岸危機に際して出された「米ソ共同声明」の作成過程を鮮明に描いている。

　「歯切れがよく、官僚的でなく、引用しやすい、誤解の余地のない」共同声明を作成するために、ベーカー国務長官とシェヴァルナッゼ外相は、米側が用意した共同声明案文を検討し、コメントと追加を付し、部下に対しさらなる検討を協議するよう指示した。部下たちは、協議の上案文を確定し、翻訳し、それを各々の首脳（ブッシュ大統領とゴルバチョフ大統領）に提示した。両首脳は、会談し、30分ほどをかけて共同声明を仕上げ、その文言につき合意した[323]。

　このように、法的拘束力を有しない共同声明であっても、その政治的重要性と目的に応じて、最高レベルまでも巻き込んでまでも多大のエネルギーを費やしてその案文を確定するのである。日本が当事者である諸文書、すなわち、1972年の田中総理訪中の際の「日中共同声明」、1973年の田中総理訪ソ

の際の「日ソ共同声明」、1991年のゴルバチョフソ連邦大統領訪日の際の「日ソ共同声明」も、首脳レベルの交渉を含めた双方が多大のエネルギーを費やして一言一句を確定しなければならなかった文書であり、この意味で「米ソ共同声明」と同様の例である[324]。

4. 文書への署名

　一般に、二国間又は多数国間にかかわらず、国際約束を構成する文書への署名の効果は、（イ）国際約束のテキストの確定、（ロ）（国際約束に拘束されることについて国の同意が批准、受諾等によって表明される条約については）条約の趣旨、目的についての基本的な賛意の表明[325]、（ハ）（国際約束の中にそのような規定があれば）その国際約束に拘束されることについての国の同意の表明の三種類がある[326]。もっとも、国際約束に拘束されることについての同意の表明の方法は、署名に限らず、当事者の合意でもって決めることができる（条約法に関するウィーン条約第11条）。また、口頭の合意という形式も排除されないことに鑑みれば、国際約束は、常に署名を必要とするものではない。1978年12月19日のエーゲ海大陸棚事件判決（裁判管轄権）も、問題となった共同コミュニケに署名がなかったことを認定したが[327]、特にそのことをもってこの文書の性格を判断する基準とはしなかった[328]。他方、法的拘束力を有しない国際「合意」を表す文書に署名を行う例も多数存在する。特に、首脳の訪問等の際に政治的なショウ・アップ効果を得ることを期待して、わざわざ法的拘束力を有しない国際「合意」を表す文書への署名式を行う例も少なからず見られる。

　しかし、一般的傾向として述べれば、国際約束に署名が行われることが多く、特に二国間の国際約束についてはその文書に署名が行われることが普通である。これと比べると、法的拘束力を有しない国際「合意」を表す文書に対して署名を行うか否かはまちまちであり、場合によっては国際約束との混乱を避けるという観点から敢えて署名を行わないとの判断を行うこともある。したがって、ある文書に署名がなく、かつ、その他の方法により当該文書の内容に拘束される又はその内容が効力を持つことになる旨の記述がない場合には、このことが決定的な要因となるものではないが、この文書が国際

約束を構成しない文書であることを推定する一つの証拠となり得るといえよう[329]。

5. その他の文書の形式

以上述べた点以外にも、各国は、国際約束と法的拘束力を有しない国際「合意」との間で区別を行うべく様々な形式上の工夫を行っている。

例えば、英国が他国との間で作成する「Memorandum of Understanding」（了解覚書）の「雛形」[330]を見ると、既に第3章第2節3.で説明したような用語上の区別を採用していることのほかに、次のような特徴が見られる。すなわち、（イ）前文において「have agreed as follows」ではなく、「have reached the following understandings」を用いていること[331]、（ロ）各段落の名称として「Article XX」の代わりに「Section XX」を用いていること[332]、（ハ）最終条項は存在する場合であっても国際約束より簡易化され、用語も注意深く選ばれていること、（ニ）紛争解決条項については特に置かれないことが多いが、置かれている場合であっても「この文書の解釈及び適用に関する紛争は、参加国の協議によって解決することとし、国内若しくは国際裁判所又は第三者による紛争解決には付託しない」とか、「この文書は、法的拘束力のある義務を創設するものではない」とする規定が置かれている[333]こと、（ホ）末文も国際約束で定型的に使われているものとは異なるものが置かれていることが注目される。

もう一つの例として、より詳細かつ具体的な措置が記述された日米自動車交渉の決着文書[334]を同様な観点から検討してみる。この文書もこれまで説明したのと同様な用語法（用語の使い分け）を踏襲していることに加え、次のような特徴が見られる。つまり、（イ）日米双方の措置に関する文書[335]は、ここに記述されている措置について両国政府がそれぞれ実施することを決定したと述べている[336]にすぎず、この文書が両国政府間の合意を構成するといった意味の記述は全く見あたらない。（ロ）双方の書簡も、各国政府が措置文書に記述されている措置の内自国の措置を実施すること決定したことを通報するにとどまっている[337]。（ハ）各段落には単に番号又はアルファベットが振られているだけである。（ニ）毎年行われる協議に関する記述はあるが、

他方、紛争解決を含め最終条項及び末文に類した記述が存在しない。（ホ）措置文書自体には署名が行われていない。つまり、（イ）及び（ロ）のように、あくまで日米政府がそれぞれにおいて決定したことを一方的に通報し合う形式をとることにより、文書の内容（措置）が両国政府間の合意であるとの解釈が行われないような文書の構成及び位置づけを選択しており、また、（ハ）、（ニ）及び（ホ）のように、通常国際約束で使われている形式をできるだけとらないような工夫が行われていると考えられる。

　これに対して、上記の決着文書と同様に書簡の交換から構成される文書ではあるが国際約束を構成する文書である「交換公文」（Exchange of Notes）は、いくつかの点でいわゆる「条約」又は「協定」よりは簡易な形式をとっているが、少なくとも双方の書簡が両国政府の間の合意を構成する（constitute an agreement between two Governments）旨明記している[338]。この点に国際約束を構成しない交換書簡と比べ大きな違いがある[339]。

　最後に、政治的な意図を表明する文書を見てみよう。例として、①国際約束を構成する1956年の「日ソ共同宣言」[340]、②国際約束を構成しない1972年の「日中共同声明」[341]、及び③同様に国際約束を構成しない文書である1993年の「日露関係に関する東京宣言」[342]の三つの文書をとりあげ比較してみると次のとおりとなる。

　第一に、文書全体の主語については、①では「日本国及びソヴィエト社会主義共和国連邦の全権団の間で行われたこの交渉の結果、次の合意が成立した」（前文）となっているように、国家（の全権団）となっている。これに対して、②及び③では主語が個人になっている（②は、「田中総理大臣及び大平外務大臣と周恩来総理及び姫鵬飛外交部長は、……次の両政府の共同声明を発出することに合意した。」、③は、「日本国総理大臣及びロシア連邦大統領……以下を宣言する。」）。第二に、文書の主文の位置付けを見ると、上記の引用を見てもわかるとおり、①においては両国全権団の間で成立した合意の内容、②では両国総理等の間で発出することに合意した両政府の共同声明の内容、③では両国首脳が宣言した内容となっている。第三に、主文の各段落の番号付けについては、いずれも「〇〇条」を用いず、単なる番号（算用数字又は漢数字）となっている。第四に、最終条項及び末文については、①には、共同宣言の

効力のためには批准を必要とする旨の規定(「10　この共同宣言は、批准されなければならない。この共同宣言は、批准書の交換の日に効力を生ずる。批准書の交換は、できる限りすみやかに東京で行われなければならない。」)及び末文(「以上の証拠として、下名の全権委員は、この共同宣言に署名した。」)を置いているが、②及び③にはこれらがない。最後に、署名については、すべての文書について署名が行われている。

　このように、国際約束を構成する文書と法的拘束力を有しない国際「合意」を表す文書の文書は、外形的な特徴において共通する部分と異なる部分がある。上述の点を意識しておけば、これらのメルクマールはこれらの文書の法的性格を判断するに当たって、手がかりを与えてくれる。ただ、あくまで手がかりであり、決定的な基準ではない。最終的な判断には、各特徴を総合的かつ詳細に検討して、これらの文書の作成時における当事者の意図を推定するしかない。

6.　文書の登録及び公表の方法

　文書作成後の当事国の実行も当事国の意図を推定する重要な手がかりとなる。その中でも、条約の国際機関への登録並びに当事国による公布及び自国の条約集への掲載といった公表の態様は、時としてその文書が国際約束を構成することを示す良い証拠となるとされることがある[343]。以下この点を検討する。

(1)　国際機関への登録

　国連憲章第102条1は、「この憲章が効力を生じた後に国際連合加盟国が締結するすべての条約及びすべての国際協定は、なるべくすみやかに事務局に登録され、且つ、事務局によって公表されなければならない」と規定している。また、これを受けて、1969年の条約法に関するウィーン条約第80条1は、「条約は、効力発生の後、登録又は記録のため国際連合事務局に送付する」と規定する。同条約の最終草案に関する国連国際法委員会のコメンタリーによると、国連の登録制度が国連非加盟国にも開かれていることと考慮して、条約法条約の締約国であって国連加盟国でない国が条約を国連事務局に登録

する積極的な義務を負うことが望ましいと考え、この条約にもこのような規定を置いたとの由である[344]。また、これらの規定は、国際聯盟規約第18条を継承したものであるとされる[345]。

　国連憲章第102条にいう「すべての条約及びすべての国際協定」が具体的に何を意味するかについては、国連総会はこれを意図的に定義せず、以後の実行に委ねることとした[346]。その結果、登録の対象は、基本的にすべての国際約束[347]であるとし、国内法上の合意や法的拘束力のない合意は登録の対象となっていない。しかし、国連事務局自身がその職務上（*ex officio*）登録を行わなければならない国際約束[348]は別としても、締結国自らが登録を行う大多数の文書の中に国際約束を構成しなうような文書が混入していても、国連事務局としては原則として国際約束を構成する文書とそれ以外の文書の区別を判断する立場にはなく、ほぼ自動的に登録の手続を進めざるを得ない[349]。その結果、少数ではあるが、国連に登録された「条約及び国際協定」の中には、国際約束を構成する文書以外の文書が混入している。例えば、国際約束を構成しないようなMOUも、米国によって登録されているとの指摘がある[350]。一方、国連への登録手続の開始は、各締約国のイニシアティヴに委ねられているため、締約国の一方のみが登録した国際約束を構成する文書があるばかりでなく、そもそも全く登録されていない国際約束を構成する文書も多数存在する[351]。ある実証的な研究によると、4分の1の国際約束が登録されていないとの指摘さえある[352]。

　このような事情を背景にして、条約の登録及び未登録は、ある文書の法的性格を探求する上でどのような意味を持つのであろうか。第一に、ある文書が登録されたという事実は、少なくともその登録を行った国が当該文書を国際約束を構成する文書である考えていたことを示す証拠となる[353]。つまり、すべての当事者が、合同又は個別に文書の登録を行っているならば、すべての関係国がこの文書が国際約束を構成する文書であると認めたと推定してほぼ間違いない。

　第二に、ある文書の一部の当事国が当該文書を登録し、その他の国がそれを登録しなかった場合はどうであろうか[354]。後者が、登録をしなかった理由については、様々な可能性が考えられる。他の国が登録したことをもって既

に事足れりとしていた[355]のかもしれない。又は単に忘却していたのかもしれない。それとも、そもそもこの文書が国際約束を構成しない文書であると考えていたので、意図的に登録を行わなかったのかもしれない。したがって、ある当事国が登録をしなかった事実のみをもってその国の意図を推定することは困難である。かかる事情は、文書の登録及びその公表後になっても登録をしなかった当事国がそれに対して何ら反応をしなかった場合についても同様である。もっとも、仮にその当事国として、当該文書が国際約束を構成しないと積極的に考えているのであれば、登録に対して異議申し立てといった形で何らかの反応を示しそうでもある。しかし、各国政府ともあまりに多忙なので登録の一々にあまり関心を払っていないのが現実である。このようなケースであっても異議申し立てが行われないことが多く、したがって、それだけで作成当時の意図を推定するのは困難である。また、そもそも当該文書の法的性質がその登録の事実のみをもって国際約束に変更されるものでもないことはいうまでもない[356]。

　第三に、全く登録が行われなかった文書についてはどうであろうか。国際聯盟第18条の規定は、この規定に従って登録されなかった国際約束からその法的効果を奪うものであった[357]が、国連憲章の関連規定は、そこまでをも意味するものではない。ある国際約束が国連憲章第102条の規定に従い登録されていない場合は、当該国際約束の当事国は、国際連合のいかなる機関に対しても当該国際約束を援用することができないだけであり、その文書の効力を失わせるとか、それが国際約束を構成する文書であることまでをも否定するものではない[358]。条約法に関するウィーン条約第80条の規定も同様である。それどころか、国連の政治機関も国際司法裁判所もある合意が登録されているか否かをあまり気にしていないようにさえ見えるとの指摘すらある[359]。まだ、前述のとおり、未登録の事実のみから当該文書の法的性格に関する当事者の意図を推論することも困難である[360]。国際司法裁判所の判決も、「カタールとバーレーン間の海洋境界画定及び領土問題事件（管轄権及び受理可能性）（第一判決）」の判決において、このような未登録に対する考え方を共有していることについては、既に見てきたとおりである[361]。

　いくつかの国際機関[362]は、一定のカテゴリーの国際約束をその国際機関に

登録することを求めている[363]。この場合であっても、国連への登録と同様、これらの機関への登録は、ある文書の法的拘束力の有無に関する当事者の意図を推定するために一定程度役に立つ場合もあるが、その場合であっても、一つの手がかりとなるにとどまる[364]。

(2) 国内における公表

各国は、通常、自国が締結した国際約束を公表する制度を有している。その制度は、国によって法令（例えば、アメリカ合衆国[365]、ロシア[366]等）又は慣習（例えば、日本、英国[367]等）に従って行われ、官報、政府刊行物又は条約集によって公表されている。他方、法的拘束力を有しない国際「合意」については、通常、公表を求めるような確立した制度は存在しない。公表することによって政治的な効果又は政策広報的な効果を得ようとする特別な場合は別にして、公表されていないものが多い[368]。むしろ、後に見るとおり、非公表性を法的拘束力を有しない国際「合意」の特徴又は機能と見る論者も多い。

しかしながら、国内における公表・不公表の違いも当事者の意図を推定するある程度の手がかりになるが、必ずしも国際約束と法的拘束力を有しない国際「合意」を区別する決定的な基準にはなり得ない。第一に、告示又は条約集に掲載される文書の範囲は、国毎に微妙にまちまちであり、必ずしもその国が締結した国際約束の範囲と一致するものではない。国によっては、国際約束に該当しない文書であっても政治的に重要であるとの理由で条約集に掲載する例もあるようである。例えば、1972年のいわゆる上海コミュニケ[369]がこの理由で中国の条約集に掲載されていると言われている[370]。逆に、国際約束であっても安全保障上等の理由により、公表されない場合もある。例えば、米国では、大統領が直ちに公開することが合衆国の国家安全保障を損なうと判断する場合には、これを公表しないことができる[371]。第二に、国際約束の公表は、通常当該国際約束の効力発生の後に行われるものであり、公表の事実の有無によって国際約束自体の効力が左右されるものではない。たとえ、仮に国内の行政が機能せず公表が行われなかったとしても、その国際約束の効力に何ら影響を及ぼすものではない。最後に、公表の有無は、当事国

の一方の事後の意図を示すものであっても、その文書の全当事国の作成当時の意図を直接示すものではない。

以上のように国内における公表の有無も、国際機関への登録と同様に、相対的なメルクマールにとどまる[372]。

7. 形式上・手続上の外形的な区別の意義

これまで見てきたとおり、形式的・手続的なメルクマールは、当事者の意図を推定し国際約束と法的拘束力を有しない国際「合意」との区別を推定するための有用な基準となり得るが、しかしそれはあくまで相対的な基準であった。米国国務省規則が述べるとおり、「(体裁、最終条項、署名、効力発生日等の) 慣例となった形式を用いないことは、その取決めによって法的に拘束されようとする意思が存在しないことの証拠とすることができる。しかし、一般的な内容及び文脈が法的拘束力のある関係に入ることを明らかにする場合には、慣例となった形式からの逸脱は、その取決めが国際約束となることを妨げるものではない」[373]のである。

しかし、このことは、そのような一般的な慣例に従う努力を続けることが不毛な作業であることを決して意味するものではない。「合意」の当事者としては、交渉経緯から当事者の意思を推定することが困難となる場合をも想定して、「合意」を表す文書の文言又はその文書の作成経緯に係る実行に当事者の意図を容易に推定させるような何らかの明確な証拠を残しておく必要があることについては既に述べたとおりである。前述の1994年7月1日の「カタールとバーレーン間の海洋境界画定及び領土問題事件」判決においても、問題となった議事録の法的性質につき当事者の見解が一致しなかったからこそ、裁判所は、実際の文言 (「現実に用いられた表現」) に着目せざるを得ず、その結果議事録が「両国間で何が合意されこと」を述べているという事実が重要な決定要因の一つとしたのであろう。外形的なメルクマールは、当事者間で文書の性質につき事後的に不一致がある場合には、その真の意図を探るための有力な証拠となり得るのであり、その意味では重要な基準となる。

第4章　内容面での違い（法的拘束力と法的効果）

第1節　法的拘束力の不存在

　この章では、国際約束と法的拘束力を有しない国際「合意」との内容面での違い、特に拘束力及び法的効果といった法的側面における違いを検討する。

　第一の特徴として指摘しなければならないのは、全くの同義反復ではあるが、法的拘束力を有しない国際「合意」には、法的拘束力[374]がない。したがって、法的拘束力を有しない国際「合意」を行うことにより、当事者間に法的権利義務関係が自動的に生じるわけではない。

　なお、法的拘束力を有しない国際「合意」を「ソフト・ロー」として把握する者は、そこに中間的な法的拘束力、まさに「ソフトな」法的拘束力を見出している[375]。すなわち、これは、伝統的な意味で国際約束を構成しないとされる文書であっても、何らかの中間的な（つまり、国際約束のように「ハード」ではない「ソフト」な）法的拘束力を有するのではないかという観点から概念化された用語である。しかし、既に述べたとおり、「ソフト・ロー」の概念は、広範かつ多義的であり、それが何を意味するかについては主張する者の間でさえ一致していない。例えば、そこには大別して二種類の異なる規範が含まれているようである。一つは、法的規範であるがその文言が非常に曖昧なため実際には（当事者の裁量が働く余地が大きく）強制力がないものであり、もう一つは、内容は精確であるが法的規範に至っていないものである[376]。しかし、前者については、そこに不明確な内容の義務の履行を実際に相手に要求することができるかという「合意」内容の実施可能性の問題はあるかもしれないが、そのことがこの規範の持つ法的拘束力自体を否定すること

にはならない。他方、後者については、その規範が「将来望ましい法」(lex ferenda) となる可能性を否定するものではないが、少なくとも現時点では法的拘束力を持つことを意味するものではない。両者は異なる問題であり、これを一つの概念に押し込めることは相当無理があり、上に指摘したようなそれぞれの問題に則して考察する方が適当であると考える。

第2節 法的拘束力に直接帰結する法的効果

1. 違反に対する責任及び救済

　法的拘束力を有しない国際「合意」に法的拘束力がないことは、すなわち、法的拘束力を有しない国際「合意」を行うことによって、法的権利義務関係の存在を前提とした様々な国際法上の効果も当然には生じないことを意味する。

　第一に、一般的に[377]、法的拘束力を有しない国際「合意」の当事者がその「合意」を遵守しなくても、その不遵守の態様が国際法に違反しない限り、その当事者に国家責任（国際責任）は生じない。したがって、「合意」の不遵守が当該当事者に対して原状回復、金銭賠償等の回復（reparation）又は司法的な救済（judicial remedies）を求める根拠とはならない[378]。また、一方の当事国の国際約束違反に対しては、他方の当事国が一定の条件の下で復仇（reprisal）を行うことが可能であるが[379]、法的拘束力を有しない国際「合意」の違反は、復仇を行う根拠とならない。法的拘束力を有しない国際「合意」の違反に対しては、これを非友誼的行為（unfriendly acts）とみなして報復（retorsion）を行い得るのみである。報復は、外交関係の断絶、貿易等の便益の停止、相手国政府の行為の非承認、入国の制限等、他の国際約束による制限がない限り国際法によってその国に認められた裁量の範囲内で行われる。復仇の場合と異なり、報復は、国際法によって認められた範囲内で行われるものであり、そこから逸脱した場合にはその違法性は阻却されない。

　「合意」の不遵守又は違反が「合意」自体に及ぼす影響も、法的拘束力を有しない国際「合意」と国際約束とは異なる。国際約束については、一方の

当事国に重大な違反があった場合のみ、他方の当事国は、その国際約束の終了又は国際約束の全部若しくは一部の運用停止を行うことができる（条約法に関するウィーン条約第20条１及び同条２）。これに対して、法的拘束力を有しない国際「合意」の終了又は停止については、そのような国際法上の制限はない。

　さらに、国際裁判の強制管轄がある場合には、国際約束の解釈又は適用に係る紛争は、「裁判に付し得る紛争」又は「法（律）的紛争」として、通常国際裁判手続に付すことができる。これに対して、法的拘束力を有しない国際「合意」に係る紛争は、後述するような法的含意が生じる場合を別にして、一般的には実定国際法の解釈又は適用に係る紛争ではなく、裁判手続に付すことはできない[380]。1992年12月15日のCSCE内における調停及び仲裁に関する条約は、法的拘束力を持たないCSCEコミットメントをもその対象としているが、その手続を非裁判手続である調停のみに限っている[381]のもこれと同じ観点によるものと考える。

　これに関連して、国際裁判の強制管轄は、常に条約上の根拠を条件とする[382]のであり、法的拘束力を有しない国際「合意」は、裁判付託合意（compromis）となり得ない。このことは、既に第３章第１節２．で言及した国際判例でも見たとおりである。

2. 承　継

　種々の原因により一定の地域について領域主権の担い手が移転する場合に、国際約束については、国家承継の問題が生じる。今日、国家承継の理論は、「包括的承継説」より「クリーン・スレート理論」が有力になりつつあるようであるが、国家実行は、必ずしもこれを受け入れていないようである[383]。また、統治権力の実質的内容の内部変化にすぎない政府承継は、領域主権の担い手の同一性の変動を伴う国家承継と区別されるべきであり、国際約束の締結を含め前政府が行った法律行為は、原則として全て新政府に承継される[384]。しかし、単なる政権の交代の場合には、そもそも承継の問題は生じない。

　これに対して、法的拘束力を有しない国際「合意」については、原則とし

てそもそも法的権利義務関係が生じていないので、承継の問題も存在せず、当然のことながらこのような国家承継等の理論が適用されることもない。しかし、領域主権の担い手の移転又は政府若しくは政権の交代が実際に法的拘束力を有しない国際「合意」に与える（又は与えるかもしれない）影響の全容は、必ずしも明らかではない。

　法的拘束力を有しない国際「合意」は、それがある国家又は政府の政治的又は政策的意図の発現として成立していることに鑑みれば、通常は、新しい国家又は新しい政府に承継されることはないと思われる。もっとも、法的拘束力を有しない国際「合意」を行う結果生じる法的効果の内、領域の変更又は承認に係る効果については、新国家又は新政府にも承継される。しかし、これらの効果は、承継の問題というよりも、むしろ領域及び承認といった国際法上の個別分野の問題の文脈で理解する方が適当である。仮に新国家又は新政府がその先行国家又は先行政府が以前コミットした「合意」を引き継いで引き続きそれを遵守したとしても[385]、それは、その新国家又は新政府が明示的又は黙示的に改めてコミットメントを行ったことを意味するものである。その「合意」を先行者から承継したと考えるべきではない。

　では、政権の交代に伴って、法的拘束力を有しない国際「合意」はどのような影響を受けるであろうか。結論からいうと、個別の文書により様々であるように思われる。かなり漠然とした分類と印象論的な考察を試みることしかできないが、現状としては次のようなものと思われる。

　第一に、政権の交代があっても特に改めてその意図の確認を行うことなく、そのまま「合意」の遵守が継続されるものである。例えば、既に第2章第1節で例として挙げた日米包括経済協議の過程で作成された諸文書がこれに当たる。1993年の宮沢政権時に包括協議全体の枠組みとなる共同声明[386]が発出されて以来、日本では与野党の交代を含め多くの政権交代があった。しかし、日米両政府は、この共同声明及びその枠組みの下で作成された決着諸文書に表された「合意」の確認を政権交代の都度行ってきた様子はない。協議及びその成果の実施は、日米間の継続的なプロセスとして進行していったように見える。

　第二に、政権交代毎にそのコミットメントにつき確認を行うものではない

が、機会をもち必要に応じ確認され継続していく「合意」がある。例えば、日・EU間の協力・対話は、日・EU関係の基本文書である「日・EC共同宣言」（1991年7月18日、ハーグ）の精神に基づき、政治、経済両面を含む幅広い分野での対話が進展している。しかし、両者の共同文書で常にこの宣言に対する言及が行われているわけではない[387]。

　第三は、より頻繁に、双方の政権交代の際に又は政権の途中であっても、機会がある毎に双方の間で確認される「合意」がある。例えば、日露関係の基本的な方向性を示す1993年の「日露関係に関する東京宣言」及び1998年の「日本国とロシア連邦の間の創造的パートナーシップ構築に関するモスクワ宣言」[388]は、政権交代など機会がある度にかなり頻繁に双方の間で遵守が確認されているように思われる。これは、最近でも、プーチン大統領就任に際しての1999年12月31日付けの小渕総理親書、これに対する同大統領代行よりの1月22日付け返書、2月10日に行われたイワノフ外相の小渕総理への表敬及びその際に手交されたプーチン大統領代行親書、2月11日の外相会談、4月4日に手交された小渕総理親書、4月29日の森新首相の訪露による日露非公式首脳会談でこれらの宣言が確認されている。また、プーチン大統領の訪日に際して作成された9月5日付けの「平和条約問題に関する日本国総理大臣及びロシア連邦大統領の声明」においても、パラ4において、両宣言の確認が行われている。2001年1月16日に日露両国外務省が発表した「日露間領土問題の歴史に関する共同作成資料集の新版」も、同宣言を特に重要な文書であり、平和条約の締結に関する日露交渉の基礎の文書であるとして掲載している。さらに、2001年3月25日、ロシア連邦イルクーツクにおいて行われた日露首脳会談の結果発表された「平和条約問題に関する交渉の今後の継続に関する日本国総理大臣及びロシア連邦大統領のイルクーツク声明」では、東京宣言に基づき四島の帰属の問題を解決することにより平和条約を締結すべきことを再確認した[389]。

　1972年の日中共同声明[390]、特に台湾の地位に関するパラ3は、日中間の文書又は会談において、また、我が国の国会等の公開の場で繰り返し確認されている。例えば、1998年11月の江沢民国家主席の訪日の際に出された「平和と発展のための友好協力パートナーシップの構築に関する日中共同宣言」に

も「日本側は、日本が日中共同声明の中で表明した台湾問題に関する立場を引き続き遵守し、改めて中国は一つであるとの認識を表明する」との一文がある。また、最近の二国間会談でも、例えば、1999年4月9日の小渕総理訪中の際の日中首脳会談、2000年4月4日の河野大臣と曾慶紅中国共産党中央組織部長との夕食会、2000年10月13日の朱鎔基総理の訪日の際の日中首脳会談、2000年10月20日のASEM 3の際の日中外相会談、2001年5月24日のASEMの際の日中外相会談においても、日中共同声明、特に台湾の地位に係る日本政府の立場の確認が繰り返し行われている[391]。

第四は、政権交代とともに又は政権の途中であっても忘れ去られていく「合意」もあることが考えられる。

以上のように、諸文書によってどのような頻度で確認されているかにつき、極めて漠然としたものであるが一定の差異があることを見ることができたかと思う。上に挙げた諸例からとりあえず言えることは、（イ）実務的なルールよりもより高度な政治的な決断によるコミットメントを含む場合、（ロ）コミットメントが政府全体というよりもより個人的な性格が強い場合、（ハ）相手国との信頼関係が必ずしも安定しておらず何らかの見解の対立するイシューが存在する場合には、当事者の間で改めて確認する頻度が多くなるようである。このような仮説を証明するには、さらにケース・スタディによる実証的な研究を積み重ねる必要であるが、現時点では将来の課題としておきたい。

3. 国家承認及び政府承認の問題

国家に至らない主体（entity）又は未承認国との間で国際約束を（特に二国間で）締結する場合、その結果としてその主体を国家として承認してしまうことになるので、そのような事態を回避するために国際約束を構成する文書の代わりに法的拘束力を有しない国際「合意」を表す文書を作成することがあるという指摘がある[392]。非承認政府との関係でも同様の効果があることが考えられる。

たしかに、基本関係、通商航海等長期にわたり包括的にその関係を規律するような正規の二国間条約の署名又は締結は、黙示の承認とみなされる[393]。

例えば、日本の国家実行を見ても、旧イエメン王国[394]については1955年に同国との修好条約に仮署名したことをもって同国の黙示の承認を行っており、また、カンボジア、シリア、セイロン（現スリランカ）、パキスタン、旧南ベトナム、ラオスについては、対日平和条約の締結又は署名によってこれらの国に対し黙示の承認を行っている[395]。

　逆の例としては、フランス政府とアルジェリア民族解放戦線との間のいわゆる「エヴィアン合意（協定）」（"Les accords d'Evian"、1962年）がある[396]。「エヴィアン合意」は、1962年3月19日にフランス政府とアルジェリア民族解放戦線（AFLN）の代表の間で採択された一連の宣言とその内の一般宣言（La Déclaration générale）の第5章に従いアルジェリアの独立を承認するフランス大統領とアルジェリア臨時政府大統領との間の交換書簡（同年7月3日付け）より構成される。このアルジェリア独立のための交渉中の時点では、フランスは、まだアルジェリアを国家として承認する用意がなかった。したがって、一連の宣言のテキストを見ると、原則として国際約束に用いられる文言及び形式が注意深く回避されているようである。例えば、上記の一般宣言は、その前文において「（フランス）政府及びFLNは、双方の同意により、諸宣言における解決を決定した」（Le Gouvernement et le F.L.N. ont défini d'un commun accord cette solution dans des déclarations...）との表現を用いている。また、この諸宣言は、フランス憲法に定める条約締結手続に従って作成されなかったようである。これらの宣言は、フランス国内では直ちに公表されたが、国際連合憲章第102条の規定に従った登録も行われなかった。フランスが、1964年8月24日に国連に登録したのは、前記のフランス大統領とアルジェリア臨時政府大統領との間の交換書簡である。この交換書簡の中には、諸宣言に対する言及があり、したがって、これらは国連条約集にも掲載されている[397]。

　米国は、1994年10月21日に北朝鮮との間で「合意枠組み」（Agreed Framework between the United States and the Democratic People's Republic of Korea）を作成した[398]。この文書の形式、文言等から判断すると、これは、法的拘束力を有しない国際「合意」を表す文書であると思われる[399]。それと同時に、米国としてはこの文書の作成をもって北朝鮮を国家として承認したものとはしていないようであり[400]、それ故にこのような文書の形式を選択した可能性がある。

しかし、あらゆる国際約束の署名又は締結がすなわち黙示の承認を意味するものではない。未承認国を当事者とする多数国間国際約束の締結及び二国間国際約束であっても暫定的又は事務処理的な性格を有する限定された目的のためのものであれば、それに反する明確な意図の表明がない限り、承認が行われたことは推定されない[401]。逆に、法的拘束力を有しない国際「合意」であってもその内容が、相手国又は相手政府の明示の承認を意味するものや外交関係の開設又は維持について合意するものであれば当然に、それ以外の場合でも、例えば未承認国が主権国家であることを前提とするような記述を含んでいる場合には、相手国の承認の意図が推定されることとなる。さらに、一方的な行為や文書（例えば外務大臣書簡[402]）であっても、同様な内容を含むものは、相手国又は相手政府の承認の効果を持つ。このように、承認の効果は、必ずしも法的拘束力に直接帰結する法的効果とは言えない。

第3節　その他の法的効果及び法的含意

　第2節で説明したように法的拘束力を有しない国際「合意」に法的拘束力がない。しかし、このことは、すなわち、その「合意」におよそいかなる法的な効果も存在しないことまでを意味するものではない。国際法主体の行為から生じた結果又は帰結は、その行為が法律行為であれ、事実行為であれ、国際法によって規律され得る。例えば、ある行為が事実行為であってもそれが国際違法行為を構成すれば、国家責任に関する国際法の諸規則が適用される。

　特に、法的拘束力を有しない国際「合意」は、国際法主体の公式の意図を記録するものである。その意味でも、それがある一定の条件の下で次に示すような法的な含意（implication）又は「二次的な効果」[403]を生み出すことがある[404]。この法的な含意は、国際約束から生じる法的な含意及び一方的な行為を含む法律行為以外の行為一般から生じる法的含意とかなりの程度共通する。

1.　承認及び法的確信の証拠

　法的拘束力を有しない国際「合意」は、当事国の公的な意図及び立場を記

録するものであり、その意味でその当事国がある法原則、規則、法的地位又は権利を承認したことの証拠となり得る。国家承認については、法的拘束力を有しない国際「合意」であっても場合によっては黙示の承認と解されることがあることは、第5章第2節3．で述べたとおりである[405]。また、場合によっては慣習国際法に対する法的確信（*opinio juris*）の証拠として援用されることもあり得る。特に、実質的に意味がある数の国家が行った法的な規則の宣明を記録した文書は、一般に、これらの国の法的確信の証拠として援用され得る[406]。

しかしこれらの効果は、法的拘束力を有しない国際「合意」に固有のものではない。国家承認及び政府承認については、既に説明したとおりである。また、法的確信の証拠としての意義についても、法的拘束力を有しない国際「合意」のみならず国際約束、国際機関の決議、国家の一方的行為又は宣言等にも共通するものである。そもそも法的拘束力を有しない国際「合意」であれ、国際機関の決議であれ、国家の一方的行為又は宣言であれ、国家行動の一形態であるので、法的確信の証拠として解釈し得る場合があることはいうまでもない[407]。

2. 国際約束の実質的な修正？

国際約束に何らかの修正の必要が生じたとき、その国際約束を実際に修正することなく、法的拘束力を有しない国際「合意」によって国際約束の運用の変更を行い、結果として、実質的に国際約束の修正と同じ効果をもたらすことがあるとの指摘がある[408]。その一例として、IMF協定の修正を回避して、変動相場制に関する「合意」がG7の間で行われたことが挙げられている[409]。

このような実質的な修正が厳密な意味での法的な効果であるかどうか、また、条約法に関するウィーン条約第31条にいう国際約束の解釈に関する一般的な規則である「条約の解釈又は適用につき当事国の間で後にされた合意」（同条3(a)）及び「条約の適用につき後に生じた慣行であつて、条約の解釈についての当事国の合意を確立するもの」（同条3(b)）とどのような関係にあるのか、すなわち、その範囲内の問題であるのか、それとも別の問題であるのかについては必ずしも明らかでない。

とりあえず考えられる論点としては、（イ）これらの規定にいう「合意」（agreement）は、法的拘束力を有しない国際「合意」で足りるのか、それとも国際約束であることを必要とするのか、（ロ）これらの規定は、解釈の範囲の問題であるのか、それとも実質的な修正まで及ぶのか、といった問題があり得る。（イ）については、Aust法律顧問は、ここは明示的に「条約（treaty）」ではなく「合意」と書いてあるので、さらなる条約（すなわち国際約束）を締結する必要はなく、その目的が明確であれば締約国会議の決定等様々な形式をとり得るとしている[410]。（ロ）についても、状況によっては（例えば条約の改正手続が困難で時間がかかり、修正が本質的に手続的なものにすぎない場合には）、解釈の手法を用いて実質的な修正を行う例が少なからずあるとの指摘がある[411]。

「事後の実行（慣行）」については、当初のウィーン条約最終草案には第38条として「事後の実行による条約の修正」に関する規定が挿入されていたが、ウィーン外交会議において賛成多数で削除された経緯がある[412]。他方、解釈と修正は法的には区別されているが、現実的には、締約国の「事後の実行」は、国際約束の規定に対する黙示の修正として機能することが可能であり、両者の間に線を引くことは困難であるとの指摘もある[413]。

これらは、今後さらに検討すべき問題であるが、いずれにしても、法の実施プロセスの現実の観点からは留意しておくべき現象であると思われる。

3. 信義誠実（good faith）原則との関係

一般に、法的拘束力を有しない国際「合意」は、法的拘束力がないにもかかわらず、遵守されることが期待される[414]。したがって、その「合意」が外観上一方の国の「約束」と思われるものを包含し、他方の国がその実施をあてにした結果損害を被った場合には、一般国際法上の「禁反言」（estoppel）の概念を適用して、当該他方の国は、「約束」を行った国にその「約束」を守らせる権利を有すると考えられる[415]。

一般に、国際法における禁反言の原則は、信義誠実の一般原則に基礎をおいており[416]、一方の当事者が他方の当事者に対して行った発言について、他方の当事者がその発言に従って行動した結果損害を被った場合又は発言を行

った当事者が利益を被った場合は、発言を行った当事者が事後に当該発言の信憑性を否定することを禁ずるものである[417]。Bowett教授は、条約、裁判付託合意、交換公文等の書面による約束又は行為自体といったいずれの形式からも禁反言が生じ得るとしている[418]。したがって、法的拘束力を有しない国際「合意」もこれらの形式に含まれるので、この「合意」からも禁反言が生じることを意味する。また、同教授は、禁反言が適用される必要条件として、（イ）発言の内容が、明確で曖昧でないこと、（ロ）発言は、自発的かつ条件を付けず行われ、また、正統な権限によって認められている（authorised）こと、及び（ハ）他方の当事者が相手の発言に善意で依拠し、その結果、その当事者に損害が生じたか又は発言を行った当事者に利益が生じたことを挙げている[419]。こうして、法的拘束力を有しない国際「合意」も以上の条件を満たす場合には、同「合意」の当事者の間で一定の法的な効果、すなわち禁反言が生じることになる。

　また、信義誠実の原則に照らして、次の効果も考えられる。すなわち、法的拘束力を有しない国際「合意」を行った当事国は、後になって実はその「合意」の履行に係る問題が専ら国内管轄事項に該当するということを理由として、「合意」の不履行に関する他の当事国の抗議を拒否することはできない[420]。現実的にも、ある「合意」に法的拘束力がないことを理由として、その「合意」の不履行に対する他国の問題提起を拒否した事例はおそらくないであろうと考えられている[421]。

　このように信義誠実原則又は禁反言の原則の下で、法的拘束力を有しない国際「合意」の当事者も、ある特定の条件を満たした場合には、その「合意」の内容に従うことを法的に求められることとなる。しかし、これらの原則が「合意」の当事者に対して法的に制約的又は拘束的に働く要因になり得るからといって、そのままこの効果を先に述べた「法的な拘束力」と同一視することは適当でない[422]。その理由は第一に、この法的な制約が、法的拘束力を有しない国際「合意」一般について生じるのではなく、先に述べた（イ）から（ハ）の条件を満たした場合のみ生じ得る効果であり、その意味であくまでも二次的な法的効果であるからである。また、これは、法的拘束力を有しない国際「合意」についてだけでなく、一方的行為等の事実行為一般につい

ても、同様な条件を満たす限りは生じ得る効果である。このような観点からは、特に（イ）から（ハ）の条件を満たさなくても当事者の意図があれば常に発生する「法的拘束力」とはっきり区別する必要がある。

第4節　法的拘束力を有しない国際「合意」の「拘束力」？
（法的拘束力を有しない国際「合意」の遵守を促す「力」）

　一般に、法的拘束力を有しない国際「合意」は、前述の「禁反言」の原則が適用されているか否かにかかわらず、遵守されることが期待されており、現実の国際関係においてまた多くの場合遵守されている。

　1975年10月7日の上院対外関係委員会において、当時のキッシンジャー・アメリカ合衆国国務長官は、国際約束に当たらない米国政府の約束（commitments）について次のとおり述べた[423]。

　「多くの規定がいかなる基準でも国際的な約束（commitments）ではないということが、あたかもそれらの規定が存在しないかのように行動する道徳的又は政治的な自由が合衆国にあることを意味するものではないのは当然である。反対に、それらは、外交政策の重要な表明であり、それらを生じさせた事情が存続する限り、合衆国の誠意を約束する（engage the good faith）。」

　このように、一定の限界はあるにしても、各国が法的拘束力を有しない国際「合意」を遵守する理由は何であろうか。「合意」の当事者に対して、どのような遵守を促す力が働いているのであろうか。

　一般に、法的拘束力を有しない国際「合意」には、法的拘束力はないが、「政治的拘束力」又は「道徳的拘束力」があると漠然といわれている。しかし、前に（第3章第1節4.(1)）も述べたとおり、この「政治的拘束力」及び「道徳的拘束力」という概念は、極めて曖昧であることは否めない。法的拘束力を有しない国際「合意」の当事者にその遵守を迫る力は、「政治的」「道徳的」といった概念のみではすべてを一括することができないような、多種多様な要素からなっているように思われる[424]。

　その力が具体的に何であるかについては、具体的な事例に則した実証的な研究を積み重ねる必要がある。したがって、現時点それらを包括的に示すこ

とは困難である[425]。前に紹介した米国国際法協会の共同研究プロジェクト[426]は、環境及び天然資源、貿易及び金融、人権並びに多国間軍縮の四つの分野について「非拘束規範」の遵守に関する具体的なケース・スタディを行っており、この意味では、法的拘束力を有しない国際「合意」の「遵守」に係るかなり包括的な研究である。しかしながら、結果としてこれらの研究から得られた結論は、多様であり、法的拘束力を有しない国際「合意」の遵守に関し明確な統一された見解が導き出されたとは残念ながら言い難い。

例えば、国際法学者のE.B.Weiss教授は、遵守に影響を与える変数として、①対象となる活動の性質、②「合意」の性質（合意の表現、監視、報告手続等の有無、事務局の存在）、③国際環境、及び④国家の側に存する諸要因を挙げている[427]。また、政治学者であるPeter M. Haas教授は、規範の遵守を国家の選択の問題と捉え、その選択には力（power）の他にも、監視制度、検証制度、機関間の水平的な繋がりといった制度的な諸力（institutional forces）及び認識や価値の共有といった構成主義的な諸力（constructivist forces）が働いていると分析する[428]。

これに対し、Bilder教授は、Haas教授の見解を次のように批判する。すなわち、この見解は、一種の明確で権威的な指示と義務を表す国際規範が存在していることに関する一般な了解を当然の前提としているので、そこに示されているモデルは、「遵守」に関し満足のいく定義と計測を行うのが困難であるだけでなく、合意で作れられる国際規範よりは、上から課される国内法のような規範の方により当てはまるとしている。さらに、同教授は、国際法学者、国際関係論学者等による国内法との類推に立脚した「遵守」分析が考えるよりも、外交政策決定に関わる実務者は国際規範の遵守及び違反の問題をより曖昧、柔軟かつ荒っぽく見ていると指摘する。したがって、このような遵守モデル自体が、暫定的かつ不完全な義務が持つ正統性、約束の「密度」（density）の多様性、規範の「核」となる義務をめぐる許容可能な柔軟性、並びに規範の出現の結果生じる出来事、圧力の当然の期待及びその様々な影響といったことに対する認識を含む実務者の態度と認識を反映していないとして、このプロジェクトのアプローチ自体を批判する[429]。

このように、法的拘束力を有しない国際「合意」の「遵守」を促す力が具

体的に何であるかについては、今後様々な手法による具体的事例に則した研究が必要である[430]。したがって、ここでは、諸説の指摘を参考にしつつ例示的に指摘するにとどめたい。

　第一に、功利的な理由が考えられる。後の第5章で説明するように、各国は、法的拘束力を有しない国際「合意」を用いることに様々な利点を見出している。法的拘束力を有しない国際「合意」が国際政治における有用な「道具」であるので、不遵守によってこれを乗り越える利益を見出せない限りは、これを使い続けることに相互利益を見出し得る。

　同様な功利的な理由として、「期待の共有」(shared expectation)[431]が考えられる。たとえ法的拘束力がなくても、当事国が合理的かつ実際的にありたいという限りにおいて、各当事国は、法的拘束力を有しない国際「合意」を遵守する意図を有すると同時に、同じことが行われることを他の当事国に期待するのである。Bilder教授も、外交政策決定者がある国際規範に書かれているとおりに行動しなくても、他の当事者が暗黙のうちに理解又は期待しているとおりに行動していると考えている場合には、自分はその規範を遵守していると考えるだろうと指摘し、「合意」の遵守における「期待」の重要性を強調する[432]。このように、当事国の間で遵守の期待を共有することによって、各当事国は、自らの行動の予測可能性を高め、相手の予期せぬ行動に対処又はそれに備える費用を相互に軽減することができる。Baxter教授は、政府又はその中の省庁としての信用格付けの維持及び相手国との間に現存する協力体制の維持も遵守の理由であると指摘しているが[433]、これもこの「期待の共有」と同じ範疇に属する要因と考える。

　第二の主な理由として、道徳的・倫理的な理由が挙げられる。法的拘束力があるかどうかにかかわりなく、一般に広い意味での「約束」を守ること又は自らの言葉を守ることは、その最も素朴な意味ではほとんどの社会で美徳であると考えられている。反対に、自らの言葉を違えることは、道徳に反することとされる。これが否認されると、恒常的な人間間又は共同体間の交渉は不可能になる[434]。したがって、「約束」又は「合意」を守らなかった場合は、その言葉の名宛人である相手側からだけでなく、第三者、そして自国の反対者又は国内世論からも非難を受ける原因となり、その結果心理的な圧力

を受けることになる。特に、政治的意図を表明する文書のような法的拘束力を有しない国際「合意」については、その意図表明の主語が国家や政府といった抽象的な主体だけでなく、首脳、外相といった政策決定者の具体的な個人名であることが多い。そのような場合には、ときには違約の非難がこれら個人にも向けられ、その者の個人的な名誉や信用が傷つくことも考えられるので、政策決定者に対する心理的な圧力が一層強くなることもある。そのような非難を回避するためには、「約束を守る」という道徳規範を乗り越えるようなより高次の道徳規範を持ち出してその行動を正当化しなければならない。

Baxter教授は、「合意」の遵守を求める力として、「法の習慣」(law habit) といわれているものを挙げる。すなわち、官僚は、官僚的な習慣の力で、自分たちが行うと一旦言ったことを最後までやり遂げようとすると指摘している[435]。これも、一種の心理的な要因であり、一種の「職業倫理」的な要素であると言えなくもない。

第三の理由は、政治的な理由が考えられる。これは前の功利的理由及び道徳的・倫理的な理由と相当程度重なる部分がある。「信義誠実」(good faith) は、法的な概念であると同時に、政治的な概念でもあり、その意味するところは本質的に同じである[436]。前記のキッシンジャー国務長官（当時）の発言でも明らかなように、信義誠実は、外交においても重要な要因であると考えられている。日頃から「外交感覚」(diplomatic sense) の重要性を口にしていたといわれる吉田茂首相も、その著の中で「一体、一国の外交は何よりも国際信用を基礎とすべきものである。誰であったか、『外交と金融とはその性質を同じうする。いずれもクレディット（信用）を基礎とする』といったものがある」旨述べているが[437]、これも同じ趣旨であろう。けだし、古今東西の外交論の多くは、継続的な関係である国家間関係においては、誠実であること、信義を守ることが長期的な利益になることを主張する。その代表的な例として、次のカリエール（仏、1645-1717）、勝海舟（日、1823-1899）及びハロルド・ニコルソン（英、1886-1968）の言葉を挙げておく。

「立派な交渉家は、彼の交渉に成功を、決して、偽りの約束や約束を破ることの上においてはならない。（中略）たしかに、ぺてんによって成功

を博することがしばしばある。しかし、ぺてんを使わない場合に比べれば、常に、その成功は長続きしない。何故ならば、だまされた人の心に、恨みと復讐心を残すからである。だまされた人は、早晩、相手に思い知らせようとするものである。（中略）交渉家として考えてみなければならないのは、一生の間には、一回だけではなく、何回も交渉ごとを扱うであろうし、嘘をつかない男だという定評ができることが彼にとっての利益であり、この評判を、彼は本物の財産のように大切にすべきであるということである。というのは、こうした評判があれば、今後行う他の交渉の成功は容易になり、彼のことを知っているどこの国に行っても、彼は尊敬をもって喜んで迎えられるからである。従って、交渉家にとって必要なことは、彼が約束することについて決して疑念をもたれることがないように、主君と彼自身について、嘘をつかない人だという評判を確立することである。」（カリエール[438]）

「外交の極意は、誠心正意にあるのだ。ごまかしなどをやりかけると、かえって向こうからこちらの弱点を見抜かれるものだョ。」（勝海舟[439]）

「よき外交交渉の基礎は道徳的な力であり、その力は七つの外交上の美徳、すなわち、(1) 誠実、(2) 正確、(3) 平静、(4) よい機嫌、(5) 忍耐、(6) 謙虚、(7) 忠誠に基づいている。」（ハロルド・ニコルソン[440]）

このように、ある国が誠実でないと他の国にみなされることは、国際関係におけるその国の行動の範囲を狭める結果となる[441]。

同様に、前に説明した功利的な理由及び道徳的な理由も、政治的な理由に転化し得る。例えば、ある国の遵守行動について予測可能性が低いとのイメージや、相手国との間に「期待の共有」が存在しないというイメージが創出されることは、相手国と何らかの「合意」を行い、それを守らせることが一層困難になる。さらにその「悪いイメージ」が、相手側をして既存の「合意」の不遵守を正当化する口実として使われる可能性も排除されない。それらの事態に対処するために必要とする政治的な費用は増大し、国際政治上の制約要因となる。同様に不遵守に対する内外からの道徳的な非難も、政治的な選択肢を狭めることになる。　国際社会においては、国家間の関係が緊密であればあるほど、特にいわば国家「クラブ」の中で非難されることは、一層大

きな政治的な影響を与える。例えば、G7諸国間の経済政策の協調に係る「合意」の遵守には様々なレベルにおける強い「仲間内の圧力」(peer pressure)が働いていることが指摘されている[442]。また、後に述べるように多国間の法的拘束力を有しない国際「合意」の策定過程にNGOが参加する例が近年多くなってきているが、そのような場合には、NGOは自らが関わった「合意」に法的拘束力がなくても、それが遵守されていないことを公に非難する。このようにして惹起される国際世論の非難の一層大きな可能性は、国家に対し「合意」の遵守を求める圧力となる[443]。また、国内における非難も政治的な効果を生じ得る。特に、民主的な体制においては、政府の指導者が「約束」を守らないことを認めることにより、国内世論、政敵、NGOの非難を巻き起こし、政治的に大きなダメージとなりやすい[444]。

　もう一つの重要な政治的要因としては、ある「合意」に法的拘束力がなかったとしても、その「合意」に違反した結果受ける他の当事国からの政治的な反応がある。既に説明したとおり、法的拘束力を有しない国際「合意」の違反は、非友誼的行為とみなされ報復の対象とされ、時として様々なダメージを受けることになる。特に現実の政治的、経済的、文化的力関係において相手国が自国よりも強大である場合、その国が報復の結果受けるダメージは、著しく大きくなることが予想される。加えて、報復は、復仇の場合とは異なり、「合意」の当事者ではない第三国から行使されることも排除されない[445]。このような政治的な反発によって生じる不利益の可能性は、当事者に対して遵守を促す強い要因となる[446]。

　Weinstein教授は、国際関係における「約束」(commitments)一般を二つのカテゴリーに分類しその遵守の程度の違いを示しているが、その考察は、本書にとっても大いに参考となる[447]。すなわち、第一の範疇は、「状況的な約束」(situational commitments)であり、その時々の状況における国益に応じてその実施の可否が判断される「約束」である。Weinstein教授は、一般的にこちらの「約束」が優越的であり、(国際政治)学者は、専らこちらのみを理論化してきたとしている[448]。そして、「約束」の実施の是非が常に国益の観点から再評価されるため、この「約束」は短命になりがちである[449]。これに対して、もう一つの種類の約束は、「非状況的な約束」(non-situational comittments）であり、その時々の状況の評価にかかわりなく、約束として言語化されたこと自体が、遵守に向けての強い継続的な圧力となるものである。そして、これは、諸原則、安全保障利益その他の考慮への一国の献身を象徴的に示すという意義を有しており、拘束力のある永続的な誓約であるとしている[450]。これは、国家が状況とは独立した一般的かつ長期的なもう一つの国益を選択した結果である[451]。さらに同教授は、この「約束」が守られる理由として、同盟体制を維持する決意、集団的安全保障のような原則を支持する希望、敵及び味方に対する交渉ポジションの強化、イデオロギー的な現状維持政策、官僚主義的な惰性、内政上の必要及び単なる強い義務感を挙げている[452]。これらの理由は、前に既に列挙した諸要因とかなりの程度重複していることがわかる。このような説明に鑑みれば、法的拘束力の有無にかかわらず、その内容に一国の諸原則への献身等を含むような「約束」であれば、その長期的な遵守が期待されるとことが考えられる。

　以上のように甚だ例示的ではあるが、様々な「力」が法的拘束力を有しない国際「合意」の遵守に向けて作用していることがわかる。これらの「力」を「拘束力」として法的拘束力と同列に論じることが適当かどうかは必ずしも明らかではない。しかし、これらの「力」の存在によって、国家又はその指導者は、決して法的拘束力を有しない国際「合意」から自由ではないと言えよう。同時に、これらの「力」は、決して法的拘束力を有しない国際「合意」のみに特有の要素ではなく、その程度又は強弱の違いこそあれ、国際約束にも同様に作用している「力」であることにも留意する必要がある。国際約束との比較については、第6章で検討する。

第5章 国際関係における法的拘束力を有しない国際「合意」の機能

第1節 なぜ法的拘束力を有しない国際「合意」を使用するのか

　これまで見てきたように、国家は、日々の国際関係において、国際約束と法的拘束力を有しない国際「合意」との区別を明確に認識し、かつ、法的拘束力及びそれに直接帰結する法的効果がないにもかかわらず、法的拘束力を有しない国際「合意」をほぼあらゆる分野で用いている。それは、国家が法的拘束力を有しない国際「合意」に国際約束にはない効用を見出しているからであると考えられる[453]。

　そもそも社会システム一般は、以前より法的な規範と法的でない規範をかなり明確に区別し、その区別が有用であるとしてきた[454]。そして、法的な手段だけでなく、非法的な方法によっても社会の統制が行われている。このことは、国際社会についても同様に当てはまる。Reisman教授は、「多くのいわゆる『ソフトな』国際規範は、実際には、意図的にかつ機能的な理由から(eufunctionally)『ソフト』であるのであり、もしより『ハード』だったとしたら、機能しないであろう」[455]とし、また、「それ（著者註:ソフト・ロー）は、国際政治システムを考慮すれば、適切かつ必要である。すべての状況がソフト・ローを必要とするわけではないが、ある国際的な状況はこれを必要とする」[456]と指摘している。ここでReisman教授が前提としている（ハードな）国際法と「ソフト・ロー」の関係を、本書のとる用語法に従い国際約束と法的拘束力を有しない国際「合意」の関係にそのまま置き換えることができる。いかなる理由で法的拘束力を有しない国際「合意」が用いられているか、また、国家がいかなる法的拘束力を有しない国際「合意」独自の機能を見出しているかを探ることによって、国際社会の特質の一つを浮かび上がらせるこ

とが可能となると考える。

　本章においては、各学説の指摘に依拠しつつ、法的拘束力を有しない国際「合意」の主な機能及びその反面として存在する不利益を形式、内容及び公然性の三つの側面において整理し及び検討することとする。同時に、そのような独自の機能にも一定の限界があること、そして、国際約束との間の差異も実はそれほど決定的なものではないことをこれに続く章で明らかにしていきたい。

第2節　簡易かつ柔軟な形式

　形式面における特徴としては、迅速な対応が可能なこと、国内法との整合性の問題、改正及び終了が容易なこと並びに非国家主体の積極的な参加が比較的容易であることが挙げられる。以下順に説明する。

1. 迅速性及び国内法令との整合性

　法的拘束力を有しない国際「合意」は、国際約束よりも形式が自由である。法的拘束力を有しない国際「合意」を作成するに当たって、その当事者は、その様式を個別の状況、当事者の思惑に応じてかなりの程度柔軟に形式を選択することができる。例えば、最終条項がある場合であっても、それは国際約束に比べるとかなり簡易であり（第3章第2節5.参照）、「合意」の実施のために必要な国内手続について書かれていないことがほとんどである。したがって、通常は何ら国内手続を経ることなしに、文書の採択又は作成当事者の署名とともにその運用を開始することが多い。このように、場合によっては議会の承認及び批准といった手続を必要とする国際約束と比べると、交渉の妥結及び文書作成から効果の発生まではるかに迅速である[457]。

　さらに、このことは、単に手続にかかる時間が短縮できることを意味するだけでなく、国内の政治的な反対を回避できるというメリットもあるとの指摘もある。すなわち、法的拘束力を有しない国際「合意」は、通常は議会の承認だけでなく閣議決定も経る必要がないので、国内における政治的な反対勢力及び、場合によっては、他の省庁の反対をも回避することが可能となる

との側面がある[458]。

　他方、その裏面として、次のようなデメリットも考えられる。第一に、法的拘束力を有しない国際「合意」は、議会の承認ばかりか閣議決定も経る必要が通常はないので、それが有する民主的正統性が極めて脆弱になる危険性がある[459]。特に、公表されない法的拘束力を有しない国際「合意」に対しては、正統性及び説明可能性の観点からより強く非難される可能性がある[460]（公表に係る側面については、第5章第4節参照）。第二は、以上の第一の点と関連することであるが、議会等の承認を経ないことによって、その「合意」の実施に必要な国内立法措置が行われない可能性がより大きくなるとの指摘がある[461]。つまり、国際約束の締結に関して言えば、各国において議会への提出又は政府内の法制部門におけるチェックが行われるので、その際に国際約束と現行国内法との間の整合性が検討され、その国内法制に従い適切な必要に応じ立法措置がとられることになる[462]。これに対し、法的拘束力を有しない国際「合意」に関しては、そもそも法的拘束力がないため、通常政府の内外においてそのような組織的な検討が行われる可能性が少ない。

2. 容易かつ迅速な改正と終了

　法的拘束力を有しない国際「合意」は、改正が容易かつ迅速であることが指摘される[463]。これは、法的拘束力を有しない国際「合意」の作成の際だけでなく、その改正及び修正に際しても通常は国内手続、特に議会の承認等の国内手続を経る必要がないことに起因している。

　また、法的拘束力を有しない国際「合意」は、国際約束よりも、その時々の政治状況に応じて終了又は撤回が容易であると言われる。したがって、未だ将来の政治状況の見通しが不確かな場合（例えば、戦時中に行われた戦後構想に関する合意）には、この形式が選択される傾向にあるとの指摘がある[464]。たしかに、一般的に言えば、国際約束に比較すると法的拘束力を有しない国際「合意」の方が心理的、道義的により容易に終了しやすいと考えることも可能であろう。手続の観点についても、ある国際約束を終了させるに当たっては、原則として、特に当該国際約束の中に終了に係る手続きの規定がなければ、終了のためには全ての当事国の同意を必要とする[465]。これに対して、

法的拘束力を有しない国際「合意」は、一定の予告期間を置くなど信義誠実上の考慮が払われることが望ましいことではあるが[466]、原則として一方的に終了することができる。

3. 非国家主体の参加

　法的拘束力を有しない国際「合意」が持つ柔軟な形式に関連して、法的拘束力を有しない国際「合意」は、非国家主体のより活発な参加を可能ならしめるとの指摘がある[467]。すなわち、これまでの国際法の下では、NGOや多国籍企業をはじめとする非国家主体は、国際法上の主体として認められてこなかったので、国際法の定立、実施及び強制に参加することができなかった[468]。そこで特に人権、環境といった国際公共性に係る多国間のルールについては、資格要件が厳密ではない法的拘束力を有しない「合意」の活用を通じて、NGOをはじめとする非国家主体をして、たとえその「合意」の当事者にはならないまでも、その作成、実施及び監視に一層積極的に参加せしめることを確保するということである。

　このような活用は、NGOをはじめとした非国家主体の側にも、また、政府の側にもそれぞれにとってメリットがある。つまり、非国家主体の側としては、当然のことながら、法的拘束力を有しない国際「合意」の枠組みを利用することにより国際的なルールをめぐる過程に積極的に参加し、自らの意見を反映させることが一層容易になる。また政府の側としても、「法」と「非法」の区別を行うことで自らの主権原理を維持しつつ、かつ、自らの手を「固く」縛ることなく国内の要求に応えることが可能となる。また、国内において利害対立がある場合には、その調整の手段としても用いることができる[469]。さらに、政府を代表しない政府機関間の協力の手段として、国際約束のように当事者の資格要件が限定されない法的拘束力を有しない国際「合意」が活用されているとも言われている[470]。

第3節　柔軟な内容

　内容面の特徴としては、対象となる事項面での特徴、新しい問題に対する

対処の能力及び妥協の手段としての有用性が挙げられる。以下順に説明する。

1. 法的拘束力を有しない国際「合意」が対象とするにふさわしい事項

　法的拘束力を有しない国際「合意」は、あらゆる分野を対象とすることができる。この意味では、国際約束と基本的には差異がない。しかし、それぞれの形式が得意とする分野がある。例えば、法的拘束力を有しない国際「合意」の作成に当たっては、国際約束のような厳密な法的な概念及び用語法を用いることを要求されない。特に、首脳間で達した了解は、しばしば意図及び諸原則の雑駁な表明となることが多いため、文言の正確さを要求する国際約束の内容にはふさわしくなく、法的拘束力を有しない国際「合意」が用いられる傾向がある[471]。同様に、法的な権利義務関係とは関係がない内容（事実の記述・確認、見解の一致、一方的な意図の表明等）も国際約束にはふさわしくない内容である。他方、法的拘束力を有しない国際「合意」は、このような国際約束には向かない記述をもその中に盛り込むことができる。特に、一般国民の心に届くような理念を高らかに謳いあげる文章表現を行う必要がある場合には、法的表現に縛られた国際約束よりも内容が柔軟な法的拘束力を有しない国際「合意」の方がふさわしい。もっとも、法的拘束力を有しない国際「合意」を表す文書においても、それが国際約束を構成すると混同されないように独特な用語法を用いる慣行が一定程度確立していることについては、既に説明したとおりである（第3章第2節3．参照）。

2. 新しい問題・不明確な問題に対する対処

　法的拘束力を有しない国際「合意」が持つ内容の柔軟性は、これまで存在していなかった新しい問題に対処するために有用であることが指摘されている[472]。つまり、一方では、対象となる問題がまだ新しく、かつ、現段階ではあまりよく理解されていないので、国際約束によって明確な措置を定めるとその帰結が予測不可能又は不明確になってしまうリスクがあるが、他方、そうであっても何らかの早急なる行動が求められている場合に、法的拘束力を有しない国際「合意」の内容の柔軟性が活用できるということである。

例えば、軍備管理又は環境保護の観点から技術の規制を行う場合を考えてみたい。既に知られている技術については、その技術の軍事面又は環境面に対する影響を正確かつ適切に把握できるので、技術研究の制限を含めこの技術を国際約束によって正確に管理することができる。しかし、対象となる技術がまだ新しく、その軍事面又は環境面に対する影響が未だに明確でない場合、これを正確かつ明確な文言を基本とする国際約束で規制又は管理することは困難である。たしかに、あらゆる可能性に備えてその技術を包括的に規制することも一つの方法として考えられるが、その結果、有用な民生技術の発展を阻害するおそれがある。このような場合には、むしろ当事者間で共有された一般的な懸念と将来のあり得べき対処の方向性を漠然とした言葉で表現し、そのことにつき一般的に「合意」しておくことが、全く何もしないよりも望ましいということが少なからずある。特に外交においては、たとえ実質的な中身を伴うことができなくても何らかの行動がとられたとの外観を作り出した方が、全く何もしないで手をこまねいているよりも、将来のあり得べき実質的行動に繋げることができるという意味で、はるかに望ましい場合が多い。このような目的を達成するためには、法的拘束力を有しない国際「合意」が相対的にふさわしい形式である。

　また、これまで必ずしも明確でなかった「合意」の対象が、時間の経過とともに次第に明らかになり、問題の所在と対処の仕方が明確になってくることがある。その結果、これまで漠然とではあれ当事者間で「合意」してきた対処の方法を変更又はより具体化することが必要になったり、法的拘束力をもって規制することが可能となったりすることも多い。さらに、法的拘束力を有しない国際「合意」は、既に説明したとおり修正及び終了が相対的に容易であるので、問題が不明確な段階ではまずこの形式で枠組みを作っておき、後のしかるべき段階で新たな対処を迅速に行い余地を残しておいた方が望ましい場合も多い。以上のような場合にも、法的拘束力を有しない国際「合意」は、その内容の柔軟さ故に活用されるにふさわしい形式である。

3．妥協の手段

　法的拘束力を有しない国際「合意」に法的拘束力がなくかつ内容及び形

式において柔軟であるので、この「合意」を妥協の道具として使うことができると指摘されている[473]。ある問題について当事者間に利害状況の違いがある場合、その問題に取り組む能力に違いがある場合、又は問題に取り組むことには賛成であるが法的な義務を負うことについて見解の違いがある場合には、明確なコミットメントを行うよりは、より漠然とした内容で「合意」内容を表現した方が当事者間で協力体制を作り上げることが容易であることが多い。このような目的のためには、法的拘束力があり文言の正確さを要求する国際約束よりも、内容が柔軟な法的拘束力を有しない国際「合意」の方がふさわしい形式である。

　例えば、1996年7月より行われているワッセナー・アレンジメント（Wassenaar Arrangement）は、通常兵器及び通常兵器の開発・製造に使用されうる汎用品・技術の国際的な移転に関し透明性の向上及びより責任ある管理の実行を目的とする輸出管理レジームであり、法的拘束力を有しない国際「合意」の形式で行われている[474]。このアレンジメントは、ソ連圏の共産主義諸国に対する戦略物資の輸出規制を目的とした法的拘束力を有しない国際「合意」に基づくCOCOM（対共産圏輸出統制委員会）[475]の後継の枠組みと位置付けられる[476]。COCOMは、1994年3月末に解体されたが、アメリカは、テロリズム、地域紛争、イラク等の「ならず者国家」による軍備増強といった冷戦後の安全保障上の脅威に取り組むための新組織が必要である旨主張した。しかし、新しい協力体制の参加国がCOCOMの17ヶ国からロシア、ウクライナ、ポーランドを含めた33ヶ国に拡大したこと及び冷戦期のように「共通の敵」が存在しなくなったことを背景として、参加国の立場を一致させることは必ずしも容易ではなかった。例えば、ある特定の国に対する参加国の立場及び見方は、多様であり、米国がイラン、イラク、リビア、北朝鮮等を規制対象国として明記したかったのに対して、欧州諸国は、このような特定に反対した。武器輸出自体に対する各国の考え方も様々である。また、輸出規制にかかる経済的な費用、効果的な規制を可能ならしめる技術的な能力も国により異なっている。このような見解等の相違を克服するために、ワッセナー・アレンジメントは、特定の地域を対象とするものではなく、地域の安定を損なうおそれのある通常兵器の過度の移転と蓄積を防止することを目的

として対象品目の移転等に関する情報交換をその核としている。輸出管理自体は、COCOMのように事前の許可制ではなく、各国それぞれが責任を負ってその裁量で実施する。制度の実効性は、各国の輸出の透明性を高めることにより、当事国間の「仲間内の圧力」(peer pressure)が働くことで担保されることが期待される。このように参加国の見解の違いを克服し緩やかな協力の枠組みを設定するために適当な形式は、国際約束よりもむしろ法的拘束力を有しない国際「合意」である[477]。

また、法的拘束力を有しない国際「合意」は、将来において長期的な利益を得るために、短期的な利益を与えるという妥協の際に用いられることがあるという指摘がある[478]。1975年8月1日にヘルシンキで作成された「欧州安全保障協力会議最終文書」もその一例であるとされる。欧州安全保障協力会議(CSCE)は、そもそもソ連によるヨーロッパ安全保障会議の提案を起源とする[479]。その提案の背景としては、当時東西対立の下にあった戦後ヨーロッパの現状、特に東ドイツと戦後に変更されたソ連・東欧諸国の国境（特に、オーデル・ナイセ線）を西側諸国に認めさせ、西側諸国との関係を政治的及び軍事的に安定させる必要があった。他方、西側諸国（NATO諸国）としても、欧州の「戦後の現状」を承認しつつあり、また、ヨーロッパにおける相互均衡兵力削減など軍事的デタントに大きな関心があったので、これを中部欧州相互均衡兵力削減（MBFR）交渉の開催とパッケージにして受け入れた[480]。西側諸国は、人、思想、情報の自由の問題をCSCEの協議条項とすることがCSCEの参加の条件であるとし、人的接触や人権尊重をその主要議題として設定しようと努めたが、「政治的デタント」を最優先課題とするソ連等東側諸国はこれに抵抗した。その結果、「ヨーロッパの安全保障に関する諸問題」（第1バスケット）と「人道的及びその他の領域での協力」（第3バスケット）を共に会議の議題とすることとなった[481]。西側諸国は、その長い交渉の過程において、第3バスケットでの成果をなくして、第1バスケットの諸原則の合意はあり得ないとの立場をとり[482]、第3バスケットにおけるソ連側の譲歩を引き出した[483]。このような文脈の中で、西側諸国は、ソ連の東欧支配を認め分断ヨーロッパを固定化するような第1バスケットの内容を法的に認める用意はなかった。特に、アメリカ等西側諸国の一部の国は、国民の間

に不評なこの取決めを条約として議会を通す自信がなかった[484]。ソ連側が人権の枠組みを受け入れるのであれば法的拘束力がない形でこれを認めることは可能であるとした。他方、ソ連側としても人権や第3バスケットで西側からの強い圧力の下に妥協を強いられるにつれ、国際法上拘束力を有するような取決めには消極的になっていた[485]。他方、このような妥協案によって、西側諸国は、ソ連側に漠然とした表現ではあったが人道問題等に関する第3バスケットを受け入れさせることにより、東側の体制に対する長期的な効果を与えることを目論んだと言われている[486]。

　1993年から開始された日米包括経済協議の枠組みにおける日米自動車・自動車部品交渉の過程において、1995年5月に閣僚折衝が決裂した[487]。これを受け、米国政府は、日本政府が外国の業者の市場アクセスに制限を課しているとして、米国国内法である通商法301条による制裁を発動しようとした[488]。これに対し、日本国政府は、この米国に一方的な措置は、WTO協定に明白に違反するとして、GATT第22条1項に基づく協議を米国政府に対し要請し、同協議が開始された[489]。しかし、結局この問題は、WTO協定に基づく紛争解決システムで解決されたのではない。同年6月28日行われた当時の橋本通産大臣とカンター通商代表との間の閣僚交渉で実質上決着したのである。二国間の決着に伴って、WTOの枠内の協議（GATT第22条1項）も自然と終了した。日米間で最も激しく対立したのは、日本市場に対するアクセスに対して具体的な数値目標を設定するか否かという問題であったが、これは、次のような形で決着した。すなわち、実質決着後の共同発表文書[490]に、米国のカンター代表が具体的な数値でもって成果達成の見積もり述べたのに対して、橋本通産大臣が、この見積もりは米国側によって行われたものであって、日本側としては何ら関与していない旨述べたと記載した。つまり、いわば両論を一つの文書に書き込むことで決着を図った。このようなあからさまな両論併記を国際約束を構成する文書（国際約束）に書き入れることは困難である。内容に柔軟性を持つ法的拘束力を有しない国際「合意」を表す文書であるからこそ、このような大胆な解決を図ることができたと考える。

第4節　非公然性

　法的拘束力を有しない国際「合意」は、議会の承認等の公開の場における国内手続に付すことを必要とされない（第5章第2節1.参照）。また、国連等の国際機関に登録する義務もないことも既に説明したとおりである（第4章第2節6.参照）。すなわち、政府は、法的拘束力を有しない国際「合意」を表す文書が作成した後、それを公表する義務を通常は国内的にも国際的にも負っていない[491]。

　もっとも、そのような義務がなくても、作成当事者によって公表した方がよいと判断される文書は公表される。例えば、首脳間又は外相間の共同声明や重要な国際会議の結果文書（宣言、声明、議長サマリー等）といったように、その内容が政治的に重要であってそれを外部に対して公表した方が政治的効果を一層期待できる文書、また、それ自体国際約束を構成する文書でなくても国際約束と密接に関係があるので国際約束に準じて公表する必要がある文書がこれに該当する。

　しかし、上記のような場合を除き、法的拘束力を有しない国際「合意」の多くは、公表されないのが通常である[492]。これは、安全保障上の機密といった公表を不適当とする特段の理由がある場合に限らず、非公表であることが特に積極的に要請されていない限り、通常は公表されない。

　したがって、国家は、このような非公然性に着目して、状況によっては、国際約束ではなく法的拘束力を有しない国際「合意」の形式を選択することがある[493]。この形式を選択することにより、相手国との間で比較的静かに取引を行うことができることもある[494]。Aust法律顧問は、英国が作成する非公表の「MOUs」の大部分は、国家安全保障及び重要な商業上の機密の保護に関するものであるとしている[495]。

　なお、Aust法律顧問は、法的拘束力を有しない国際「合意」が公表されていないことから、その担当者にさえ忘れられてしまう危険がある旨も指摘している[496]。しかし、これは、単に行政の運用上の問題であり、法的拘束力を有しない国際「合意」に内在する特徴ではないと考える[497]。

このように、法的拘束力を有しない国際「合意」が選択されるに当たって考慮される機能は、基本的に国際約束の持つ機能とは異なっている。しかし、現実の運用においては両者の差は、場合によってはそれほど大きくなく、程度の問題にすぎなくなることもある。次の章では、以上の法的拘束力を有しない国際「合意」の機能と対比しつつ、国際約束の機能を検討し、その差異と相対性を示すこととする。

第6章　国際約束との差異及びその相対性

第1節　なぜ国際約束を選択するのか?

　それでは、なぜ国家は、ある場合には法的拘束力を有しない国際「合意」の形式を選択し、それとは異なる場合には国際約束の形式を選択するのであろうか。国際約束を選択するとき、どのような効用をそこに見出すのであろうか。

　この問題を検討することは、結局、第4章及び第5章で行った検討の裏返しの議論を行うことになる。つまり、第5章第1節で引用したReisman教授の言葉をそのまま国際約束に当てはめてみると次のとおりとなる。「すべての状況が国際約束を必要とするわけではないが、ある国際的な状況はこれを必要とする。」すなわち、国家は、国際社会において法的拘束力を有しない国際「合意」が有用な場合があることを認識しているのと全く同じように、国際約束についても当然のことながら国際政治・外交の道具としての有用性を見出している。その有用性を敢えて一言でいえば、それは、国際約束が「法」であるされることの有用性である。したがって、この章の第一の目的は、これまで行ってきた法的拘束力を有しない国際「合意」に係る議論を踏まえつつ、それとの比較を通じて国際約束の機能[498]とその有用性を再度検討することである。

　しかし、この章にはもう一つの目的がある。今述べたとおり、一方では、法的拘束力を有しない国際「合意」にはそれ独自の有用性と存在意義があり、他方では、国際約束にもそれ独自の有用性と存在意義がある。この意味では、国際約束と法的拘束力を有しない国際「合意」は、明らかに異なるカテゴリーに属する「合意」であり、国際社会においても通常そのように異なるもの

として認識されている。しかし、両者の差異は、実は相対的なものにすぎないこともまた事実である。国際社会の現実を背景として、両「合意」は、同じ要素と機能をかなりの程度共有している。

　Bilder教授は、国際協力及び交流を取決める方法として書面による国際約束が有用である理由が次の諸点にあることを指摘している[499]。すなわち、（イ）協力の具体的内容の明確化、（ロ）法的拘束力を付与することによって取決めを守る可能性を増大させること、（ハ）（双方の要求を一つの枠組みの中に収め、協力による利得の評価をより容易にすること等による）協力の取決め交渉の促進、及び（ニ）協力の取決めから生じるリスクの調整及び管理である。この内、（ロ）については、国際約束のみに見られる特徴である。ただし、Bilder教授は、国際約束を「協力関係を相互依存と信頼に基づいたものとして明確に正確付ける正式な又は儀礼的な仕掛け（device）」を国家に付与するものと位置付けており、また、それに違反することは、批判又は非難を受けること、さらに制裁の対象となる可能性があることを意味する旨指摘している[500]。したがって、このような理解の下では、（ロ）についても、それを詳細に分析すれば、程度の差こそあれ法的拘束力を有しない国際「合意」と国際約束が共有する点は少なくないのではないかとも思われる。いずれにしても、法的拘束力の有無は、国際約束と法的拘束力を有しない国際「合意」を区別する基本的な基準であり、国家は、まさにこの機能（法的拘束力）がある故に国際約束を選択することについては、後に検討するとおりである。

　しかし、残る（イ）、（ハ）及び（ニ）の三点については、国際約束にも法的拘束力を有しない国際「合意」にも共通した特徴である。特に、（ニ）のリスク管理について言えば、Bilder教授は、法的拘束力を有しない国際「合意」（同教授の用語で言えば「非拘束的取決め」（nonbinding arrangements））自体を、相手側の行動について完全ではないが一定の期待（expectation）と広範な柔軟性を同時に確保するという意味で、リスク管理の手段の一つとなると位置付けているのである[501]。

　また、大沼教授は、最近の論文において、国際社会における「政治（政策）」及び「倫理（道徳）」との比較において、国際法が有する（a）意思伝達・交渉媒介機能、（b）国際社会の基本了解体現機能、及び（c）正当化・正統化

機能の三つの機能を検討している[502]。法的拘束力を有しない国際「合意」をこれと同じ観点から検討したとき、程度の差こそあれ、いくつかの共通点を見出すことができる。

　例えば、法的拘束力を有しない国際「合意」も (b) の「国際社会の基本了解体現機能」を有している。大沼教授が指摘するように、国際約束（条約）は、国際社会のあり方に関する基本的な約束事や了解事項を明確な形で幾度となく示してきた[503]。他方、法的拘束力を有しない国際「合意」についても、国際約束と比べると荘厳な形式のイメージ並びに実定的共通性及び一義的明確性[504]ではかなり劣るが、第二次大戦中の連合国による諸宣言、人権、環境、南北問題に関する諸宣言、国連決議の例に見るように、これと同様な機能を果たしてきたということができる。むしろ、世界人権宣言と国際人権規約をはじめとする人権関連諸条約との関係や、人間環境宣言と環境諸条約の関係に見るように、より抽象度の高い内容や理念の度合いが高い内容を盛り込むためには、国際約束には法の持つ拘束性、技術性等の限界があるため、内容の柔軟性がより高い法的拘束力を有しない国際「合意」の方がふさわしい「器」となる場合もある[505]。

　(c) の正当化・正統化機能についても、法的拘束力を有しない国際「合意」は、国際法（国際約束）に比べその程度はかなり劣るが（第6章第6節2.参照）、正当化・正統化根拠として依拠することができる。法的拘束力を有しない国際「合意」は遵守されることが期待されているので（第4章第4節参照）、自らの行動が法的拘束力を有しない国際「合意」内容に基づいていると主張することでその立場を正当化できることは言うまでもない[506]。

　以上の例からも窺われるように、法的拘束力を有しない国際「合意」と国際約束の間との違いは、特に両「合意」をともに外交政策実施の道具又は国際関係における協力実現のための手段としてともに捉えたときには、実はそれほど大きなものではない。各「合意」が担う個々の機能については、程度の差こそあれ、むしろかなり相対的な違いとしてのみ現れてくる。したがって、本章の第二の目的は、第一の目的である国際約束の機能及び有用性の検討を踏まえ、それらと法的拘束力を有しない国際「合意」の機能及び有用性との間の差異及び共通性がそれぞれどの程度であるかを評価することにあ

る。以下、形式、内容、公然性及び「拘束力」の各側面における個々の要素について順に考察する[507]。

第2節　形式上・手続上の外形的な区別とその相対性

　国際約束と法的拘束力を有しない国際「合意」の機能の比較を行う前に、これらの「合意」の外形的な側面について改めて確認を行っておきたい。
　既に第4章第2節で検討したとおり、法的拘束力を有しない国際「合意」及び国際約束は、その形式及び作成に係る手続に関し一定の慣行がそれぞれについて確立している。各国政府は、文書の法的性格に関する自らの意図をできるだけ容易に推定させることを可能とするために、この慣行に従うことに努めてきた。しかし、文書の法的性格は、外形上の特徴からではなく、あくまで「合意」作成当時の当事者の意図によりまず決定される。外形上の特徴は、そのための推定のための材料にすぎない。したがって、このような形式的・手続的なメルクマールは、両者を区別する有用な基準とはなり得るが、常に決定的な基準とはなり得ない。形式上、手続上の逸脱を常に排除するものではない。もっとも、これも繰り返しになるが、そうは言っても当事者の心理状態である意図を第三者が事後に直接把握することは困難であるので、当事者間で文書の性質につき事後的に不一致がある場合には、外形的なメルクマールがその真の意図を探るための有力な証拠となり得るのであり、その限りで重要な基準となる。
　このように、法的拘束力を有しない国際「合意」と国際約束の間の形式的・手続上の区別にも、相当程度明確でかつ実質的な意味がある差異が存在していると同時に、その差異には一定の相対性があることをここでもう一度確認しておく。

第3節　形式：安定性と柔軟性

　国際約束の形式面における特徴としては、明確な形式、締結に比較的時間がかかること、国内法との整合性に優れていること、改正及び終了が困難な

こと並びに非国家主体の積極的な参加が比較的困難であることが挙げられる。以下順に説明する

1. 形式の明確性

国際約束は、その要件として定まった形式に従うことを求めるものではない[508]。しかし、名称[509]を含めた国際約束の形式に関しては、法的拘束力を有しない国際「合意」以上に確立した慣行が存在していることは、既に第2章第1節等でも述べたとおりである。例えば、国際約束の構成について言えば、ほとんどの多数国間国際約束及び多くの二国間国際約束は、最終条項（又は一般条項）として、紛争解決に関する規定、修正及び再検討に関する規定、（附属書がある場合には）附属書の位置付けに関する規定、署名に関する規定、批准等の効力発生に必要な国内手続を含む効力発生に関する規定、終了に関する規定、正文に関する規定を通常有している。多数国間国際約束には、以上列挙したものに加え、通常、加入規定、脱退、留保に関する規定、寄託に関する規定がある[510]。これらの規定は、いわば国際約束の運用に係る規則（operational rules）[511]であって、本文にある当事者の実質的な内容の合意[512]の位置付けと効力の範囲を明確にする重要な役割を担っている[513]。これに対して、既に第3章第2節5.でも述べたとおり、法的拘束力を有しない国際「合意」には、最終条項に類する記述を置くことが比較的少なく、それがあるとしても一層簡易化されたものにすぎない。したがって、その「合意」内容の範囲等が国際約束のように明確でない。以上に鑑みれば、国家は、国際約束を使用することにより、自らが行った合意の効力の範囲と限界をより明確化することが可能となる。

たしかに、国際約束が当事者間の法的な権利義務関係を定めるものであるのに対して、法的拘束力を有しない国際「合意」は、そういうものではない。したがって、前者の合意の効力範囲と限界の明確性が、後者のそれよりも勝っていると言うことは基本的に正しい。そもそも一般に、法令を含め法的な文書が、多義的な解釈を排除するために可能な限りその内容が明晰であることが求められていることを考えれば[514]、国際約束は、その内容にふさわしい形式を備えていると言えよう。もっとも、両者とも一定の決まった形式に従

うことをその国際法上必須の条件とはしていないため、実際に採用される形式については様々事例があり得る[515]。事実、国際約束であっても口頭のみで行われるものも例外的にだが存在する[516]。また、そのときの政治状況如何では、法的拘束力を有しない国際「合意」にとっても必須である形式的な条件が欠落したまま国際約束が締結された例もある。例えば、ギリシアとマケドニア旧ユーゴスラヴィア共和国との間で締結された「暫定合意」(Interium Accord、1995年9月13日、ニューヨーク) である。この合意は、マケドニアの独立を承認したものであるが、ギリシアが「マケドニア」という地名をマケドニア側が使用することに一貫して強硬に反対したため、「暫定合意」の中では具体的国名には一切言及されず、ギリシアを「第一の当事者」(the Party of the First Part)、マケドニアを「第二の当事者」(the Party of the Second Part) とのみ呼称している。その結果、何も事情を知らない者がこの合意を読むと、一体どの国の間で締結された合意であるのか皆目見当がつかないものが作成されることとなった。この合意は、相手の国名に言及しないまま国家承認を行った例としても興味深い[517]。

2. 迅速性

これは、第5章第2節1. で既に説明したことの裏返しとなるが、国際約束の形式的安定性の裏面として次の特徴がある。通常、どの国においても国際約束を締結するためには、定まった国内手続に従わなければならない。特に一定のカテゴリーに該当する国際約束は、国会等議会の承認を得ることが必要とされる。この手続は、法的拘束力を有しない国際「合意」の作成ための手続と比べるとより煩雑である。故に、法的拘束力を有しない国際「合意」の作成と比べると、国際約束の締結は、一般に時間がかかり、事態に対する迅速な対応が困難な場合がある。また、このことは、単に費やす時間の問題だけでなく、議会の承認又は閣議の決定の過程で国内の政治的な反対勢力によって批判されるという政治的なリスクも法的拘束力を有しない国際「合意」に比べると相対的に大きいことを意味する。国内の反対によってその締結を阻まれないにしても、承認の審議の過程で批判を受ける機会が相対的に多くなる。

しかし、一般に、法的拘束力を有しない国際「合意」の方が国際約束よりも迅速に実施に移すことができると考えられていることについても、いくつか考慮すべき点がある点がある。すなわち、一般に、議会の承認を要する国際約束（日本の場合、いわゆる「国会承認条約」）の締結に時間がかかるのはそのとおりである[518]。しかし、現在締結されている国際約束の大部分は、議会の承認を経ない国際約束（日本の場合、いわゆる「行政取極」[519]）であり[520][521]、これらの締結については、それほど時間がかかるものではない。日本の場合、行政取極の締結には通常閣議決定を経るのみであり、また署名とともに発効するものが多い。一般に、案文の実質合意から発効まで要する時間は、日本においてはせいぜい１、２週間といわれている[522]。他方、法的拘束力を有しない国際「合意」の中には交渉と作成に時間がかかるものもある[523]。したがって、それに先立つ交渉にどれだけ時間がかかるかによっては、行政取極である国際約束であれば、法的拘束力を有しない国際「合意」の作成に要する時間と実質的に差がなくなることも少なからずあり得よう。

また、国内の政治的な反対についても、同様に行政取極の締結形式を採用することである程度回避できる。つまり、それは、行政府の責任によって締結されるので、一方で対象とする範囲は狭くなるが、他方で少なくとも議会においてその締結を阻まれるリスクは相対的に小さくなる。この形式を採用することにより議会の承認を回避すること自体が議会軽視であるとして国内の政治的反対派が批判することはあり得るが、行政府としてその権限を逸脱していない限り、その締結が法的に阻止されることはない。その意味では、法的拘束力を有しない国際「合意」が負う政治的なリスクとそれほど大きく変わるものではないこともある。このように、国内における政治的反対のリスクを軽減する方法は、国際約束の中にも存在する。

3. 国内法令との整合性

これも第５章第２節１.の説明の裏返しとなるが、国際約束は、議会の承認手続又は少なくとも閣議決定を経ているので、公表・非公表を問わず国内手続をほとんど必要としない法的拘束力を有しない国際「合意」と比べると、その分だけ高い民主的正統性が付与されているという利点がある。これに加

えて、正式の手続に付随して政府内の法制部門によるチェックが行われるので、その際に国際約束と現行国内法との間の整合性が検討され、必要に応じ直接適用を含め適切な立法措置がとられやすいということも利点である。

しかし、このような国内法令の手当に係る国際約束と法的拘束力を有しない国際「合意」の間の差異にも一定の相対性がある。

公開かつ正式な手続を得ている以上、国際約束の方が手続的正統性が高いのはたしかである。法的拘束力を有しない国際「合意」については、行政府又はその担当機関のみが作成の結果について責任を負うしかない。この意味では、民主的正統性の程度の違いは大きい。しかし、非法合意が常に国内法令から逸脱してしまうかというと必ずしもそうではない。通常、法的拘束力を有しない国際「合意」は、行政府又はその機関が自らの権限の範囲内で作成するものである。つまり、法論理的には、彼らは、国内法制上自らの権限に属さない事項にまでコミットし得ないはずである。したがって、仮に彼らが敢えて国内法に根拠を持たない権限を逸脱したコミットメントを行ったとしても、それは実行不可能な意味のないコミットメントとなる。そのようなコミットメントは、相手方との関係で必ずしも良い結果を生み出さない。継続的な関係を前提とする外交関係においては、そのような履行不可能な「一時しのぎ」は、害にこそなれ、益にはならない。さらにそのような逸脱が繰り返し行われていることが明らかになる場合、憲法を含む国内法上の問題として非常に大きな国内的な非難を巻き起こすことになる[524]。このように、国内法的な裏付けのないコミットメントを行うことには自ずと限界がある。むしろ、そのような法的拘束力を有しない国際「合意」を行う行政府の権限の限界を明確に自覚して、誤解が生じないように念のためその旨の記述を入れておく例さえある。例えば、日米自動車・自動車部品交渉の決着文書には、「この文書に記述されたすべての措置（規制の変更に係る措置を含む。）は、それぞれの国に適用可能な法令及び国際法に合致してとられるものとする」との記述が挿入されている[525]。

また、法的拘束力を有しない国際「合意」を表す文書に対するリーガル・チェック体制が不備であるとされる問題にしても、これは結局は政府内部の運用の問題である。これを解決するためにしかるべき体制を整えることは可

能であり[526]、法的拘束力を有しない国際「合意」に内在する問題であるとは言い難い。

4. 改正の難易

　一般に、国際約束の改正は、法的拘束力を有しない国際「合意」と比べると困難かつ時間がかかる。これも第5章第2節2.で説明したことの裏返しである。しかし、国際約束の改正が困難であるという特徴についても、いくつか留保が必要である。

　第一に、国際約束であれ、法的拘束力を有しない国際「合意」であれ、その内容の変更につき当事者の意見の一致がなければ、当然のことながら改正は行い得ない。第二に、前述のとおり国際約束であってもいわゆる行政取極であれば、手続的な観点からは比較的迅速に改正を行い得る。第三に、議会の承認を必要とする国際約束であっても、一定の範囲の改正については議会の承認を必要としないより簡易な手続でこれを行うことをあらかじめ規定している場合もある[527]。

5. 終了の難易

　一般に、国際約束の終了又は撤回も、法的拘束力を有しない国際「合意」と比べると困難である。これも第5章第2節2.で説明したことの裏返しである。

　しかし、この国際約束の特徴についても、以下の点に注意する必要がある。第一に、実際の国家実行を見てみると、ほとんどの国際約束は、その中に一方的な意思表示により終了を可能とする終了規定を置いたり、効力の存続する期間を限定する規定を置いたりすることによって、永遠に合意に拘束されることから発生するリスクを管理しようとしている[528]。他方、法的拘束力を有しない国際「合意」においても、国際約束と類似した終了規定や実施期間に関する規定を置くものも少なからずある[529]。例えば、1976年8月2日にバンクーバーで発表された「日本政府及びアメリカ合衆国政府による半導体に関する共同声明」には、「別段の合意がない限り、この共同声明に記された諸活動は、1999年7月31日に終了する」旨記されている[530]。

第二に、たしかに、一般的に言えば、国際約束と比較すれば法的拘束力を有しない国際「合意」の方が心理的、道義的により容易に終了しやすいと言えるかもしれない。後に（第6章第6節2．）説明するとおり、国際約束には、「法」であることから発する一種の「重さ」がある。しかし、国家がある「合意」を終了させるか否かを考慮するに当たっては、それが法的な合意であるか否かという点だけで判断するものではない。むしろ、その「合意」の政治的重要性、その結果生じる相手国の反応、それを終了するに当たってどれだけの利益及び不利益を現実に被るかといった点の考慮の方がはるかに重要であると考える。

6. 非国家主体の参加の有無

既に第5章第2節3．で説明したとおり、国際約束に係る過程においては、非国家主体の活発な参加が得にくいという特徴もある。しかし、ここでも、両「合意」の間に一定の相対性を見ることができる。

たしかに、これまでは、国際約束は、国際法上の主体に当たらない非国家主体の参画を排除してきた。しかし、人権、環境といった国際公共性に係る分野においては、法的拘束力を有しない国際「合意」の場合ほどではないが、国際約束の定立及び実施過程にもNGOをはじめとする非国家主体の参画の傾向が同様に増大していることもまた事実である[531]。NGO等は、これらの分野において少なくとも議題設定及び基準設定について大きな役割を果たしている[532]。また、国連憲章又はその他の人権諸条約の基づく諸機関にオブザーバー参加するだけでなく、そこで注意喚起、情報の提供、個人通報制度の利用等を行い、国際約束の実施の場面においても重要な役割を果たしつつある[533]。そして、この傾向は、さらに強まっていくことが予想される[534]。

たしかに、現在のところ、法的拘束力を有しない国際「合意」は、非国家主体が国際的な規範過程に参画するために比較的便利な手段とされている。しかし、国際社会における非国家主体の役割の相対的な増大が国際社会全体の趨勢である以上、国際約束であっても、これら非国家主体をさらに取り組んでいく方向に変容していく可能性があることにも留意する必要がある。

第4節　内容：明確性と柔軟性

　国際約束の内容面の特徴としては、対象となる事項面での特徴、法的言語を使用していることが挙げられる。さらに、国際約束の新しい問題に対する対処の能力及び妥協の手段としての機能を検討する。有用性が挙げられる。

1．対象となる事項

(1) 国際約束の対象

　国際約束の内容は、原則的に当事者間の権利義務関係を設定するものであり、それらとは無関係な事項を扱うことは適切ではない。この意味では国際約束が対象とする内容の範囲は、法的拘束力を有しない国際「合意」のそれよりも狭い（第5章第3節1.参照）。

　他方、法的拘束力を有しない国際「合意」は、行政府又はその機関が作成するものである以上、論理的にはそのコミットメントの内容は、その権限を逸脱したものにはなり得ない。敢えて権限を逸脱したコミットメントを行ったとしても、それは実行不可能な、行う意味のないコミットメントとなる（第6章第3節3.参照）。議会の承認を必要としない行政取極については、同じように法的にも、政治的にも行政府の責任を逸脱し得ない。しかし、それが議会等の承認を要する国際約束（日本でいう国会承認条約）であれば、その対象を拡大することが可能である。つまり、その締結に際して各国の国内法制に従い当該国際約束の直接適用又はその実施のために必要な立法措置（新規立法、これと矛盾する国内法令の改廃等）が行われ、又は実施のために必要な国内法令が既に存在している場合にはその法令の維持義務が生ずるといった形で[535]、立法機関の権限に属する事項までその合意の対象とすることができる。この意味で、立法府を合意に「巻き込む」ことにより国際約束の方がより広範な内容をその合意の対象とすることできる。

　この関連で、国際機関の創設は、ほとんどの場合国際約束によって行われていること[536]も指摘しておきたい。書面の形式による国際約束（しかも多国間国際約束[537]）以外の方法による創設は、可能ではあるが例外的である[538]。国際約束以外の方法で設立された場合であっても、その国際機関が、国際機

関としての地位と権利を主張するためには、その点につき別途国家間で合意がある旨を証明しなければならない[539]。また法技術的な観点からいえば、国際法上及び各国それぞれの国内法上の法人格を付与[540]するためにも、また、長期的な財政的寄与[541]を含む協力につきコミットするためにも国際約束によって国際機関を設立することがより合目的的である[542]。

(2) 対象の重複・代替性

このように、法的拘束力を有しない国際「合意」と国際約束には、それぞれその内容とするのにふさわしい分野がある。簡単にまとめると、権利義務関係を設定するもの、国内法令の制定、改廃等立法府を巻き込んだコミットメントを行うもの、国際機関を設立する「合意」には、国際約束の形式を選択することがふさわしい。これに対して、法的な記述になじまないような事実の記述・確認、見解の一致、一方的な意図の表明等には、法的拘束力を有しない国際「合意」の形式がふさわしい。

しかしながら、両者が対象とする分野にはかなりの程度重複があり、同じ目的に対してこれら二つの形式が競合し、両者の間に代替性が見られる場合さえあることにも留意しなければならない。例えば、日本が諸外国との間で外交関係を開設する方法としては、(イ) 近年では相手国政府との間で書簡又は口上書を交換する等行政府限りで外交関係の開設に関する文書[543]を作成している場合が一般的である。その他にも (ロ) 相手国との間で締結された国会承認条約の中で外交関係の開設につき規定している場合 (例: ソ連邦、大韓民国、ポーランド、チェコスロヴァキア[544])、(ハ) 特段の法的文書の作成を行うことなく外交関係を開設している場合、及び (ニ) (ハ) の場合に該当するが1972年の日中共同声明のように法的拘束力を有しない国際「合意」を表す文書に外交関係開設の事実を言及した例もある[545]。

また、査証の相互免除等に関しては、各国がそれぞれ適当な相手国との間で個別に取決めを行うのが通例である。日本の場合は、外務省と大使館との間での口上書の交換又は両国の外務大臣間での書簡の交換という形式をとることが多い。この文書の法的性質については、一般には、相互主義に基づき自国のとるべき措置を一方的に通告し合うという形式の文書（つまり法的拘

束力を有しない国際「合意」を表す文書）となっているが、中には国際約束を構成する文書となっている例もあるようである[546]。この他にも、二国間の国際約束の中には、査証免除等に関する規定を含むものがある[547]。

さらに、法的拘束力を有しない国際「合意」及び国際約束は、国際関係の歴史的又は構造的な変化を背景として、ある同じ問題解決のためのより有効な手段として、相互に取って代わられることもある。例えば、1976年7月31日に第二次日米半導体取極が終了した後、同年8月2日未明カナダのバンクーバーにおけるこの問題に関する閣僚交渉が決着し、「半導体に関する共同声明」が発表された。これにより、半導体問題に関し国際約束によらない新しい枠組みが創設され、半導体に関する日米関係は、国際約束によらない（本書でいう法的拘束力を有しない国際「合意」による）協力の時代に移行した[548]。この移行の背景には、日米経済関係全体の文脈において、日本の通商政策の基本姿勢がそれまでの結果志向・二国間主義的なものを拒否し、市場メカニズムと多国間の国際通商ルールの尊重に転換[549]したことも強く影響しているように思われる[550]。

逆に人権又は環境分野のように、国際社会の規範意識の進展の程度に対応して、最初法的拘束力を有しない国際「合意」又は国際機関決議で宣明された諸原則（例えば、1948年の世界人権宣言）が、後に多数国間の国際約束（例えば、両国際人権規約）として法規範化されてきたことにも注目に値する。また、沖縄返還に際しても、法的拘束力を有しない国際「合意」である（沖縄返還に関する）日米共同声明[551]で合意された大枠の方針を示し、それを受けて沖縄返還協定[552]が返還に伴う法的問題の処理を行った。これらの例は、ある特定の問題に対処するに際して、国際約束と法的拘束力を有しない国際「合意」の間で一種の役割分担が行われているとも考えることができる。

このように、国際約束及び法的拘束力を有しない国際「合意」には、それぞれが得意とする分野があるとともに、一定の相互代替性や役割分担も同時に存在している。

2. 法的言語の使用

合意内容の明確化という観点からは、国際約束で用いられる言語も重要で

ある。国際約束は、基本的に当事者間の法的権利義務関係を設定及び規律することを目的とする。したがって、そこで用いられる言語は、そこで行われた合意の効力の範囲と限界をより明確化することが可能となるようなものでなければならない。その目的にふさわしく、正確かつ明確で一義的な法解釈になじむ言語、いわば「法的な言語」であることが求められる[553]。法的な言語は、また、期待を正確に伝達し、依存関係を作り出すことによって、遵守を促す力もある[554]。

これに対して、法的拘束力を有しない国際「合意」は、一般的に、そこで用いられる形式及び言語においても、相対的に自由であり、簡易であり、かつ、時として曖昧である。時として、意図的に漠然とした包括的な概念を使用することによって妥協を引き出したり、法的な会社閣になじみにくい日常的な言語を借用することによって政治的な魅力を増したりすることを試みることさえある。一般的には、両者の言語の間には、このような違いがあることは否定できない。

もっとも、これについても双方についていろいろなヴァリエーションがあり得る。法的拘束力を有しない国際「合意」であってもとるべき措置を詳細な記述したものもあれば、国際約束であっても一般的な国家間関係のあり方しか定めておらず具体的な義務内容が必ずしも明確でないものもある。それぞれにおいて例外的な事例もあることも事実である。

3. 新しい問題への対処・妥協の道具

法的拘束力を有しない国際「合意」は、その内容に柔軟性があるので、新しくまだ十分に理解されていない問題に対処する迅速かつ臨時の手段又は様々な見解の相違の狭間を埋める妥協の手段としてふさわしい形式であることについては、既に説明したとおりである（第5章第3節2.及び第5章第3節3.）。しかし、国際約束の中にもこれと同様な目的に対処するために適した方法がある。

例えば、地球環境保護に関する多数国間の国際約束の方式としてしばしば採用されている「枠組み条約」である[555]。この国際約束の形式は、対象分野における協力義務に関する一般原則を定める等協力全体の枠組みを創設する

が、これらの基本的な義務を実施するための詳細は基準・要件については、別個の議定書又は附属書で定めるとするものである。その具体的な例としては、1985年のオゾン層の保護のためのウィーン条約[556]、1992年の気候変動に関する国際連合枠組条約[557]等を挙げることができる。地球環境分野は、比較的新しい分野であり、かつ、この分野に関する科学的な知識も不十分であったため、1972年の人間環境宣言[558]や1992年の環境と開発に関するリオ宣言[559]といった国際機関や国際会議の決議、原則宣言等の法的拘束力がない文書によって対処されてきた。これら文書の内容をさらに国際法化するためには多数国間の国際約束の締結が必要である。しかし、地球環境問題に実効的に取り組むためには監視及び情報交換を含めた強い規制措置と、主要国を含む国際社会の多くの国が参加する条約の一般性の確保の両方が必要である。このような要請の結果、案文作成、採択、発効、改正に多大な時間がかかるという難点がある[560]。さらに、地球環境問題には経済的利益に直接影響を与える分野が多く、そのような分野に関しては先進国と途上国の間の対立を含めた利害対立が生じやすく、合意を達成するためには一層時間がかかることになる。この場合、一挙にすべての規制措置を決めてしまうよりは、まず大枠から取りかかり、その枠組みの中で追って細部を詰めていくアプローチをとった方が、規制に積極的な当事者と消極的な当事者の間で何らかの妥協を見出せる可能性が大きくなる。また、交渉過程の外観として又は外部の第三者に与える政治的効果としても、一つ一つの段階を積み上げていった方が、当該分野において少しずつであっても何かが進んでいるという印象を作り出すことができる。すべてを一遍にまとめるアプローチをとると、交渉がなかなか進捗せず、あたかも何も合意できていないとの印象が生じるおそれがある。また、地球環境分野は、絶え間ない科学的知識及び科学技術の進歩によって、規制の対象及び方法が急激に変わることも予想される。そのような事情を考慮して、まず枠組み条約で協力の大枠を定めておき、技術的・科学的詳細に係る規定は下位の附属書・議定書で定め、必要に応じその部分を改正していくことは、地球環境のように常に新しい変化により新しい対応を迫られる分野に対するアプローチとしては合理的であるといえる。

　もう一つ例を挙げると、国際約束の終了又は脱退に関する規定も、事前に

予測し得なかった事態の変化から生じるリスク管理の方法として機能している[561]。中には、一方の当事国がその旨を意思表示することによって直ちに終了又は脱退の効果が生じる旨の規定を持った国際約束も少数ながら存在する。例えば、1968年に締結されたアメリカとタンザニアの間の経済技術協力協定パラ7は、「この協定に定められた支援計画の全部又は一部は、…一方の政府が状況の変化によりその支援を継続することが必要でない又は望ましくないと判断した場合には、当該政府によって終了することができる」と規定している[562]。国際通貨基金協定第26条1項及び国際復興銀行協定第6条1項も、加盟国は、通告書を主たる事務所に送付することによりいつでも通告書の受領の日に脱退することができると規定している。このような即時の終了又は脱退に関する規定を持つ国際約束は、法的安定性に欠けるという短所がある。しかし、その反面、法的拘束力を有しない国際「合意」と同様に、常に変化する状況に対処する手段又は今後の対応に変更があり得る新しい問題に対処する手段として活用することができるという利点もある。

　このように、一般に法的拘束力を有しない国際「合意」よりは柔軟性に欠けるかもしれないが、国際約束の中にも新しい問題への対処の方法又は妥協の道具として有用な手段があることがわかる。

第5節　透明性及び公表性

　国際約束は、これまで説明してきたとおり、原則として議会の承認、閣議決定等の公開の場における国内手続に付され、締結後は国内での公布・告示、国際機関への登録が行われる（第5章第4節参照）。故に、法的拘束力を有しない国際「合意」に比べると、国際約束に関しては相対的に手続的な透明性及び公表性が確保されている。つまり、国際約束は、常に公の眼に晒されている分だけ法的拘束力を有しない国際「合意」よりも民主的正統性が高いと考えることができる。したがって、実際に「合意」を行う側（行政府、政治家、官僚等）としても、国際約束の形式を使用することにより、その者の独断で国として重要な（そして時として不利な）コミットメントを行ったという非難を受けることを含めた政治的リスクの軽減又は回避を図ることができること

になる。

　もっとも、このような法的拘束力を有しない国際「合意」の非公然性にも一定の限界がある。外交の民主的統制がますます重要視されている今日において、徹頭徹尾秘密外交を貫き通すことは不可能である。英国の外交官ニコルソンは、交渉自体が秘密に行われることの重要性を主張し、そのような観点から「民主的外交」の問題点を指摘した。しかし、その彼であっても、交渉の結果は公表されなければならないと強く主張する。さらに、秘密の約束をもたらすような秘密の交渉は、現在我々が見るようなテレビの報道に晒された交渉を行う外交よりもはるかに悪いとさえ述べている[563]。

　もちろん、当事国自身が公表することが政策上望ましいと判断する「合意」については、政策広報的な観点からこれを積極的に公表するであろう。例えば、日本においては、その都度プレスやホーム・ページを通じてこのような「合意」を公表するとともに、毎年の外交青書にも「日本国政府が関与した主要な共同コミュニケ等」として公表している。しかし、法的拘束力を有しない国際「合意」を表す文書の大部分は、むしろ日々の行政の調整に関するような極めて技術的な性格を持っており、それが故に政策広報の観点から特に積極的に公表する必要がないと考えられている「合意」であると思われる。例えば、英国の場合は、秘密でない「MOUs」の場合であっても、政治的重要性があるとか、条約（国際約束）に密接に関係あるといった特別な理由がない限り、これを公開していない[564]。他の国の場合も基本的には同様であろう。

　しかし、このように公表の必要が見出せない文書であっても、その概要すら明らかにせずすべてを長期的に秘しておくことには、世論及び同盟国との関係で政治的なリスクが生じる可能性がある[565]。特に、一国の将来に大きな影響を与えるような政治的重要性を持った「合意」や国民の権利義務に（直接でないにしても）密接に関係するような内容を含む「合意」を全く公表しないでおくことは一層そのようなリスクが大きくなる。それにもかかわらず敢えて非公表とする場合であっても、最低限、現段階で公表すると国益に重大な支障があるとか、商業上の機密に触れるとか、まだ交渉途中の中間的な文書に過ぎず今後の交渉に支障を来すといった何らかの合理的な理由を対世

的に説明する必要が生じる。例えば、日本の国会法に従えば、国会の議院又は委員会が法的拘束力を有しない国際「合意」の提出を求めたにもかかわらず、政府としてそれを提出できない時には、場合によっては、「国家の重大な利益に悪影響を及ぼす」旨の内閣の声明を出さなければならないことになる[566]。

　さらに、そのように合理的理由から秘匿する必要がある内容を含む法的拘束力を有しない国際「合意」であっても、その内容を永遠に隠しておくことは相当困難であろう。だからこそ各国は、一定の期間が経過した外交史料の公表を行っているのである[567]。このように考えれば、敢えて隠す必要のない法的拘束力を有しない国際「合意」は、できるだけ公表した方が政治的なリスクが生じる可能性が少なくなるとも考えられる。

　しかし、そうは言っても、外交政策を進めていく上で、国家安全保障といった一定の分野に関する法的拘束力を有しない国際「合意」を当分の間は非公表としておくことにも、国益の観点から一定の合理性がある。これは法的拘束力を有しない国際「合意」のみに固有の必要性ではなく、国際約束についても生じ得る問題である。つまり、結局はどの形式の「合意」を非公表にしておくかという制度の選択の問題であると考える。例えば、英国の場合は、慣行によりすべての国際約束を公表することを前提としている。故に安全保障に係る秘匿を要する問題に関しては、必要に応じ非公表で法的拘束力がない「MOUs」を活用しているようである。他方、アメリカ合衆国においては、法的拘束力を持つ合意については口頭の合意や当局間の合意も基本的に公表することを原則としつつも、大統領が直ちに公表することが合衆国の国家安全保障を損なうと判断する国際約束については、それを非公表とすることができる制度が法制化されている[568]。このように、公表性の問題は、国際約束と法的拘束力を有しない国際「合意」のそれぞれの特質及び機能を勘案しつつ、どちらをどのような場合にどれだけ公表又は非公表にするかという選択に基づいた制度設計の問題に帰着する。

第6節 「拘束力」

本節では以下、国際約束が有する法的拘束力、国際法が「法」であることから生ずる正統性及び国際約束と法的拘束力を有しない国際「合意」のそれぞれの「拘束力」（遵守を求める力）について考察する。

1. 国際約束が有する法的拘束力

ある「合意」が国際約束であるということは、何よりもこの合意が法的拘束力を有することを意味する。したがって、国際約束を締結することにより、既に第4章第2節で指摘したような法的拘束力から直接帰結する法的効果を生じせしめることになる。国家は、国際約束の実施に際しては、これらの直接的な法的効果に依拠することができる。つまり、ここに国際約束の最も重要な有用性を見出すことができる。

具体的に述べれば、既に行った説明と重複するが、第一に、国際責任法理の援用可能性につき国家間に共通の認識がある。すなわち、国際約束の違反に対しては、違反国は原状回復、金銭賠償等の回復（reparation）の義務を負い、他方、被害国は、必要に応じ、外交的保護権の行使、復仇又は（国際裁判所の強制管轄がある場合には）司法的な救済といった手段によってその責任を追及する権利を有することになる。このことは、必ずこの権利が実際に行使されることを意味するのではない。しかし、少なくとも国際約束の違反の結果このような権利が生じるということについて当事者間に共通の認識がある。換言すれば、国際約束違反の結果生ずる法的紛争の解決に関して一定の明確な定まった「道筋」が予定されていることについて、一般に国家間に共有された認識があることを意味する[569]。

第二に、一度締結された国際約束については、承継の効果が生じることとなる。したがって、政府の交代や政権の交代の際には、特に改めて確認を行わなくても先行者が締結した国際約束の効力は原則としてそのまま存続することになり、当事者間により安定した関係が維持されることを期待することができる。

このように、国家は、国際約束を用いるとき、国際約束の違反に対する責

任の所在及び範囲並びに責任の追及の手続が明確に定まっているので、国際約束に規定した内容が実現されることが相対的に確実であることを期待することができる。同時に、政治的な状況の変化に影響されることなく比較的長期的な安定した法的権利義務関係の維持を期待することも可能となる。

2. 「法」であることから生じる正統性

　法的拘束力の存在並びに手続的正統性及び民主的正統性に加え、国際約束が「法」的約束であること、ひいては国際約束を規律する国際法が「法」であるとされること自体から派生する一定の効果、つまり、一種の正統性付与効果が存在する。国際約束がこれまで長年「法」であるとされてきたことによって、その遵守に対する期待及び不遵守から生じる結果（不利益）の重大性が一層高まる[570]だけでなく、その約束自体に一種の「重み」が加わることになる[571]。この「重み」は、国内法の一般的なイメージから連想されるものであり、そこにおいて「法」は、「従うべきもの」、「正しいもの」及び「従わなければ罰せられるもの」という漠然としたイメージで受け止められる[572]。このような国内法に派生するイメージが、（国内法が適用されている）近代国内社会とその成り立ち及びあり方を異にする国際社会の「法」についてもそのまま適用することが実際にはどこまで正しいかは明らかではない[573]。しかし、それはともかくとしても、これらのイメージが国家に対して国際約束の遵守を促す「内的な力」[574]となって作用しているということは、一定程度正しい[575]。たとえ、仮にそのイメージが国際約束については実はかなりの程度「幻想」であったとしても、多くの者に共有されたイメージであるといえる。

　したがって、国家は、このような共有されたイメージを利用して、相手国の遵守を促すだけでなく、国際約束の形式を選択することによって自らの約束に「重み」を持たせ、この合意を重要視していることを相手側又は、場合によっては、国内世論を含む第三者に向けて伝達することができる。これは、相手国及び第三者に対するメッセージとなり得る[576]。

　例えば、国際約束の規定の中には、必ずしも明確な内容を義務として規定しておらず、「慫慂する」（encourage）、「推進する」（promote）又は「可能な限り」（as far as possible）といった表現を用いてその内容を故意に広範かつ曖

昧なものとしているものがある。また、多くの文化協定のように、「良好な関係」の存在を示すか又はせいぜいその改善を示すにすぎないような国際約束もある[577]。このような規定又は国際約束に関しては、これは実質的に法的義務を含んでいない「制限的拘束力を有する合意」（restricted binding force）であるとして、「交渉の合意」（*pacta de negotiando*）、「締結の合意」（*pacta de contrahendo*）と同様に、これらと法的拘束力を有しない国際「合意」とを同視するMünch教授のような立場もある[578]。しかし、このような内容の「合意」についても、敢えて国際約束の形式を選び、国際約束の言語を用いてこれを記述することは全く無意味ではない。当事者としては、国際約束の形式を選択することによって、単なる希望や熱望の表明以上のものを意味することを意図しているからである[579]。たしかに、このような合意に規定する義務はあまりに漠然としているので、実際にこの義務の履行と不履行との間の限界を具体的な行動の例又は具体的な結果の例でもって指し示すことはとても難しい。例えば、その様な義務を負った国家が実際に「慫慂」し又は「推進」していたのか、仮に行っているようであってもその程度の「推進」又は「慫慂」で義務を十分に履行したといえるのか、「可能な限り」というが実際はどこまで「可能」であったのか、もっと可能性の余地があったのではないかといった種々の疑問が生じることになる。しかし、そこでなされた約束は、単に法的拘束力を有しない国際「合意」でなされた「約束」以上に、「法」である「重み」をもって受け止められているのだと少なくとも言うことはできる。この「重み」があるからこそ、外交実務者にとって国際約束と法的拘束力を有しない国際「合意」の区別を重視するのである（第3章第1節1.参照）。この「重み」の違いは、相対的ではあるが、決して無意味ではない。

3. 拘束力（「合意」の遵守を求める力）

以上本節1.と2.で考察したとおり、法的拘束力を有しない国際「合意」と国際約束とを区別する一番重要な機能は、法的拘束力の有無と「法」であることから生じる「正統性」の有無ということになる[580]。あまりに当然な結論ではあるが、このことは、国際約束が「法」であるとされることから直接生ずるこれら二つの主な機能が、法的拘束力を有しない国際「合意」との違

いを際立たせていることを意味する。しかしながら、今一度国際社会の現実を見据えつつ国際法が有する拘束力の実際のあり方を詳細に検討してみると、この側面においても法的拘束力を有しない国際「合意」との間の差異は、実はそれほど隔絶したものではないことが明らかになってくる。

　これまで重ねて指摘してきたとおり、法的拘束力の存在から直接帰結する第一の法的効果は、国家責任法理の援用可能性である。つまり、合意の違反に対しては、被害国は、事後救済による権利の回復が要求可能であり、かつ、究極的にはその要求が実現されることが観念されているとの共通の認識がある。ここでは、国際関係においても「法」の持つ強制メカニズムが十全に機能することが前提となっている。近代国内社会[581]においては、中立・公平な第三者（すなわち裁判所）が予測可能かつ強制可能な形で法的紛争の解決を行い得る制度的保障があることを前提として、当事者間で又は当該第三者によって侵害された権利の回復を図ることが可能である。しかしながら、国際社会においてはこのようなの近代国内社会に存在する前提を欠いており、「法」の持つ強制メカニズムが十全に機能しているとはおよそ言い難い[582]。

　もっとも、このことは、国際約束が法的拘束力を有していること自体が全く（又はほとんど）無意味である[583]ということまでをも意味するものではない。たとえかなり限定的な程度であるにせよ、例えば、国際裁判の強制管轄の受諾といった一定の条件の下では、国際裁判をはじめとした国際法に基づく紛争処理システムが実際に機能してきたことも、また国際社会における厳然たる事実である[584]。このことを全く無視することはできない。国家が国際約束という形式を選択するのも、このような事実を認識して、たとえ限定的ではあっても合意内容に対し「法」の持つ強制力が働くことを多かれ少なかれ期待しているからである[585]。ここに、法的拘束力を有しない国際「合意」とは区別され得る国際約束の機能が限定的にではあっても存在していることが示されている。

　しかし、ここで我々が留意しておかなければならないことは、国際法の遵守にとって法的拘束力及びその帰結としての「法」の持つ強制メカニズムが果たす役割が限定的である以上、その遵守に対して法的拘束力以外の力が働いているということである[586]。国際約束の遵守に当たっては、非法的な考慮

も重要な役割を果たしている[587]。そしてこれらの力は、程度の違いこそあれ、法的拘束力を有しない国際「合意」の遵守を促す力と共通している[588]。

　法的拘束力を有しない国際「合意」の遵守を促す諸力については、既に第4章第4節においてそのいくつか例示的に指摘したが、これらは国際約束の遵守を促す力としても（時には法的拘束力を有しない国際「合意」の場合よりも強く）作用すると考えられる。第一に、国際約束の遵守にも功利的な理由が働いている。法的拘束力を有しない国際「合意」及び国際約束それぞれに、外交政策実施の道具又は国際関係における協力実現のための手段としての有用性があることは、ここで改めて繰り返すまでもない[589]。

　Higgins判事は、相互主義（reciprocity）が国際法の義務の主要な根拠であると指摘している[590]。国際法に反すること、国際約束を違えることは、結局は国益（少なくとも長期的な国益）に反することになる。だからこそ、国際約束は、通常は遵守される[591]。しかし、「合意」の遵守に各当事者が相互利益（mutual advantage）を見出すのは、国際約束に限らない。一般にあらゆる種類の国際「合意」についても、このことが当てはまるのである[592]。遵守が継続することにより、当事者の間に「期待の共有」が生じることについては、国際約束も法的拘束力を有しない国際「合意」も変わらない。しかし、国際約束にはそれが「法」であるとされることから生じる「重み」があり、その結果、法的拘束力を有しない国際「合意」以上に「期待の共有」が強まることも同時に指摘しておかなければならない。

　第二の道徳的・倫理的な理由についても、国際約束も約束の一種である以上、当然にその遵守を促す力となっている。むしろ、国際約束には、「法」であることから生じる「正統性」があるので、「従うべき」とする心理的圧力及び違反に対する非難は、一般的に法的拘束力を有しない国際「合意」よりもその分だけ強くなる可能性がある。

　第三の政治的理由も、国際約束に対しても同じように働く。国家は、国際約束の遵守を通じて誠実であるとのイメージを作り出し国際社会における信用を維持することに利益を見出し、違反に対してあり得べき報復と非難を回避するように努める[593]。むしろ、法的拘束力を有しない国際「合意」に比べ「期待の共有」や約束としての正統性が高い分だけ、すなわち「法」として

の「重み」がある分だけ、これらの要因も国際約束の遵守に対してより強く働くと考えることができる。第4章第4節で紹介したWeinstein教授が指摘する国際関係における約束の二分論（「状況的な約束」と「非状況的な約束」）についても、そもそもこの議論が国際約束と法的拘束力を有しない国際「合意」の区別を行うことなく国際「合意」一般について述べているものであるので、国際約束についても当然適用可能な議論である。

このように、国際約束の遵守を促す諸力には、法的拘束力を有しない国際「合意」にはない法的拘束力という要因はあるが、この力は、あくまで国際約束の遵守を促す諸力の内の一つにすぎず、かつ、国際関係においてはそれが機能する範囲は極めて限定的である。むしろその強弱の違いこそあれ、法的拘束力を有しない国際「合意」と共通するその他の諸力も同様な重要性を持って作用していることに留意する必要がある。

英国を代表する国際政治学者であったBull教授は、国際法の拘束力につき次のような優れた観察を行っている。

> 「…国際法が基本的な国際社会の規則の遵守確保に役に立つのは、国際行動に制約を課すことを通じてばかりではない。国際法の遵守を結果としてもたらす基本要因が、法的義務・責任とは別に、存在している──すなわち、当該合意の基礎にある目的や価値をすべての当事国が受け入れていること、有力国による威圧の可能性、相互利益の存在などである。これらの要因の働きなくしては、法的約束は効果を持ち得ないであろう。」[594]

ここで述べられている「基本要因」（道徳的理由、政治的理由及び功利的理由）が、法的拘束力を有しない国際「合意」の遵守についても同じように存在していることについては、本書のこれまでの議論からも明らかであろう。

第7章　結びとして

　ここまで議論してきたとおり、法的拘束力を有しない国際「合意」と国際約束を、それらが国際関係又は国際社会においてそれぞれが担っている機能が何であるのかという視点から考察したとき、両者の間には、相対的な差異が存在することが明らかになった。
　この結論は、二つのことを同時に意味する。第一に、両者は、異なるものである。条約法に関するウィーン条約の起草過程においても、国際判例においても、国家実行においても、国際法の学説の多数においても、両者は、異なるものとして認識され、両者を区別する基準は、当事者の意図であるとされている。国家実行は、特に両者を異なるものとして扱って使用し、両者をできるだけ客観的に区別すべく様々な慣行を蓄積してきた。また、これらの「合意」は、それぞれ異なる機能を有しており、一般にその機能の特質の違いに従ってそれぞれが対象とする範囲を異にし、異なる機会で使い分けられてきた。
　他方、法的拘束力を有しない国際「合意」と国際約束との間に存在する違いは、相対的なものにすぎない。両「合意」は、観念的にははっきりと区別されているが、現実には重複又は共通している部分が少なくない。他方、両者は、主観的・心理的要素である当事者の意図によって区別されているので、事後に第三者が直接これを把握することは非常に困難である。したがって、諸国が蓄積してきた慣行を含め形式上・手続上の外形的なメルクマールに依拠してその意図を推定せざるを得ないが、これらはあくまで相対的・補助的な基準にとどまる。主観的要素が区別の基準であるとされている以上、当事者が客観的なメルクマールに合致するよういくら努力していても常にその中から基準と逸脱した事例、例外的な事例が生まれる可能性が全く排除される

わけでない。機能面においても、両「合意」の違いは、存在しているが決して絶対的なものではない。重複する部分及び共通する部分があることは、既に第6章第3節以下でも示したとおりである。このことは、両「合意」の間の最も顕著な違いであると思われた「拘束力」のあり方についても同様であった。法的拘束力の核心である国家責任法理の適用可能性が国際社会の構造の特殊性故にあくまで限定的にならざるを得ないため、法的拘束力を有しない国際「合意」の遵守を促すのと共通な諸力によって国際約束の遵守も求められるのである。「法」の持つ強制メカニズムが十全に機能していない国際社会においては、これらの諸力が作用する程度が「近代国内社会」と比較すると一層大きいのである。このように「拘束力」についても、両者の差異は、相対的である。

しかし、当然のことながら、差異が相対的であることは、何ら差異が存在しないことも、差異が重要でないことも意味するものではない。仮に両者の差が「五十歩百歩」にすぎないと極言し得るとしても、その「五十歩」の違いは意味があり、かつ、重要である。これらの「合意」の間には違いが明白に存在しており、国家もこれらを違うものとして認識し、使い分けを行っている。両者の間には相互補完関係があり[595]、異なる外交の道具、国際政治上の手段として共存している。法的拘束力を有しない国際「合意」と国際約束との間の差異は、時としてかなり微妙に見えるかもしれない。しかし、法と外交においてこの微妙さが必要なのである[596]。このような微妙な差異を、上のたとえに則して言えば「五十歩」の違いを、あるがままに受け止めるのが本書の立場である。

このような考え方に対しては、二つの異なる、しかしある意味では同じ方向性の批判があり得ると思う。すなわち、第一の批判は、主として国際政治学者又は国際関係論学者より提起されることが予想される。すなわち、そもそも、両者の差異は些細で無意味なものにすぎないのであるから、両者を一括して扱い、国際関係におけるこれらの機能を探っていく方がよいのではないか[597]という批判である。第二のあり得べき批判は、主として「実定法主義」[598]に立つ国際法学者から提起されるだろう批判である。つまり、法的拘束力を有しない国際「合意」が国際関係において一定の機能を担っているこ

とは理解するが、国際法学が扱う対象を純粋に法的拘束力がある規範のみに限定すべきであり、その中で精緻な理論化を行っていくべきである、したがって、法的拘束力を有しない国際「合意」のように「法」ではないものは国際法学の考察の対象から排除すべきであるという批判であろう。

　第一の批判については、たとえ「五十歩百歩」であっても「五十歩」の差は無意味でない、むしろその意味に目を向けるべきであるという既に述べた言葉を再度強調したい。このことは、既に第3章第1節4.(2)で著者が構成主義学派に対して行った批判とも重なる。例えば、国際約束の法的拘束力についても、非常に部分的にではあれ、国際法に基づく紛争処理システムが国際社会において現実に機能してきた事実を無視することはできない。国家もこの機能が全く意味のないことだとは考えていないからこそ、時としてこのシステムを活用する場合もあるのである。また、逆に国際裁判で敗訴することは、相当程度の政治的なダメージを生じさせることを十分に認識しているので、その強制管轄を（一般的にせよ個別的にせよ）受け入れることにかなり躊躇することもある。さらに、国際法が持つ遵守・不遵守以外の側面、拘束規範としての機能以外の諸機能にも留意する必要がある[599]。例えば、国際約束が持つ法としての「重み」を念頭に置きつつ、実現の可能性が低い事項に関しては法的拘束力を有しない国際「合意」の形式を選択し、後に「国際法違反」であるというはるかに強力な非難を受ける政治的リスクを回避することもある。このように、国際約束であるか法的拘束力を有しない国際「合意」であるかの違いが国家行動に無視できない影響を与える可能性があることは否定できない。このように、両者の差異が国家の行動に影響を与える要因となっている現実があるにもかかわらず、これを全く視野に入れないことは理解し得ない。

　第二の批判については、このような考え方も一定の合理性を持った一つの選択し得る立場ではある。そのような精緻な「実定法体系」の構築の成果は、少なくとも「法」の持つ強制メカニズムが機能する（又は機能することが見込まれる）場面においては、有用な道具として活用することができる。しかし、この方法の有用性を、「法」の持つ強制メカニズムが広く十全に機能している近代国内社会におけるのと全く同程度に国際関係においても見出せるかど

うかについては疑問なしとはしない[600]。近代国内社会とは諸条件を異にする国際社会において、果たして法がどのような役割をどれだけ担っているのかを明らかにするためには、まず法がどの程度の有効性をもって機能しているかを見つめ直してみる必要がある。かつてReisman教授がその著書[601]で用いたウィーンでのたとえ話[602]をそのまま借用すれば、明るい場所のみ見つめていても、問題は解決しないのである。たしかに明るい場所のみで探求を行うのは楽である。しかし、我々としては、周りの暗闇の広さに比べれば夜道の街灯の下の明るい場所がどれだけちっぽけであるかを知る必要があり、そのためには、周りの暗闇がどれだけの大きいのか、その暗闇はどれほど暗いのかを知ることが必要なのである[603]。また、同じく暗闇であっても場所によってはその暗さに違いがあるかもしれない。そのような方法によって、初めて国際法又は国際約束の国際社会における位置付けとそれらがそこにおいて担っている機能が見えてくるのではないか。

　何度も繰り返すことになるが、国際約束と法的拘束力を有しない国際「合意」との大きな違いは、法的拘束力の有無であり、つまりは、「法」であるかないかという問題にたどり着く。これは、観念的にはあまりに自明であり、同義反復的ですらある。しかし、「近代国内社会」と異なり「法」の強制メカニズムが十全には機能しない国際社会の現実においては、国際社会における「法的拘束力」とは何か、国際社会において「法」であることとは何かという問いは、決して自明ではなく、常に問われ続けられなければならない問いである。これに反して、考察の対象を国際法又は法的拘束力がある規範（実は、上記の問いに目を瞑ってア・プリオリに与えられる「国際法」又は「法的拘束力がある規範」とされているものにすぎないのであるが）に限定してしまうことは、このような国際法学が取り組むべき根本問題の一つを看過してしまうことになりかねない。この意味で、国際約束から一歩離れて、法的拘束力を有しない国際「合意」の機能を検討し、そこに国際約束との間に相違と連続性・相補性の双方を見出したことは、国際社会の「法」とは何かという問いに、ささやかながらも何らかの新たな手がかりを与えることができたのではないかと考える。

　分権的な国際社会においては、国際約束や法的拘束力を有しない国際「合

意」だけでなく、国際機関決議、言葉による一方的な行為、非国家主体間の「合意」といった多様な規範の組み合わせによって、様々な協力活動が実施されている[604]。このような多様な規範秩序の中で、国際法がどのような位置を占めているかを知るためには、これらの多様な規範のそれぞれが現実にどのような機能を担っているかを見ていかなければならない。本書が法的拘束力を有しない国際「合意」をあるがままに受け止め、国際約束との位置関係を「測定」しようと試みたことは、このような大きな作業の一部分であり、しかもその端緒にすぎない。この作業は、決して一人の力でできるものではなく、多くの研究の積み重ねが必要である。以上縷々述べてきた著者の問題関心が共有され、本書の研究が批判的に検討されされることによって、今後さらにこの探究が進んでいくことを強く願うものである。

註

1 アレント1994、例えばp.319.
2 石田1989, pp.3-10; エーデルマン1998, p.28 et seq. 言葉が持つ正と負の政治的な力の強大さを鋭く指摘したものとして、例えば、ハヴェル1991参照。
3 ヨーロッパにおいては、一般に12・13世紀を境に文字文化の発展に関し根本的な変化があった。ケラー1990, p.265 et seq.

なお、人間の実際生活における文字化の過程は、全体として12・13世紀以来のヨーロッパ社会の「法化」（Verrechtlichung）と密接な関連において見なければならないとする同論文の指摘は、本書との関係においても示唆的である。
4 書かれた言葉、特に印刷された言葉が「空間の均質性」という近代の「フィクション」を強調し、さらに政治的な空間の変質、特に近代ナショナリズム及び国民国家の形成のための重要な要因として大きな影響を与えた点については、以下の文献を参照。マクルーハン1986, esp. pp.31-37, 303-305, 337-362; マクルーハン1987, esp. pp.173-182; アンダーソン1997, esp. pp.76-87.
5 外交に関連し幅広い多様な文書が存在することを外交研究の資料の視点から述べた一例として、坂野1971, pp.13-16.
6 （広義の）「条約」といった場合、合意自体又はその合意を記した文書の双方を指し得るが、以下この序における文脈では後者の文書（国際約束を構成する文書）を指す。1969年に採択された条約法に関するウィーン条約第2条1(a)の定義も、「文書の形式により締結され」となっており、同第三条が「文書の形式によらない国際的な合意」という使い分け文言を使っていること、また第80条が「条約は、…送付する」となっていることに鑑みると、「文書」を指しているようである。しかし、同条約の別の規定の「条約の遵守」「条約の不履行」「条約の実施」といった表現にある「条約」は、むしろ「合意」を意味しているかのようであり、結局は、この両方を含意し得ると考える。条約等に関連する用語法については、後述する。
7 日本ついて言えば、1960年には国会承認条約及び国会の承認を要しない行政取極を併せても55件（発効ベース、以下同様）であったのに対して、以後急速に増大し、1993年の828件をピークとして以後そのレベルで一定している（1998年は、814件、1999年は、775件。2000年は、680件）。以上のデータは、柳井1979, p.401及び平成13年3月28日付け外務省条約局作成の資料による。その理由について、柳井1979, pp.395-416参照。
8 Baxter 1980, pp.555-556. See also Johnston 1997, pp.2-9.

⁹ 降伏文書は、ポツダム宣言とともに「通常の条約とは著しく性質を異にするけれども、一種の条約的性格を有すると解するのが妥当」とされている。芦部信喜 1992, p.182.

¹⁰ 以上の条約の正式名称と署名日等は、次のとおり。

条約名	署名日及び署名地
降伏文書	1945年9月2日東京湾
日本国との平和条約	1951年9月8日サンフランシスコ
日本国とアメリカ合衆国との間の安全保障条約	1951年9月8日サンフランシスコ
日本国とアメリカ合衆国との間の相互協力及び安全保障条約	1960年1月19日ワシントン
日本国とソヴィエト社会主義共和国連邦との共同宣言	1956年10月19日モスクワ
日本国と大韓民国との間の基本関係に関する条約	1965年6月22日東京
琉球諸島及大東諸島に関する日本国とアメリカ合衆国との間の協定	1971年6月17日東京及びワシントン
日本国と中華人民共和国との間の平和友好条約	1983年8月12日北京

¹¹ もっとも当時のソ連及び一部の国際法学者は、この協定を法的拘束力のある文書であるとの見解を有していた。 Schachter 1977, p.297 note10; 長谷川 1982, pp.23-25

¹² 以上の文書の正式名称、作成日及び出典は次のとおり。

文書名	作成日・作成地	出典
連合国共同宣言	1942年1月1日にワシントンで作成	外務省条約局1998, pp.773-776
カイロ宣言(日本国に関する英、米、華三国宣言)	1943年11月27日カイロで署名	外務省条約局1998, pp.777-778
ヤルタ協定(ソ連邦の対日参戦に関する協定)	1945年2月11日ヤルタで署名	外務省条約局1998, pp.779-781
佐藤栄作総理大臣とリチャード・M・ニクソン大統領との間の共同声明	1969年11月21日ワシントンで作成	外務省条約局1998, pp.92-100

日中共同声明	1972年9月29日北京で署名	外務省条約局 1998, pp.105-106
日露東京宣言（日露関係に関する共同宣言）	1993年10月13日東京で署名	外務省条約局 1998, pp.45-46
日米安全保障共同宣言：二一世紀に向けての同盟	1996年4月17日ワシントンで署名	『外交フォーラム』第94巻（「緊急増刊・日本の安全保障」）(1996年)、pp.157-162

13 『外交青書・平成11年度版』第1部、pp.358-359.
14 一件は、概要のみ。*Ibid.*, pp.260-357. もっとも、国際約束は、官報に公布又は告示され、条約集に掲載されるのに対し、これら国際約束に当たらない文書にとっては、外交青書が専ら公表の場である事情にも留意する必要がある。
15 *Ibid.*, pp.441-464.
16 Schachter 1991a, p.94; Ress 1997, p.611; Aust 1986, p.788.
17 Reisman 1992.
18 Weil 1983; Székely 1997; Roessler 1978.
19 Münch 1997; Münch 1969. また、長谷川 1987参照。
20 Klabbers 1996a. See also Klabbers 1994.
21 例えば、Francioni 1996.
22 国際社会におけるルール全般（international rules）及びそこにおける法的ルール（国際法）の位置づけについて考察したものの一つとして、Arend 1999. See also Beck *et al.* 1996. ただし、これらの文献は、この問題を必ずしも十分に理論的に説明したものではない。
23 藤田 1992, p.56.
24 Shelton (ed.) 2000.
25 *International Organization*, Summer 2000.
26 この他にも、国際約束を含めた国際的な文書（international instruments）の分類と分析を試みたJohnston 1997がある。もっとも、このJohnston教授の著書にせよ、本文で言及した著作にせよ、本書と同様に法的拘束力を有しない国際「合意」を扱っているが、そのアプローチの仕方や重点の置き方は、本書のそれと必ずしも同じではない。すなわち、Johnston教授の著書は、国際的な文書の分類に、米国国際法協会の論文集は、非拘束的合意の遵守（compliance）のあり方に、*International Organization*誌は、国際社会の法制度化（legalization）の現象全体にそれぞれの重点を置いている。
27 Johnston教授も、これまで締結された条約の正確な数を正確に把握することは困難であり、恣意的な選択の問題から逃れることは不可能であるとしている。See Johnston 1997, p.4.

28 例えば、Münch教授が国際法学会事務局に提出した「予備的研究」（Etude exploratoire）は、歴史的な事例を含め多くの事例をまとめたものであるが、そこで言及されている諸例はいずれも欧米諸国（日本を含む）の先例であるとの感が否めない。See Münch 1983.

29 このことは、Satow 1917掲載の諸例と現代の諸例を比べてみても明らかである。

30 Blix and Emerson 1973は、ダグ・ハマーショルド財団がUnited States Treaty Seriesを基に当時の国際約束の形式の典型例を集めたものであり、途上国の例も含まれている。

31 もっとも、国際法学においてもこれまで念頭に置かれている例及び言及される例がどうしても自国中心、先進国中心となる傾向があったことも否定できない。大沼1991, pp.77-78 註(1)。

32 Lipson教授の研究（Lipson 1991, pp.532-537）は、この選択の問題を扱っているが、残念ながら必ずしも十分実証的なものではなく、また、論者自身が感じている「偏向」を乗り越えたものであるとは言い難い。米国国際法協会の共同研究（Shelton(ed.) 2000）及び*International Organization*誌の共同研究（*International Organization,* Vol. 54, 2000）もそれぞれ具体的な事例研究を行っておりその意味では画期的である。しかし、前述（註26）のとおり、前者は「ソフト・ロー」の遵守の側面に、後者は国際社会の法制度化（legalization）の現象全体にそれぞれの重点があり、本書の視点とは必ずしも同じではない。後者の研究の中でも、Abbott and Snidal 2000は、異なった目的に応じてhard legislationとsoft legislationのどちらの選択が好ましいかに関する分析を行っており、その点は興味深い。ただし、この論考は、国際約束と法的拘束力を有しない国際「合意」を連続的なものとして捉えており、国際約束と法的拘束力を有しない国際「合意」を明確に区別していない点で、本書とは視点を異にする。

33 「ソフト・ロー」論は、これまではどちらかというと専ら法的拘束力を有しない国際「合意」の法源性に焦点を置いて考察してものであると考える。例えば、See Weil 1983.

34 Schachter教授は、米国のいわゆる「ケース法」（Case Act）の実施に当たって、法的な拘束力がなくても政治的に重要な「合意」であれば議会に報告する制度を作ることには憲法上の制約もなく、可能だったのではないかとしている。See Schachter 1977, p.302.

35 柳井1979.

36 Riesman教授は、国家（行政府）が行う非公然活動に対する議会の監視機能については、これを大いに必要としている一方、効率的な機能を確保するためには、その監視は事後における責任追及的なものであるべきとしている。リースマン2001, pp.272-273. これは、法的拘束力を有しない国際「合意」自体に関するものではないが（もっとも、公表されない法的拘束力を有しない国際「合意」

は、ここにいう「非公然活動」に当たり得る)、効率性確保とのバランスに立脚した民主的コントロールの方法として示唆的である。

37 広義の条約を指す。本書では、引用等を除き原則として日本の法令用語である「国際約束」の語を使用する。詳しくは、第1章第2節参照。

38 「法とは何か」及び「法の概念」に関する見解の多様性とその理由については、碧海 2000, pp.40-66及び田中 1994, pp.26-32参照。

39 Field 1876, p.83.

Rosenne教授は、これが最も非拘束規範に対する最も早い段階での言及ではないかとしている。See Rosenne 1989, p.104.

40 Rosenne教授は、「非拘束的な文書」として意図的に最終議定書が作成されたのは、1899年のハーグ平和会議の時が最初であると指摘している。See Rosenne 1989, p.107-108.

41 Satow 1917, pp.211-214, 215-216, 235-250.

Münch教授は、1815年のウィーン最終議定書第1条を「非拘束的合意」の古い具体例として挙げている。すなわち、同条の規定は、ポーランドに関し特定の体制(ロシアとの同君連合)を設定することを定めたが、1830年及び1863年のポーランドにおける蜂起の際に西欧諸国が同規定を援用したのに対して、ロシアは、この規定は当時のアレクサンダー一世の個人的なイニシアティヴをもたらしたものにすぎない旨主張したことを挙げ、ロシアは、この規定により法的な義務は何ら創設されていない旨主張しているように思われるとしている。同教授は、また、1815年の神聖同盟も同様な例であるとしている。See Münch, 1997, p.608. See also Münch 1983, pp.310-312.

42 これらの概念については、See Beyerlin 1997, pp854-58. これらの概念の使用に否定的な立場としては、See Aust 2000, p.25.

43 Münch 1997, pp.608-610; Münch 1969, pp.4-8. また、長谷川 1987, pp.101-108参照。

44 Virally 1983a, pp.331-334. Münch教授とVirally教授の使用する概念の範囲の違いについては、長谷川 1987, pp.113-121参照。

45 Bothe 1980, pp75-85; Roessler 1978; Bilder 1981, p.31.

46 Lipson, 1991; Bilder 1978, pp.27-30.

47 Baxter 1980; Reisman 1992; Weil 1983, pp. 413-423; Székely 1997; Seidl-Hohenfeldern 1979; Ingelse 1991; Gold 1983; Chinkin 1989; *International Organization*, 2000年夏号及びShelton 2000所収の諸論文参照。欧米の学説を紹介した日本語の文献としては、位田 1985a 及び位田 1985bがある。ただし、位田論文自体は、その理由はともかくとして、「ソフト・ロー」概念の有益性に対し強い疑義を提起している。位田 1995も同様。

48 山本 1994, p.590.

49 Aust 2000, pp7-8; Sinclair 1984, p.6.

50 一例として、「日本国とアメリカ合衆国との間の相互協力及び安全保障条約」

第 6 条及び「日本国とアメリカ合衆国との間の相互協力及び安全保障条約第 6 条に基づく施設及び区域並びに日本国における合衆国軍隊の地位に関する協定」（1960年 1 月19日ワシントンで署名）（いわゆる「日米地位協定」）前文参照。

51　一例として、「科学技術の協力に関する日本国政府とグレート・ブリテン及び北部アイルランド連合王国政府との間の協定」（1994年 6 月13日東京で署名）第 3 条。「宇宙空間の平和目的のための探査及び利用の分野における協力に関する日本国政府とロシア連邦政府との間の協定」（1993年10月13日に東京で署名）第 3 条参照。

52　一例として、「日本国とアメリカ合衆国との間の相互協力及び安全保障条約第 6 条に基づく施設及び区域並びに日本国における合衆国軍隊の地位に関する協定」第17条 5 項 c の解釈に関する日米合同委員会の合意がある（95年10月）。『外交青書・平成 8 年度』p.49及び『外交フォーラム　緊急増刊　日本の安全保障』（1996年 6 月）p.149参照。これらの文書の日本における実践については、谷内 2001, p. 3, pp.16-19参照。

53　一例として、アメリカ合衆国のいわゆる「ケース法（Case Act）」（Public Law 92-403, as amended by Public Law 95-45, 1 U.S.C. 112b）及びロシア連邦「連邦国際条約法」第 3 条 2 （34 *I.L.M.*（1995）, pp.1374-1375）参照。

54　一例として、「アメリカ合衆国国防省と中華人民共和国国防部との間の軍事海上安全強化に関する協議体制に関する協定」（37 *I.L.M.*（1998）, pp.530-531）参照。

55　条約法に関するウィーン条約の起草過程においても、「国際法によって規律される」（同条約第 2 条 1（a））合意と国内法に規律される合意との間の区別を明確に意識していた。See Klabbers, 1996a, pp.55-63.

56　Rosenne 1989, pp.85-86.

57　国内法に規律される国際合意巡る問題点については、See Widdows 1979, pp.144-149.

58　例えば、*I.L.M.*を見ても、イスラエルとPLOとの間の合意を含め、1997年には 4 件、1998年には 3 件、1999年には 2 件のこの種の合意が掲載されている。

59　例えば、Chinkin教授は、1993年に作成されたイスラエルとPLOとの間の合意（「暫定自治拡大に関する原則宣言」）は、多くの点で平和条約の内容を反映しているが、PLOに国家性がない故に、これは国際約束ではないとしている。See Chinkin 2000a, p.26.

60　Shelton 2000, p.13, Reinicke and Witte 2000, p.95 等

61　以上の例については、See Kiss 2000, pp.226-228.

62　Chinkin 2000a, p.29.

63　中谷 1992; 中谷 1993; 中谷 1998.

64　第 4 章第 3 節で後述する。

65　このことは、本文にもあるとおり、言葉による一方的な行為が国際関係において重要でないことを何ら意味するものではない。

なお、この「言葉による一方的行為」に関連して、長谷川教授は、1970年代に米ソ間行われた戦略兵器宣言交渉の結果作成されたSALT I条約暫定協定（「戦略攻撃兵器制限暫定協定」、1972年5月26日署名、同年10月3日発効）及びSALT II条約（「戦略攻撃兵器制限条約」、1976年6月18日署名、未発効）について次のような分析を行っている。すなわち、SALT I条約暫定協定が5年間の効力期間終了後も、各国がそれぞれ一方的な声明を発することにより実質的に同暫定協定の内容がそのまま継続して遵守されたこと、及びSALT II条約についてもアメリカのレーガン政権は、ソ連側に対し批准拒否を通告したにもかかわらずその内容を実質的に遵守し続けたことを捉え、これらの一方的声明は、国際法上の一方的約束を構成しない「非法律的一方的約束」であり、一方が条約の遵守を約束し他方がその約束に依拠して条約を遵守すれば、結局「非法律的合意」の遵守に他ならないと指摘する（長谷川1984、特にpp.210-215参照）。仮にこの分析に従うとすれば、「言葉による一方的行為」であってもそれが法的拘束力を有しない国際「合意」を構成する可能性があることを意味することに留意する必要がある。

66 Keohane and Nye 1989, pp.25-26. このような国際社会の変容と先進国間での様々なレベルでの対話の緊密化が国際法自体に与える影響については、Slaughter 1995を参照。

67 仮に政府又はその機関を拘束するのであれば、いかなる法（国際法か否か）によって規律されるのかという問題は、上記（ハ）の場合と同様、興味深い論点である。

68 前掲註45（Bothe他）参照。

69 前掲註47参照。例えば、前述のShelton（ed.）2000及び*International Organization*特集号に所収の多くの論考もその様なアプローチをとっている。

70 藤田1992, pp.49-50; 植木1999, pp.32-33; 横田2001,p.26。
決議等が条約形成の契機となったことの実例としては、大沼1996, pp.88-91参照

71 Chinkin 2000a, p.22. See also Schachter 1997, p.6.

72 国際機関の決議等の法的性格を論ずるに当たっては、個別具体的な検討が必要であると指摘するものとして、藤田1992, p.50及びHiggins 1994, p.29.

73 長谷川1982。なお、この文脈では法規範か否かを問題にしているのであるから、「非法律的合意」ではなく「非法的合意」の方が適切であると考える。

74 Schachter 1991a, p.94. なお後続の註に見るとおり、Schachter教授は、同じ箇所で三種類の概念を用いており、その名付けは、必ずしも一定していない。

75 Mulford 1991, pp.437 et seq.

76 Bothe 1980.

77 Hillgenberg 1999.

78 Schachter 1991b.

79 Schachter 1991a, p.94.

80 Münch 1969; Münch 1987; Schachter 1977.
81 Széfkely 1997, p.174; Rosenne 1989, p.104.
82 Bilder 1981, pp.24-34.
83 Aust 1986.
84 Lipson 1991.
85 Roessler 1978.
86 Klabbers 1996a. ただし、Klabbers教授本人は、このようないわゆる「政治的及び道徳的拘束力を有する合意」は存在しないという否定的な意味でこの概念を使用している。
87 Virally 1983a, pp.336-339.
なお、長谷川教授は、Virally教授が用いる「engagements purement politiques」を「純粋の政治的約束」と訳されているが、Virally教授が問題にしているのは、ある文書に法的な拘束力があるのか、それとも純粋に政治的な拘束力しかないのかということであることに鑑みれば、この訳語としては、「純粋に政治的な約束」の方が適切であると考える。長谷川 1986.
88 Schachter 1991a, p.94.
89 Aust 2000, pp.26-46. Aust法律顧問は、当初は「informal international instruments」を使用していたが（前掲註83）、最近出版された上記著作では、「MOUs」に統一している。
90 Tunkin 1988, pp.282-300.
91 Eisemann 1979, pp.326-348; Lauterpacht 1977, pp.381-398.
92 前掲註47参照
93 Székely 1997, p.189.
94 See Reinicke and Witte 2000.
以上本文に列挙した名称以外については、Klabbers 1996a, p.18を参照。諸説の定義に関する詳細な比較検討については、長谷川 1982, pp.7-16参照
95 Black's Law Dictionary 第7版は、「*de facto*」との意味の一つとして、「having effect even though not formally or legally recognized.」及び「Illegitimate but in effect」を挙げている。See Garner 1999, p.427.
96 ほぼ同様な観点からの批判として、長谷川 1982, p.15参照。
97 Klabbers 1996a, pp.63-64.
98 Aust 2000, pp.20-21; Tunkin 1988, pp.288-290.
99 Tunkin 1988, pp.288-289. 日本の国家実行の一例として、宇宙基地協力協定を実施するための「民生用国際宇宙基地のための協力に関する日本国政府とアメリカ合衆国航空宇宙局との間との了解覚書」（1998年2月24日にワシントンで署名）。また、1994年2月4日にワシントンで署名された「スペース・フライヤー・ユニット計画に係る協力に関する日本国政府とアメリカ合衆国政府との間の交換公文」及び1994年10月25日にワシントンで署名された「地球観測プラット

フォーム技術衛星（ADEOS）計画に係る協力に関する日本国政府とアメリカ合衆国政府との間の交換公文」は、協力の詳細な条件に関する取極を実施機関（それぞれNASA及び文部省宇宙科学研究所、NASAと宇宙開発事業団）の合意に委ねている。1954年3月8日に東京で署名された「日本国とアメリカ合衆国との間相互防衛援助協定」（MDA協定）に基づく個別の協力についても、政府間で締結された国際約束において協力の細目は両国の権限ある当局の間の細目取決めに委ねる例が多い（例えば、1994年3月22日に東京で署名された「日本国とアメリカ合衆国との間相互防衛援助協定に基づくUH—60J航空機の追加取得及び生産に関する交換公文」参照）。

100 英国の立場については、See Marston 1990, p.581; Marston 1993, p.630（Those two text was provided by the Foreign and Commonwealth Office）. 米国の立場、英米間の見解の違い及びその対立の解決の帰結については、See McNeill 1994. もっとも、米国政府としても、MOUは通常は国際約束だが、当事者の意図次第では法的拘束力を持たないこともあり得るとしている見解もある。Thomas F. Eagleton上院議員（ミズリー州選出）の質問に対するCharles I. Bevans国務省条約担当法律顧問補による1974年8月5日付けメモランダム（in *DUSPIL* 1974, pp.198-199）参照。

101 長谷川 1995

102 長谷川 1982 pp.7-12.

103 藤田 1992, p.54.

前述の米国国際法協会のプロジェクトにおいても、「ソフト・ロー」が法的な用語として曖昧であり、かつ、正確であるかが疑問であるので、この言葉を用いることが適当か否かにつき常に議論になったとしている。See Shelton 2000, p.2 note 4.

104 位田 1995.

105 Ingelse 1993, pp.88-89.

106 Klabbers 1996a , pp.157-164.

Klabbers 1996bは、さらに一歩進んで、この国家実行と国際判例の傾向を踏まえ、法・非法の二元論は維持されるべきであり、「ソフト・ロー」概念はそもそも不要である、そもそも「ハード・ロー」もその拘束力が多様であるのだから、この中に含めていけばよいとしている。Klabbers教授の主張自体の問題点は、後述する。

107 位田 1995; 村瀬 1994, p.34。

108 同旨Bilder 2000, p.71-72.

以上は主に国際法学者が行っている議論であるが、国際政治学者が「ソフト・ロー」を論じる際には、国際約束もそれに至らない「合意」もまずひとまとめにして扱い、その上で相対的な規範力の程度の問題としていかなる規範がハードで、いかなる規範がソフトであるかを論じる傾向がある。例えば、前述の*International Organization*誌2000年夏号は、①義務の程度（obligation）、②ルール

の明確さ（precision）及び③（実施、解釈及び適用）権限の第三者への授権（delegation）の各要素の程度を個別に分析して、ある規範がハードであるか又はソフトであるかの判断及び分類を行っていることことは興味深い試みである。(See Abbott *et al.* 2000)

　もっとも、本文で述べたとおり、また、第3章で詳細に検討するとおり、国際社会において法と非法の区別は、外交実務に携わる者を中心にかなりの程度明確に認識されていることに鑑みれば、このような法と非法を連続した平面で捉えようとするアプローチを本書は採用しない。

109　芦部 1992, p.90; 国際法事例研究会 2001, pp.10-11。

110　国際機関が締結する条約については、1986年の「国と国際機関との間又は国際機関相互の間の条約法に関するウィーン条約」があるが、未だ未発効である。

111　丹波 1995

112　本書においては、その意を込めて、合意に鍵括弧（「　」）を付けた。

113　この言葉のこの問題については、第1章第1節でも言及した。

114　Aust 2000, pp.336-337.

115　Münch教授は、このような規定がかなり幅広く存在するとの立場をとっている（前掲註43）。本書はこのような見解を共有するものではないが（第6章第6節2.参照）、そのような規定が存在しないことまでをも主張するものではない。例えば、以下の「日本国とアメリカ合衆国との間の民間航空運送協定」（1952年8月11日に東京で署名）第14条の規定のように特別な書き方をした規定は、単なる意図表明なのか、それともやはり法的拘束力がある規定なのかについて議論の余地があろう。

　「両締約国の航空当局がこの協定の実施に関するすべての事項について緊密な協力を確保するために定期的にしばしば協議することは、両締約国の意思である。」（It is the intention of both Contracting Parties that there should be regular and frequent consultation between the aeronautical authorities of the Contracting Parties to ensure close collaboration in all matters affecting the fulfillment of the present Agreement.）（下線は、著者）

116　もっとも、国際約束を解釈する際には、前文も「条約文」として「文脈」に含められるので（条約法に関するウィーン条約第31条）、法的拘束力を有しない国際「合意」に含められるとか、それと同じ機能を有しているとまでは言えない。

117　講学上の国際約束の分類としては、例えば、名称による分類の他、それぞれの性質や形式に従い（発効に批准を要する）正式の条約と簡略形式の条約、契約（的）条約と立法条約、二国間条約と多数国間条約、国家間条約と国際機構間条約、閉鎖条約と開放条約、政治的条約と非政治的条約といった分類がある。しかしながら、条約法に関するウィーン条約は、このような一般的な分類を採用しなかった。藤田 1992, pp.60-64; Reuter 1989, pp.27-29; 山本 1994, pp.591-592; 高野

1986, pp.9-12参照。

[118] See Satow 1957, pp.324-348. Also see, Blix and Emerson 1973, pp.270-329. 日本の国家実行については、国際法事例研究会 2001, pp.11-15参照。英国の実行については、See Marston 1990, pp.579-582.

[119] 1990年6月28日付け。細谷他 1999, pp.1186-1199参照。この文書が法的拘束力を持たないことについては、藪中 1990, p.49参照。

[120] 「日米間の新たな経済パートナーシップのための枠組みに関する共同声明」（1993年7月10日、署名なし）。 細谷他 1999, pp.1247-1254. Also see 32 *I.L.M.* (1993), pp.1414-1424.

[121] 電気通信に関する書簡は、1994年10月1日付け、医療技術に関する書簡は、同年11月1日付け。日本側の書簡は、どちらも駐米大使の名で発出されているのに対して、米側書簡は、電気通信にについては通商代表が、医療技術については商務長官が発出している。34 *I.L.M.* (1995), pp.78-101; *Ibid.*, pp.125-153.

[122] *Ibid.*, pp.661-675.

[123] *Ibid.*, pp.617-660.

[124] 通商産業省通商政策局米州課 1997, pp.333-398. See also 34 *I.L.M.* (1995), pp.1482-1540.

[125] すなわち、「自動車及び同部品に関する橋本龍太郎日本国通商産業大臣及びマイケル・カンター米国通商代表の共同発表」、「日本自動車メーカーの計画に関する橋本龍太郎日本国通商産業大臣及びマイケル・カンター米国通商代表の共同発表」、「ディーラーシップに関する橋本龍太郎日本国通商産業大臣及びマイケル・カンター米国通商代表の共同発表（その1）」及び「ディーラーシップに関する橋本龍太郎日本国通商産業大臣及びマイケル・カンター米国通商代表の共同発表（その2）」。これとは別途、両者は、「競争政策に関する共同発表」（Joint Press Statement）を発表した。通商産業省通商政策局米州課 1997, pp.171-185. See also 34 *I.L.M.* (1995), pp.1482-1540.

[126] 1995年7月20日付け。34 *I.L.M.* (1995), pp.1340-1349.

[127] *Ibid.*, pp.102-120.

[128] 最近は、その他に「行動計画」（例:1996年5月20日の「日独パートナーシップのための行動計画」、1996年9月2日の「新日英行動計画」及び2001年12月8日の「日・EU協力のための行動計画」、2002年3月4日の「日本・ギリシャ共同行動計画」（両首脳の署名あり））、「共同ヴィジョン」（例: 1998年1月12日の「21世紀に向けての日英共通ヴィジョン」）、「結論文書」（例: 2000年7月19日の「日・EU首脳協議共同結論文書」）、「（パートナーシップ・）アジェンダ」（例: 1997年8月1日の「日豪パートナーシップ・アジェンダ」及び1996年11月27日の「日本とカナダ:協力のためのアジェンダ」）、「パートナーシップ」（例: 2001年6月30日の日米首脳間における「安全と繁栄のためのパートナーシップ」及び「成長のための日米経済パートナーシップ」）といった名称の文書も作成されている。ま

た、1993年のエリツィン大統領の訪日の際のように、外相間で個別の問題に関する「覚書」を作成することもある。

129 最近の例として、「日本国と欧州共同体及びその加盟国との関係に関するヘーグにおける共同宣言」(1991年7月18日第2回日・EC首脳会議の際作成)、「日米グローバル・パートナーシップに関する東京宣言」(1991年1月ブッシュ大統領訪日の際作成)、「日露関係に関する東京宣言」(1993年10月13日エリツィン大統領訪日の際に作成、署名あり。以下署名がある場合のみ明記)、「日本国とロシア連邦との間の貿易経済及び科学技術の分野における関係の今後の展望に関する宣言」(いわゆる「経済宣言」。1993年10月13日エリツィン大統領訪日の際に作成、署名あり)、「日豪パートナーシップに関する共同宣言」(1995年5月26日豪首相訪日の際作成)、「日米安全保障宣言:二一世紀に向けての同盟」(1996年4月17日、東京、署名あり)、「日韓共同宣言-21世紀に向けた日韓パートナーシップ」(1998年10月8日、東京、署名あり)、「日本国とロシア連邦との間の創造的パートナーシップ構築に関するモスクワ宣言」(1998年11月18日、モスクワ、署名あり)「平和と発展のための友好協力パートナーシップの構築に関する日中共同宣言」(1998年11月26日、東京)「テロに関する日・EU共同宣言」(2001年12月8日、ブラッセル、第10回日・EU定期首脳協議の際に作成、署名なし)、「日印共同宣言」(2001年12月10日、東京、署名なし。ヴァジパイ首相訪日の際に作成)等がある。

130 最近の例として、日米コモン・アジェンダ共同声明(1997年5月22日、ワシントン)、日本とアゼルバイジャンの間の友好とパートナーシップに関する共同声明(1998年2月26日、東京、署名あり)、日・モンゴル「友好と協力に関する共同声明」(首脳間、1998年5月13日、東京)、「ホスニ・ムバラク大統領訪日に際しての日本・エジプト共同声明」(1999年4月12日、東京)、「日本国とカザフスタン共和国との友好、パートナーシップと協力に関する共同声明」(首脳間、1999年12月6日、東京、署名あり)、「国際問題における日本国とロシア連邦の協力に関する共同声明」(2000年9月5日、東京、両首脳の署名あり)、「21世紀に向けた日本とイラン・イスラム共和国との間の協力に関する共同声明」(首脳間、2000年11月1日、東京、署名あり)、「日・ベルギー協力に関する共同声明」(首脳間、2001年2月26日、東京)、「森喜朗総理大臣とジョージ・W・ブッシュ大統領による共同声明」(2001年3月19日、ワシントン)、「日本国とアルメニア共和国との友好とパートナーシップに関する共同声明」(2001年12月19日、東京、両首脳の署名あり)、「国際テロリズムとの闘いに関する日本国外務大臣とロシア連邦外務大臣の共同声明」(2002年2月2日、東京、署名あり)、「日本国とルーマニアの友好、協力、パートナーシップに関する共同声明」(2002年2月14日、東京、両首脳の署名あり)等がある。また、「日米間の新たな経済パートナーシップのための枠組みに関する共同声明」(1993年7月10日)(前掲註[120])参照。

もっとも、最近では、「ジェム外相の訪日に際する日本・トルコ共同声明」

("Japan-Turkey Joint Statement on the Occasion of the Visit by Foreign Minister Cem to Japan"、2000年4月4日～9日)、日・バハレーン「外務省間協力に関する共同声明」("Joint Announcement of Cooperation between Foreign Ministries"、2001年2月6日、東京、署名あり)のように外相間で作成される「共同声明」もあるようである。

131 最近の例としては、「日独青少年交流の強化についての共同発表」(首脳間、1997年6月20日、デンヴァー)、「日米安全保障協議委員会共同発表」(4閣僚間で、1998年9月20日、ニューヨーク)、「『橋本・エリツィン・プラン』の実施に関する日露共同発表」(1998年11月13日、モスクワ)、「ロシアにおける中小企業育成のための日本国とロシア連邦との間の協力に関する共同発表」(1998年11月13日、モスクワ)、「日本国政府及び中華人民共和国政府による21世紀に向けた環境協力に関する共同発表」(1998年11月26日、東京、外相の署名あり)、「日朝外相会談に関する共同発表」(外相間、2000年7月26日、バンコク、署名あり)、日米安全保障協議委員会(SCC)の「共同発表」及び「環境原則に関する共同発表」(4閣僚間で、2000年9月11日、ニューヨーク)、「世界的な電子商取引に関する日英共同発表」(2001年1月19日) 等。

132 最近は必ずしも多くないが、例えば、「日ソ共同コミュニケ」(1988年12月21日、東京)、「共同コミュニケ『21世紀への日・南ア・パートナーシップ』」(1998年4月10日、東京) ジョスパン・フランス首相の訪日に際しての「開発援助に関する日仏共同コミュニケ」(1999年12月、東京)、「日・南ア共同コミュニケ『新世紀の日本と南アフリカのパートナーシップ』」(2001年10月2日、東京、署名なし) 等がある。

133 最近の例として、「日・EU定期首脳協議共同プレス発表」(1996年9月30日、東京、1997年6月25日、ハーグ、1998年1月12日、東京、及び1999年6月20日、ボン)、「日・ペルー共同記者発表」(97年2月1日、トロント)、「日中両国の21世紀に向けた協力強化に関する共同プレス発表」(1998年11月26日、東京)、小渕総理大臣とシラク・フランス大統領の「共同プレス・ステートメント」(1999年1月7日、パリ)、小渕総理大臣とダレーマ・イタリア首相の「共同プレスステートメント」(1999年1月9日、ローマ)、小渕総理大臣とシュレーダー・ドイツ首相の「共同プレス・ステートメント」1999年1月12日、ボン)、「『改革のための日ロパートナーシップ』に基づく技術協力・知的協力の推進に関する日露共同新聞発表」、「日本海、オホーツク海並びに日本国及びロシア連邦の沿岸に隣接する太平洋西北部の水域における油汚染の防除のための連絡体制等の協力に関する日本国政府とロシア連邦政府との間の共同新聞発表」(以上2000年9月5日、東京)、「航空業務に関する日本国政府とロシア連邦政府との間の新たな協定の締結に関する交渉についての日本国政府とロシア連邦政府の共同新聞発表」(2000年9月5日、東京)、「日比共同記者発表」(2001年9月13日、東京)、「第10回日・EU定期首脳協議共同プレス・ステートメント」(2001年12月8日、ブラッ

セル第10回日・EU定期首脳協議の際に作成、署名なし）等がある。

134 一例として、APEC首脳会議の際に発出される各宣言（例:1994年「APEC経済首脳の共通の決意の宣言」（ボゴール宣言）、1995年「APEC経済首脳の行動宣言」、2000年及び2001年の「首脳宣言」等）、サミットの各宣言及び声明、2000年4月22日の「太平洋・島サミット」（第2回日・SPF首脳会議）の際の「太平洋・島サミット宮崎宣言」と「太平洋環境声明」、ASEM首脳会合の際に発出された「朝鮮半島の平和のためのソウル宣言」（2000年10月20日、ソウル）等。

135 なお、国際約束については、近年「二国間」と「多数国間」の中間の概念として、限定された複数の当事者の関与を意味する「plurilateral」という概念が用いられることがある。See Aust 2000, pp.112-113.

136 例えば、「中国のWTO加盟に関する日中二国間協議についての日本国代表団及び中華人民共和国代表団の団長の共同発表」（1997年11月11日、東京）、「択捉島、国後島、色丹島及び歯舞群島における共同経済活動の発展に関する日露協力プログラム」（2000年9月4日、東京、加藤良三外務審議官及びロシュコフ・ロシア連邦外務次官が署名）、「日米韓三国調整グループ（TCOG）会合共同プレス発表」（2002年4月9日、東京、日本側の代表団長は、田中均外務省アジア太平洋局長）がある。

さらに、「捕虜収容所に収容されていたものに関する日本国政府とソヴィエト社会主義共和国連邦政府との間の協定第一条の実施の促進に関する日本国厚生省及びロシア内務省中央情報センターの覚書」（2000年8月28日、炭谷厚生省社会・援護局長及びシャウロ・ロシア連邦内務省中央情報センター所長が署名）。もっとも後者は、法的拘束力を有しない文書であるが、協定の実施の促進を行うことを目的としているようであるので、その意味では上記第1章第1節の（ロ）の「国際約束を実施するための実施取極・補足文書」に類似しており、本書の対象とはならない文書であると分類できる可能性もある。

137 例えば、上記第2章第1節で言及した日米包括経済協議の際の個別分野における決着文書を見よ。

138 1969年の条約法に関するウィーン条約第7条及び8条参照。

条約文の採択若しくは確定又は条約に拘束されることについての国の同意の表明の目的のために国を代表する者として認められるのは、次の場合である（同第7条1）。

(a) 当該者から適切な全権委任状の提示がある場合
(b) 当該者につきこの1に規定する目的のために国を代表するものと認めかつ全権委任状の提示を要求しないことを関係国が意図していたことが関係国の慣行又はその他の状況から明らかである場合

また、次の者は、職務の性質により、全権委任状の提示を要求されることなく、自国を代表するものと認められる（同条2）。

(a) 条約の締結に関するあらゆる行為について、元首、政府の長及び外務大

臣
(b) 派遣国と接受国との間の条約の条約文の採択については、外交使節団の長
(c) 国際会議又は国際機関若しくはその内部機関における条約文の採択については、当該国際会議又は国際機関若しくはその内部機関に対し国の派遣した代表者

これら以外の者が行った行為は、当該国の追認がない限り、法的効果を伴わない（同第8条）。

¹³⁹ 例えば、「日本・パレスチナ閣僚級政治協議及び日本・パレスチナ合同委員会のためのシャアス・パレスチナ暫定自治政府計画・国際協力庁長官訪日の機会における日本・パレスチナ共同プレス・ステイトメント」（2000年5月18日）。

¹⁴⁰ 詳細については、小松1995a; 小松1995b; 柳井1979参照。

¹⁴¹ 柳井1979, pp.78-80; 藤田1988, pp.423-427; Paust 2000, pp.12-14. その他各国の例については、柳井1979, pp.76-81参照。

¹⁴² 1 U.S.C. 112a.

¹⁴³ 合衆国憲法第2編2節2項に従い上院の助言と承認を必要とする条約（treaty）を除き、政府機関間の取決め、実施取極、口頭の合意等を含む。46 FR 35198, as amended by 61 FR 7071, See Code of Federal Regulations 22, Part 181, revised as of April 1, 1999, esp. Part 181.2. See also DUSPIL 1973, pp.185-186.

¹⁴⁴ Ibid., esp. Part 181.3.

¹⁴⁵ Münch 1969, Münch 1983, 及びMünch 1997参照。もっとも、長谷川教授が指摘するとおり、以上の論考における記述は、それぞれ微妙に異なる。この部分の類型化は、長谷川教授の整理・再構成による。長谷川1987, pp.101-108.

¹⁴⁶ ①「厳密な意味での紳士協定」（le gentleman's agreement stricto sensu）又は「政治的な非公式合意」（accord informel politique）②「解釈的な紳士協定」（le gentleman's agreement interprétatif）又は「補足的な非公式合意」（accord informel supplétif）及び③（いわゆる）「紳士協定」（le gentleman's agreement）又は「規範的な非公式合意」（accord informel normatif）。Eisemann 1979, p.331.

¹⁴⁷ 長谷川1985, pp.153-193. なお、長谷川教授は、国際機関を当事者とする「非法律的合意」については、これらの分類とは別に、「国際会議又は国際組織の枠内での非法律的合意」という別のカテゴリーを設けている。

¹⁴⁸ 長谷川1987, p.119.

¹⁴⁹ 長谷川1985, p.161.

¹⁵⁰ Ibid., p.172.

¹⁵¹ 細谷他1999, pp.860-863.

¹⁵² 外務省情報文化局『月刊国際問題資料』1979年1月号、pp.41-43.

¹⁵³ 長谷川1985, pp.163-164.
前者の1972年の「上海コミュニケ」については、米国国務省も条約や（法的）

合意ではなく、「a statement of future U.S. policy」であるとしている。See a testimony by Assistant Secretary of State John M. Holdridge before the House Committee on Foreign Affairs on August 18, 1982, quoted in Marian Nash (Leich) 1994, p.518.

他方、1979年の共同コミュニケについては、その文面のみから判断する限り、この文書が国際約束を構成するか否かについては議論の余地があり得る。

154 前掲註12参照

155 例えば、1972年10月30日第70回衆議院本会議における竹入義勝議員の質問に対する田中角栄総理大臣答弁等日中国交回復当時の一連の国会答弁を参照。最近の国会答弁としては、1997年11月21日第141回国会参議院内閣委員会における角田義一委員に対する竹内行夫政府委員答弁がある。また、Kuriyama 1973, p.50及び栗山 1993, p.225参照。

156 日中平和友好条約は、いわゆる法律事項も財政事項も含んではいないが、国家の間の基本的な関係を法的に規定するという意味において政治的に重要な国際約束であって、それ故にその発効のためにもっとも重い形式である批准という行為が要件とされているが故に国会の承認を必要とする国際約束の典型例であるとされている。小松 1995b参照。

157 Reuter 1989, pp.27-29.

158 「第2条（用語）1　この条約の適用上、
　(a)「条約」とは、国の間において文書の形式により締結され、国際法によって規律される国際的な合意（単一の文書によるものであるか関連する二以上の文書によるものであるかを問わず、また、名称のいかんを問わない。）をいう。」

159 長谷川 1983, pp.246-247. See also Münch 1969, pp.1-4; Widdows 1979 p.136.

160 以下の起草過程に係る考察は、Widdows及び長谷川教授による詳細な研究にその多くを依拠している。Widdows 1979, pp.126-136及び長谷川 1983参照。See also Klabbers 1996a, pp.37-64. ただし、Klabbers教授の論考は、ある「合意」が国際約束であるか否かを決定するに当たっては、当事者の意図が決定的でない旨を示すことを目的としていることに注意。

161 *YILC* 1950, Vol.II, p.223.

162 *Ibid.,* p.228.

163 *YILC* 1953, Vol.II, p.93 para28.

164 *Ibid.,* pp.93 *et seq*.; *YLIC* 1954 Vol.II, pp.123-127.; See also Widdows 1979, p.127 長谷川 1983, p.223..

165 Widdows 1979, p.132; 長谷川 1983, pp.232-233.

166 *YILC* 1956 Vol.II, p.107.

167 *Ibid.,* p.117.

168 Widdows 1979, p.132; 長谷川 1983, p.233.

169 この点についてWiddowsは、Ago委員及びAlfaro委員が指摘したいずれの合意

も少なくとも新たな権利又は義務の創設を行っているのではないかと正しく指摘している。すなわち、「合意が規則の定立を意図するのであれば、そのルールは、義務を創設する。重要な立法条約でさえ、当事国の義務と権利として開始される。同様に、先行する条約の解釈に関する合意も義務を含んでいる。当事国は、もはや他の方法で選考する合意を自由に解釈することはできない。紛争処理に関する合意も、合意された方法で紛争を処理することを当事国に対し義務づける。Alfaro委員が指摘した権利義務を修正し、規制し又は終了する合意についても同様である。過去の義務を変更しようとするいかなる合意も、その中に義務を内包している。」See Widdows 1979, p.132 n.7.

170 以上の議論については、*YILC* 1959, Vol.I, p.34.
171 *YILC* 1959, Vol.II, p.95.
172 長谷川 1983, pp.234
173 *YILC* 1962 Vol.II, p.31.
174 さらに、この二つの定義は、「条約」の定義として一つにまとめられた。*YILC* 1962, Vol.I, p.51.
175 *Ibid.,* p.52.
176 *Ibid.,* p.53.
177 *YILC* 1962, Vol.II, p.161.
178 Klabbers 1996a, p.58.
179 長谷川 1983, pp.236.
　Klabbers教授は、多くの代表にとって①の区別はあまりにも自明であったので、深く議論する必要がないと考えたのではないかとしている。See Klabbers 1994, p.284.
180 Widdows 1979, p.134; 長谷川 1983, pp.237-238.
181 *YLLC* 1965, Vol.II, pp.10-11
182 *Ibid.,* p.12.
183 *YLBC* 1966, Vol.II, p.189.
184 Widdows 1979, pp.135-136; 長谷川 1983, pp.243-246; Klabbers 1996a, pp.58-63.
185 Klabbers 1996a, p.58.
186 前掲註[169]のWiddowsの指摘を参照。
187 長谷川 1983, pp.243-246; Schachter 1977, p.301, note 19.
188 長谷川 1983, p.46; Klabbers 1996a, p.55.
189 Klabbers教授は、関連する常設国際司法裁判所、国際司法裁判所その他の国際裁判、仲裁、国内裁判等の判例を幅広く検討し、そのいずれも「道徳的に拘束力のある合意」、「政治的に拘束力のある合意」又は「ソフト・ロー」が存在すること支持していないとの結論を出している。See Klabbers 1996a, pp.165-243. この判例の分析は、「大ざっぱで表面的」（cursory and superficial）との批判（Sinclair 1997, pp.748-750）もあるが、Klabbers教授の立場全体に対する批判は後

190　*I.C.J. Reports*（1978), pp.3-45; 邦訳として皆川1980がある。
191　*Ibid.*, para 95.
192　*Ibid.*, para. 99.
193　*Ibid.*, para. 96.
194　*Ibid.*, para 100.
195　*Ibid.*, para. 107.
196　Klabbers 1996a, p.200
　　なお、Lachs、Singh及びTarazi各裁判官は、それぞれの個別意見の中で、このコミュニケは、交渉の義務を含んでいる可能性があることを示唆している。*Ibid.,* p.47, pp.50-52, p59.
　　また、Stassinopoulos特任（ad hoc）裁判官は、その反対意見の中で、共同コミュニケは、両国政府の長の間の口頭の国際的な合意（文書に記録されたもの）であり、権利義務関係を創設する国際約束を構成すると主張した。その根拠の一つとして、このコミュニケの中で両首相が（大陸棚の問題が国際司法裁判所によって解決されるべきであることを）「決定した」（decided）という文言を使っており、この「決定」は、二つの意思の融合によって到達した決定を意味し、単に将来において合意に達する意思を示すものではないとしている。また、「べき」（原文フランス語: doivent、英訳: should）も現在形であり、その効力はコミュニケの発表された時点から生じているとしている。しかし、このような文言の解釈は、一般の外交文書で使われる"decide"や"should"の用法の慣例と一致しておらず（第3章第2節3.参照）、必ずしも説得力がない。*Ibid.,* pp.80-82, para 17-23.
197　*I.C.J. Report*（1994), pp.112-149.
198　*Ibid.,* para 22. なお、本件に関連する文書として、この90年議事録の他に1987年の交換書簡（exchange of letters）（87年交換書簡）がある。これは、両国の紛争の仲介又は周旋を行った、サウジアラビア国王より両国の首長に対して1987年12月7日付けで新提案を行う同一の文言の書簡を送付し、これに対してカタール首長からは同年12月21日に、バーレーン首長からは同年12月26日にそれぞれ前記の新提案を受諾する旨の書簡が送付されたものであり、したがって三本の書簡により構成される（*Ibid.,* para. 17）。この87年交換書簡が「両国間において（法的）拘束力を持った国際合意」であることについては両国間で一致しており（*Ibid.,* para. 22)、判決もこれが「当事者の法的な権利義務を創設する国際合意（国際約束）を構成する」ことを認めている（*Ibid.,* para.30）。
199　*Ibid.,* para.26.
200　*Ibid.,* para.28.
201　*Ibid.,* para.23.
202　*Ibid.,* para.24-25.

203 *Ibid.,* para.27.
204 *Ibid.,* para.29.
205 *Ibid.,* para.29.
206 *Ibid.,* para.30.
207 Klabbers 1996a, p.165, p.215.
208 山本 1994, p.55.
209 Rosenne 1997, pp.169-170.
210 Aust, 2000, p.43.
211 小田判事は、その反対意見の中で、条約法に関するウィーン条約第32条にいう条約の締結の差異の事情はバーレーン外相の声明に反映されているとして、90年議事録は、ICJ規程36条に規定する意味での「条約」には当たらないとしている。See *I.C.J. Report*（1994）, pp.138-139. しかし、当事者間で文書の性質につき見解の相違がある以上（つまり、カタール側は、同議事録に法的拘束力があるとしている以上）、バーレーン側一方の見解だけを採用するのは公平に欠き、この場合は、議事録の文言等の外形から推論せざるを得ないであろう。
212 Sinclair 1997, p.750.
213 Chinkin 2000a, p.39.
214 Chinkin 1997, pp.225. Chinkin教授は、この判決のアプローチが国家間の自由なコミュニケーションや交渉を阻害することになりかねないと批判している。
215 Klabbers 1994, pp.319-320.
216 Weil 1983, p.417. See also Aust 1986, p.787.
　英国以外の各国の実行については、See *ibid.,* pp.796-800. See also Aust 2000, pp.30-34. 米国の実行については、See Marian Nash（Leich）1994, pp.515-519. See also *DUSPIL* 1975, pp.292-293; *DUSPIL* 1976, pp.263-267.
217 Aust 2000, p.26.
218 See 1 U.S.C.112a
219 いわゆる「ケース法」（Public Law 92-403, as amended by Public Law 95-45, 1 U.S.C. 112b）ただし、大統領が直ちに公開することが合衆国の国家安全保障を損なうと判断する場合には、上院対外関係委員会と下院外交委員会に適当な保秘命令を付されて送付される。
220 46 FR 35198, as amended by 61 FR 7071（前掲註143）.
221 Aust 2000, p.31.
222 同規則は、区別の具体的な判断基準を示しているが、これらについては、次節で言及する。
223 1980年から1988年までの分については、*Cumulative Digest of United States Practice in International Law* としてまとめて発行したが、それ以降の分については出されていないようである（ただし、同じ編集者及びその後任による "Contemporary Practice of the United States Relating to International Law" は、

*American Journal of International Law*誌に引き続き連載されている。)

224　*DUSPIL* 1975, pp. 325-327. 長谷川正国教授のご教示による。

225　1994年5月20日第129回国会参議院予算委員会
　この他、1997年9月23日に発表された「日米防衛協力のための指針（ガイドライン）」との関連でも、政府は、同ガイドラインを政治的な文書又は「政治的な意思の表明として発表した文書」であるとして、これを国際約束と明確に区別している。例えば、1997年6月11日第140回国会衆議院外務委員会における山中あき子議員の質問に対する池田行彦外務大臣及び林暘政府委員答弁、1997年10月1日第141回国会衆議院本会議における中野寛成議員の質問に対する橋本龍太郎総理大臣の答弁、1999年5月11日第145回国会参議院日米防衛協力のための指針に関する特別委員会における依田智治委員の質問に対する高村正彦外務大臣の答弁等を参照。

226　（引用者注：若泉敬『他策ナカリシヲ信ゼムト欲ス』（文藝春秋, 1994年）を指す。）

227　See also Marian Nash（Leich）1994, p.517.

228　既に言及した、1983年のヒースロー空港の使用料に関するMOU等の法的性格に関する英米間の見解の不一致（前掲註100参照）、エーゲ海大陸棚事件、カタールとバーレーン間の海洋境界画定及び領土問題事件を見ても、このことは明らかである。

229　これまで言及してきたもののほかにも、代表的な体系書又は教科書として、例えば、Jennings and Watts 1996, pp.1199-1203; Malanczuk 1997, p.130; Shaw, 1997, p.634, Cassese 2001, p.161.

230　Klabbers 1996a.

231　この主張は、同教授の著書のあちこちに見ることができるが、例えば、See Klabbers 1996a, p.156, p.249.

232　*Ibid.*, p.64, p.217.

233　*Ibid.*, pp.89-95.

234　*Ibid.*, pp.143-156.

235　同旨Klabbers 1994, pp.381-85.

236　Klabbers 1996a, p.215.

237　*Ibid.*, p.165.

238　Sinclair, 1997, p.749.

239　Aust 2000, pp.42-44.

240　*Ibid.*, p.42. 同旨 See Hopkins 1998, p.279.

241　もっとも、そのようなケースが全くないわけではないが、国家間では特定の政策や行動をコミットすることはあっても、道徳自体を扱う例はまれである。

242　Klabbers 1996a, pp.152-156.

243　Sinclair, 1997.

したがって、本書も、これらの概念（「政治的拘束力」「道徳的拘束力」）を例示以上の意味では用いておらず、法的拘束力以外の拘束力一般と観念している。

244 「カタールとバーレーン間の海洋境界画定及び領土問題事件」判決については、第3章第1節2．も参照。

245 Klabbers教授は、これら「政治的拘束力がある合意」、「道徳的拘束力がある合意」及び「ソフト・ロー」の三つをそれぞれ概念的に区別しているようである。Klabbers 1996b, p.168.

246 山本 1994, p.688-689. 山本教授は、前者を「法律的紛争」、後者を「政治的紛争」と呼ぶ。国際司法裁判所規程第36条2も参照。

247 Aust 2000, p.41.

248 Sinclair 1997, p.750; Hopkins 1998, p. 280. See also Keller 1998, p.241.

249 以下の記述は、主として国際約束と法的拘束力を有しない国際「合意」の区別の認識という観点から行われたものであり、かつ、著者自身の国際政治学・国際関係論に係る知見及び能力の問題もあって、必ずしも包括的又は十全を期したものとはならなかったことについては、ご寛恕願いたい。なお、米国における国際法学と国際政治学・国際関係論との関わりの歴史については、例えば、See Burley 1993; Slaughter, Tulumello and Wood 1998.

250 大沼 2001, p.3; Finnemore and Sikkink 1998, pp.889; Kratochwil 2000, pp.37-38等参照。その理由としては、第二次大戦前の法の支配を重視するユートピア的な国際関係論に対する失望といった歴史的な理由（Kratochwil）、規範的及び理念的現象は計測することが困難であるという方法論的な理由（Finnemore and Sikkink）等が指摘されている。

251 国際レジーム論に関する手頃な紹介については、山本1996及び石田2000参照。

252 Finnemore and Sikkink 1998, p.890.

253 Slaughter 教授等は、国際関係論において"l word"（著者註：law）は、もはやタブーではないと指摘している（See Slaughter, Tulumello and Wood 1998, p.367）。しかしながら本文でも述べるように、"l word"のタブーは未だ残っているようである。

254 Byers 1997. p.205.

255 Krasner 1983, p.2.

256 この定義にいう原理等を国際法と同視し、国際法の言い換えであるとする説明もあるが（例えば、See Chayes and Chayes 1995, p.303 n.3. See also Burley 1993, p.206）、この原理等には、国際法以外の規範（法的拘束力を有しない規範）、例えば国際機関決議、宣言等が含まれることは明らかである。See also Keohane and Nye 1989, esp. pp.19-22.

また、英国のHurrell教授は、協力の開始を促すような共同体感を含め、国際法が持つ様々な特質を米国の国際レジーム論は看過していると指摘する。See Hurrell 1993.

257 Lipson 1991.
258 *Ibid.*, pp.507-508. しかし、このような認識にもかかわらず、このLipson教授の論文は、国際約束と法的拘束力を有しない国際「合意」のそれぞれの機能を比較して分析した例外的な論考である。
259 Wendt 1995, pp.71-72.
260 Arend 1999, p.129.
261 例えば以下の論考参照。これらの中は、若干なりとも国際法に言及しているものもある。しかし、それらは、必ずしも国際法に法的拘束力があることや他の規範との異同を十分に意識してなされた言及ではない。See Kratochwil and Ruggie 1986, esp. pp.766-771; Wendt 1992, esp. pp.412-415; Finnemore 1994; Wendt 1994, esp. pp.388-389; Wendt 1995, esp. p.76; Finnemore 1996a, esp. pp.337-339; Katzenstein (eds.) 1996, p.5; Finnemore and Sikkink 1998, esp. pp.891-893; Barnett and Finnemore 1999, esp. pp.712-715; Hurd 1999; Wendt 1999.
　また、構成主義学派の規範論自体についても、「行為主体間で共有される評価基準（価値や規範）に関して行為主体の次元での理論的説明を十分に与えていない。より具体的には、規範がどのような形成され、それがどのように変容するのか、また行為主体間で規範の受容の程度が多様であるとすればそれはなぜか、ということは明かではない」との批判がある。石田 2000, p.20参照。その他の構成主義学派に対する批判については、西村 2000, pp.29-54も参照。
262 See Kocs 1994.
263 *Ibid.*, p.542.
264 *Ibid.*, p.539.
265 Finnemore 2000.
　Finnemore教授は、別の著作で国際法学と構成主義学派の成果（つまり、前者の（法）規範の認識と生成に関する知見、後者の規範の遵守に関する知見）が双方にそれぞれにとり興味深いものであるはずであることを強調している。See Finnemore 1996b, pp.139-143.
266 Ratner 2000.
267 少数民族問題の紛争化を未然に防止するため、早期警告を発出するとともに、関係勢力に対して助言、勧告を行う。1992年にハーグに設置された。See http://www.osce.org/hcnm/ .
268 *Ibid.*, pp.659-668.
269 Ratner教授の論文の第4章のタイトルを指す。
270 Finnemore 2000, pp.700-703. Finnemore教授は、以前は、「いかなる規範が法となるのか、いかにしてこれらの法の遵守が行われるのかといった問題の理解は、法と国際関係論の結びつきに存在する探求すべき重要な問題に再びなると思われる」と指摘していたが（Finnemore and Sikkink 1998, p.916）、今回の批判により法と法でないものの区別に対し、より厳しい立場をとっているようである。

271 前掲註254参照
272 60年代にまさにこの問題を扱ったものとして、See Deutsch and Hoffmann 1968.
273 国際連合の強制措置に関連して、非国家主体に対して国際法が有する正統性の限界を指摘したものとして、廣瀬 1995, pp.133-135参照。廣瀬教授は、国連憲章に基づいた五大国一致の決議であっても、民族や部族といった「サブ・ナショナル」な行動者に対してはその正統性に一定の限界があり、このような問題については、各当事者の主張を聞いてその主張を調整し、妥協案を作って説得する調停・仲介などの手続きが適当であると指摘する。
274 もっとも、Finnemore教授がこの問題を提起するに当たって、どれだけ広く国際法学の研究成果を参照してきたかについては疑問がある。日本語という言葉の問題はあるが、我が国の国際法学においても、大沼教授、奥脇（河西）教授のような研究者は、以前より国際法の機能的特殊性の問題をその中心的な課題として取り組んできた。例えば、大沼 1975、大沼 1998、大沼 2000、河西 1978、河西 1981、河西 1987等参照。
275 Finnemore 2000, p.702 n.6.
　したがって、Finnemore教授は、機能的な観点から、規範を「規制的な（regulative）規範」、「制定的な（constitutive）規範」及び「評価的な（evaluative）規範」に分類する。See also Finnemore and Sikkink 1998, p.891.
276 Wendt 1995, p.73
277 Wendt 1992, pp.412-415.
278 Finnemore 2000, p.701.
279 例えば、Goldstein and Keohane 1993, p.6.
280 もっとも、これは著者の知見が及ぶ限りであり、また本稿は基本的に2001年秋に脱稿したため、この指摘に反する新たな論考について、読者の御教示を願うところである。
281 Finnemore 2000, pp.703-705.
　国際機関の有する自立性（authonomy）と権威（authority）の源泉として（ハ）の要素について論じたものとして、See Barnett and Finnemore 1999, pp.707-710.
282 Finnemore and Sikkink 1998, pp.896-899.
283 この意味で、前述の*International Organization*誌 2000年夏号の特集（前掲註32）、特に、国際政治学者と国際法学者の共同作業であるAbbott and Snidal 2000は、その端緒として重要な意味を持つ研究である。ただし、この研究は、前述のように法と非法を連続的なものと捉え両者の区別を明確に行っておらず、また、構成主義学派的な視点を必ずしも踏まえていないようである。
　国際法学と国際政治学・国際関係論の対話の必要性は、大沼教授がながらくその諸研究において示され、さらにの最近の論文が改めて明示的に提起している問題である（大沼 2001）。同教授が指摘するように、国際社会における法と政

治との関係については、かっては、E.H. Carr, Hans Kelsen、Carl Schmitt、Hans Morgenthau、Charles de Visscher、Julius Stoneといった代表的な国際法学者や国際政治学者によって論じられてきた。しかし、20世紀、特に70年代以降、国際法学も国際政治学もそれぞれお互いの研究成果に対する関心を失ってしまった。もっともその間であっても、先に言及した（前掲註274）我が国の大沼教授や奥脇（河西）教授の他にも、Stanley Hoffmann教授の研究（例えば、Hoffmann 1968、Hoffmann 1987）や、いわゆるHedley Bullを中心とするいわゆる英国学派の研究（例えば、Bull 1995, Suganami 1989, Suganami 1996）がこの問題に直接又は間接的に取り組んできたことも指摘しておかなければならない。また、篠田英朗による最近の一連の論考は、国際政治学の側から国際法と国際政治の対話の問題に取り組んでおり、注目に価する興味深い研究である（例えば、篠田 2000、篠田 2001、Shinoda 2000、Shinoda 2001等参照）。

284 河西1987, p.101.
285 同様な理由から、国際機関における決議、決定、宣言等も本書の検討の主たる対象としていないことも既に述べた（第1章第1節参照）。
286 Lauterpacht 1977, p.395.
287 *Ibid.*, pp.396. 以上を踏まえ、Lauterpacht教授は、（彼の論文が扱っている）「紳士協定」について言えば、ある取決めが「紳士協定」と呼ばれていること自体が、法的に拘束されるという意図が存在しないことの唯一の証拠となり得るとしている。
288 国際判例もこの順番で検討すべきとしていることについては、第3章第1節2．で説明したとおり。
289 Widdowsは、これを補助的な手段としているが、明らかに「合意」中に明記されている場合と実質的に異ならないと考える。Widdows 1979, p.143.
290 *Ibid.*
291 1975年8月1日にヘルシンキで作成された「欧州安全保障協力会議最終文書」は、「この文書は、国連憲章第102条に基づく登録の対象とはならない（not eligible）」という文言をその中に挿入することによって、そこに表された「合意」が国際約束とならないことを確保しようとした有名な例である。また、2001年7月25日にハノイで開催された第8回ARF（ASEAN地域フォーラム）閣僚会合で採択された（コンセンサス）「予防外交の概念と原則」も、そのパラ6において「予防外交の定義、概念及び原則は、ARF参加国間で合意されたとおり、法的な拘束力を持たない。これらはARFのみに適用される共通認識であり、ARFにおいて議論が進行する中で形成されつつあるコンセンサスの現状を示すものとして理解されるべきである」旨述べている。
292 Aust 2000, pp.27-28.
293 Chinkin 2000a, pp. 40-41.
294 具体的な例については、第6章第4節1．を参照。

295 See Fawcett, 1953. もっとも、その文書の中に義務的でなくても司法的解決を用いることが可能であることを前提とした規定があれば、当該合意が法的な合意であることを（法的効果が生じた部分についてのみ司法的解決に委ねるとの解釈も成り立たないことはないので、その限りにおいて義務的解決条項の場合ほどでないが）かなりの程度推定することはできよう。

Fawcett教授は、法的関係を創設する意図を推定するその他の基準として、（イ）両当事国が国際司法裁判所規程第36条に基づきあらかじめ裁判所の管轄権を受け入れていること、（ロ）国際聯盟規約第18条又は国際連合憲章第102条に基づき当該合意の登録が行われていること、及び（ハ）合意の主題それ自体によってその合意が国際法により規律される意図が明確になることを挙げている。しかし、Widdowsが正しく指摘するとおり、そのいずれもが決定的な基準とはなり得ないことは明らかである。See Widdows 1979, pp.123-126.（国連登録に関しては第3章第2節6.(1)で後述）。

296 Klabbers 1994, p.312. たしかに、Klabbers教授がいうように、批准条項の存在は、有用な基準となり得るが、批准条項を持った国際約束が国際約束全体に占める割合は、あまりに小さい。

297 Aust 2000, p.30.

298 国際司法裁判所の判例もかかる立場を支持していることについては、第3章第1節2.参照。

299 Aust 2000, p.333.

300 長谷川正国教授よりご教示いただいた。

301 Marston 1990, pp.579-582.

302 当時の欧州石炭鉄鋼共同体の決定を念頭に置いている。

303 ただし一部の国では、国際約束を構成する文書として使用しているとしている。日本の国家実行も、これを国際約束を構成する文書として、他の国際約束ともに作成されている。一例として、「原子力の平和的利用に関する協力のための日本国政府とアメリカ合衆国政府との間の協定に関する合意された議事録」（1987年11月4日東京で署名）

304 例えば、「シベリア抑留者に関する資料の引渡しに関する討議の記録」（2000年9月4日、モスクワ、丹波駐ロシア連邦特命全権大使及びルシャイロ・ロシア連邦内務大臣が署名）http://www.mofa.go.jp/mofaj/kaidan/yojin/arc_00/r_kk2.html

305 例えば、「ロシア連邦において実施される改革への技術支援のための日本センターのロシア連邦領域における設立及びその活動に関する日本国政府とロシア連邦政府の間の覚書」（2000年9月5日、東京、日露外相間で署名）、「軍縮・不拡散、核兵器廃棄支援分野における日本国政府とロシア連邦政府との間の協力の促進に関する覚書」（2000年9月4日、東京、日本国外相及びロシア原子力大臣 署名）、「治安・司法分野における日本国政府とロシア連邦政府との間の協力に関する覚書」（2000年9月5日、東京、日露外相間で署名）、「日本国海上保安

庁とロシア連邦国境警備庁との間の協力の発展の基盤に関する覚書」（2000年9月4日、東京、荒井海上保安庁長官及びトツキー・ロシア国境警備庁長官が署名）等がある。

[306] Jennings and Watts 1996, p.1188.
[307] Schachter 1991a, p.98.
[308] Aust 2000, p.404.
[309] *Ibid.*
[310] 「understanding」（了解）については、米国等一部の国がMemorandum of Understandingを国際約束を構成する文書として扱っており、またそこでは多くの場合「(have) reached mutual understanding」との表現が用いられていることから、国際約束との混同を避けるためにも、日本のようにこの語を避ける傾向の国もある。
[311] Widdows 1979, p.138.
[312] Bothe 1980, p.74.
[313] Aust 2000, p.343.
[314] 例えば、1993年の「日露関係に関する東京宣言」（前掲註12）パラ2及び同年の「日米間の新たな経済パートナーシップのための枠組みに関する共同声明」（前掲註120）第一段落は、ともに「合意する」という文言を用いているが、そのことだけをもってして、この文書が法的拘束力を有しない国際「合意」を表していることに影響を与えることにはならない。
[315] *Code of Federal Regulations 22*, Part 181.2 (a) (3).
[316] *Ibid.*
[317] Schachter 1991a, p.98.
[318] *Code of Federal Regulations 22*, Part 181.2 (a) (3).
[319] 第3章第2節1.参照
[320] Aust 2000, pp.39-40.
[321] *Ibid.*
[322] Beschloss and Talbott, 1993
[323] *Ibid.,* , pp.261-265.
[324] 日中共同声明については、大平正芳回想録刊行会編著 1983, pp.334-337及びNHK取材班 1993, pp.140-181参照。1973年の日ソ共同声明については、大平正芳回想録刊行会編著 1983, pp.346-347及び新井 2000, pp.78-99参照。1991年の日ソ共同声明については、枝村 1997, pp.148-155参照。
[325] したがって、条約法に関するウィーン条約第18条に従い、署名国は、その条約の趣旨、目的を失わせることになるような行為を避ける義務がある。
[326] 藤田 1995, p.425.
[327] *I.C.J. Reports* (1978), p.39, para95.
[328] *Ibid.,* para 96.

329 米国国務省規則も、国際約束の形式的メルクマールの一つに挙げている。*Code of Federal Regulations* 22, Part 181.2 (a)(5).

330 Aust 2000, p.400. 英国の見解では、Memorandum of Understanding (MOU) は、通常国際約束を構成しない文書とされている。

331 See also Aust 2000, p.338.

332 See also Aust 2000, p.342.

333 Aust 2000, pp. 346-347.

334 この決着文書の構成については、第2章第1節及び同節の図表参照。

335 「日本国政府及びアメリカ合衆国政府による自動車及び自動車部品に関する措置」。

336 通商産業省通商政策局米州課 1997, p.337, p.372.

337 *Ibid.*, pp.333-336.

338 同旨 Aust 2000, pp.355-356, p.401.

339 国際約束を構成しない交換書簡の英国における実行及び「雛形」については、See Aust 2000, pp.356-358. See also p.403.

340 前掲註10参照

341 前掲註12参照

342 前掲註12参照

343 Hutchinson 1993, p258.

344 "Reports of the Commission to the General Assembly" (Document A/6309/Rev.1), *YILC* 1966, Vol. II, p.273.

345 *Ibid.*,

  国際聯盟規約第18条:「聯盟国カ将来締結スヘキ一切ノ条約又ハ国際約定ハ、直ニ之ヲ聯盟事務局ニ登録シ、聯盟事務局ハ成ルヘク速ニ之ヲ公表スヘシ。右条約又ハ国際約定ハ、前記ノ登録ヲ了スル迄、其ノ拘束力ヲ生スルコトナカルヘシ。」

  なお、国際聯盟規約の規程と国際連合憲章の規定の効果の違いについては後述する。

346 Hutchinson 1993, pp259-260.

  なお、国連の登録規則及びその際にチェックされる事項のリストについては、See Aust 2000, pp.416-421.

347 国際約束には必ずしも該当しないが、国際司法裁判所規程第36条2に基づく裁判所の管轄権の受諾に関する宣言といった国際法上直接の法的効果がある一方的約束も登録の対象としている。See Hutchinson 1993, p.261.

348 例えば条約法に関するウィーン条約については、国際連合事務総長が寄託者であるが(同条約第82条及び第83条)、同条約第80条2の規定(「寄託者が指定された場合には、寄託者は、1の規定による行為(=国連への登録等)を遂行する権限を与えられたものとする」)に従い、同事務総長がこの条約の登録を行う

349 Hutchinson 1993, pp.262-265.
350 Aust 2000, p.35, p.279.
351 Reuter 1989, p.55.
352 *Ibid.*, p.42.
353 Hutchinson 1993, p.261.
354 ただし、当該文書の枠組みで又は別途に、一部の当事者に対して登録を委任している場合を当然に除く。この場合は、第一のケースに準ずる。
355 国連の関連規則は、締約国の一が登録を行えば、他の締約国は登録の義務を負わないとしている。See "Registration and Publication of Treaties and International Agreements: Regulation to Give Effect to Article 102 of the Charter of the United Nations" adopted by General Assembly on 14 December 1946（Resolution 97（I））as amended, paragraph 1 of Article 3（quoted in Aust 2000, p.417）.
356 Hutchinson 1993, pp.267-275.
357 Reuter 1989, p.55.
　もっとも、このような規定があったにもかかわらず、現実にはそこまで厳密には解されていなかったとする見解については、See McNair 1961, pp.183-185.
358 McNair 1961. p.188; Hutchinson 1993, p.276; Aust 2000, p.29, pp.278-280; Reuter, 1989, p.55.
359 Hutchinson 1993, p.279; Higgins 1963, pp.334-335.
360 *Ibid.*, p.280.
361 第4章第1節2．参照。特に、「カタールとバーレーン間の海洋境界画定及び領土問題事件（管轄権及び受理可能性）（第一判決）」の判決 para 29の部分。
　さらに、Reisman教授は、国際司法裁判所が、1960年の「インド領通行権事件」（本案）（I.C.J. Report（1960）p.6）判決において、登録されていない協定を根拠として認めたことにより、第102条1項の規定は実質的に弱められたと指摘している。リースマン 2001, p.58も参照．．一般的には、プレ及びコット 1993, p.650も参照。
362 国際民間航空機関（ICAO）、アラブ聯盟、国際原子力機関（IAEA）等。
363 Reuter 1989, p.55.
364 「カタールとバーレーン間の海洋境界画定及び領土問題事件（管轄権及び受理可能性）（第一判決）」の判決も、カタールがアラブ聯盟に登録しなかった事実を問題とはしていない。See *I.C.J. Report*（1994）, p.122, para 29.
365 See 1 U.S.C. 112a and *Code of Federal Regulations* 22, Part 181 as revised（See n.119 above）, esp. Part 181.8.
　この法令は、口頭の合意、政府機関間の取決め、国際約束の実施取極を公表の対象としていると同時に、非公開とできる国際約束の範囲と手続を定めている点で注目される。

366 ロシア連邦「連邦国際条約法」（前掲註53）第30条。
367 特に批准、承認、加入等が必要な条約については、"Ponsoby Rule"と呼ばれる憲法慣習に従い、議会への提示を行うため政府によって公表される。Aust 2000, p.282-283.
368 Aust 2000, p.35.
369 前掲註151
370 長谷川 1985, p.163
371 前掲註219参照。
372 Widdows 1979, p.144.
373 *Code of Federal Regulations* 22, Part 181.2（a）(5)
374 「法的拘束力」の概念をめぐる問題点については、第1章第1節参照。
375 第1章第2節参照。
376 Weil 1983, pp.414-415, note 7.
377 信義誠実（good faith）原則等に係る問題については、後述（第4章第3節3．）する。
378 Schachter 1977, p.300. ただし、Schachter教授は、これは（同教授のいう「非拘束的合意」の定義から導き出される）分析的な結論ではなく、国家実行に基づいた経験的な結論であるとしている。See also Schachter 1991a, p.100.
379 山本 1994, pp.45-47.
380 同旨Bothe 1980, p.87.
381 Hillgenburg 1999, p.511.
382 山本 1994, p.688.
383 山本 1994, pp.316-317.
384 山本 1994, p.314.
385 例えば、1975年にヘルシンキで作成された「欧州安全保障協力会議最終文書」にある諸原則対する旧ソ連・東欧諸国のコミットメントの継続がこれに当たると考えられる。
386 前掲註120参照。
387 首脳協議の結論文書として共同宣言に言及している文書についていえば、最近のものでは1996年と1997年の共同プレス発表、2000年の「日・EU首脳協議共同結論文書」及び2001年の共同プレス・ステートメントがある。
　　もっとも、ある年の文書が共同宣言に言及していないからといって、そのことが共同宣言を否定したり、軽視したりしていることを必ずしも意味するものではない。首脳協議自体が共同宣言において年一回の開催につき合意されたことを踏まえて開催されていることからも明らかなとおり、むしろその存続が当然の前提となっていると考える方が自然である。
388 1998年11月13日にモスクワで署名。外務省国内広報課 2000, pp.50-52（資料編）。なお、モスクワ宣言の中でも東京宣言の確認が行われている。

389 2000年1月3日付け毎日新聞朝刊3面、1月26日付け産経新聞東京朝刊2面、2月11日付け毎日新聞朝刊2面、同日付け日本経済新聞朝刊1面、2月12日付け産経新聞東京朝刊2面、4月30日付け日本経済新聞朝刊1面、9月5日付け東京読売新聞夕刊3面及び2001年1月17日付け毎日新聞朝刊2面及び3月26日付け毎日新聞朝刊2面並びに外務省ホームページ http://www.mofa.go.jp/mofaj/index.html 参照

390 前掲註12参照。

391 外務省ホームページ http://www.mofa.go.jp/mofaj/index.html 参照
また、参考として、次の最近の国会答弁を挙げておく。
2000年4月17日147回国会衆議院本会議における不破哲三議員に対する森内閣総理大臣答弁
「台湾をめぐる問題についてのお尋ねでありますが、我が国は、日中共同声明において、中華人民共和国政府が中国の唯一の合法政府であることを承認し、台湾が中華人民共和国の領土の不可分の一部であるとの中華人民共和国政府の立場を十分理解し尊重する旨明らかにしており、この立場を堅持しております。」
2000年4月25日147回国会参議院予算委員会における片山虎之助議員に対する河野外務大臣答弁
「中国には累次にわたって、我々は日中共同声明の精神を体しているということを述べると同時に、それだけにこの問題についてはできる限り平和的な話し合いで問題を処理してほしいということを言っております。」（傍点は著者による）
（他にも、2000年4月21日147回国会衆議院外務委員会における伊藤公介議員の質問に対する河野外務大臣の答弁及び2000年4月24日147回国会衆議院予算委員会における菅直人議員の質問に対する河野外務大臣の答弁等参照。）

392 Schachter 1991a, p.97; Hillgenburg 1999, p.501.

393 山本 1994, p.185; Jennings and Watts 1996, p.174.

394 1962年のクーデターで王政が倒れ、イエメン・アラブ共和国に国名を変更した後、1990年に南イエメンと統一して現イエメン共和国になる。

395 国際法事例研究会 1983.

396 Schachter 1991a, p.97; Virally 1983a, p.234; Rosennne 1989 p.90. 「エヴィアン合意」のテキストは、See United Nations Treaty Collection, Vol.507（1964）, pp.25-98.

397 Rosennne 1989, p.90.

398 34 I.L.M.（1995）, pp.603-607.

399 米国国務省も、この合意枠組みその他関連文書全体（package）を「北朝鮮の核問題を解決するためにとられる政治的決定及び実践的な行動のための枠組みを創設するもの」と説明している。See Marian Nash（Leich）1995, p.119.

400 傍証として1997年8月14日付け日本経済新聞夕刊掲載のオルブライト国務長

官記者会見参照（朝鮮半島の和平を目指す四カ国協議で「朝鮮民主主義人民共和国（北朝鮮）の国家承認は優先課題にしない」との考えを表明）。

401 山本 1994 p.185; Jennings and Watts, 1996, pp.170-171.
402 日本による明示の承認は、この形式で承認を伝達する例が多い。国際法事例研究会 1983, esp. pp.176-181.
403 長谷川 1986, p.130.
404 Schachter 1991a, p.99.
405 ここで議論している承認には、既に説明した国家承認と政府承認のみならず、領域主張の承認、交戦団体は又は反徒の承認、民族解放運動の承認及び外国の立法行為又は行政行為の承認も含まれる。See Malanczuk 1997, p.82.
406 Schachter 1991a, p.99. See also Schachter 1991b, pp.266-267.
407 国連総会決議を一般国際法の規範を表明した証拠として援用する可能性について論じたものとして、Onuma 2002参照。
408 Schachter 1991a, p.99.
409 *Ibid.*, Mulford 1991, pp.438-442 も見よ。
410 Aust 2000, pp.191-193.
411 *Ibid.*, p.193.
412 その一連の経緯については、西元 1997参照。
413 Sinclair 1984, p.138.
414 Schachter 1977, p.300; Hillgenburg 1999, p.511.
415 Sinclair 1997, p.750.

Sinclair元英国外務省法律顧問は、禁反言及び（又は）黙認（acquiescence）の概念が適用されるとしている。しかし、この問題は、「約束」という積極的な行為の結果生じる法的効果を問題にしているのであり、（抗議の欠如といった）行為の消極性から生じる効果である「黙認」の原則が適用されるとするのは必ずしも適当ではないと考える。このような主張に関連して、Sinclair顧問は、別稿において、禁反言と黙認の間には密接な関係があるが、実際の国際司法裁判所の諸判例においては、禁反言の法理の適用を支持した例は少なく、一定の期間の経過を前提に黙認の法理を援用する場合が多いと主張していることに留意する必要がある。See Sinclair 1996.

なお、Bowett教授は、禁反言と黙認の関係について、「黙認は、事実の表出であると適切にみなされるか又は禁反言の必要条件をみなしている場合には、禁反言として作用する」としている。See Bowett 1957, p.202.

416 Bowett 1957, p.176.

Virally教授も、信義誠実原則が果たす三つの機能の一つとして、他の国際法主体の行動によって作り出された外観を合理的に信じた者又はその外観を善意で信じた者を保護する機能がある旨を指摘している。See Virally 1983b, p.133.

417 Bowett 1957, p.201.

418 *Ibid.,*
419 *Ibid.,* p.202.
420 Schachter 1977, p.300
421 *Ibid.,* p.300-301.
422 Münch 1997, p.610.
423 See Nash（Leich）1994, p.517.
424 Baxter 1980, p.556.
425 古城 2001は、日本の国際政治学者による試みの一つである。しかし、残念ながら、その分析の理論的核心となる「遵守論」については、国際法学における様々な議論を十分に取り入れたものではなく、海外の国際政治学・国際関係論の諸説の簡単な紹介にとどまっている。
426 Shelton（ed.）2000, 序 2 参照。
427 See Weiss 2000.
428 See Haas 2000.
429 See Bilder 2000, pp.65-66.
　　大沼教授も、最近の論文で、これまで国際法学及び国際政治学の双方が国際法の「遵守」論のみを重視し、国際社会において国際法が果たしているその他の重要な機能を軽視又は無視してきたとして、遵守論の偏重を鋭く批判しており、この批判は、このプロジェクトにもそのまま当てはまると思われる（大沼 2001, p.12参照）。
430 なお、Schachter教授は、政治的・道徳的義務を理解するに当たっては、①国の「約束」がそれに従って行動すべきとする政府の職員に対する訓令としてどのように「内化」（internalized）され、国内の立法及び行政における反応を引き起こすかという「内的な」側面と、②一方の当事国の「約束」の遵守又は不遵守に対して他方の当事国がどのような反応をするかという「外的な」側面の両方に注目すべきである旨指摘している。これは、法的拘束力を有しない国際「合意」の遵守に向けて働く諸力を探るに当たって有用な視点となると思われる。See Schachter 1977, pp.303-304.
431 Bothe 1980, p.67-68; Lipson 1991, pp.499-500.
432 Bilder 2000, p.69. 同教授は、これを「期待の密度」（density of expectation）と呼ぶ。
433 Baxter 1980, p.556.
434 Onuma 1993, p.183, esp. note 35.
435 Baxter 1980, p.556.
436 Schahchter 1991b, p.267.
　　Virally教授は、国際政治秩序の特殊性を考慮しつつ、彼のいう「純粋な政治的約束」の拘束力そのものが「誠実」に由来するとしている。長谷川 1986, p.137.
437 吉田 1998, p.31.

438 カリエール 1978, p.29.
439 勝 1984, p.130.
440 ニコルソン 1968, p.98.
441 もっともこのような「評判」(reputation) が常に合意の遵守を導き出すとは限らず、例えば活発に利益を追求する、友好国を助ける、敵国を罰するといった評判の方が政策決定者にとって望ましいことがあるとのKeohane教授の指摘は、十分に留意する必要がある。See Keohane 1997, pp.497-499.
442 Mulford 1991, pp.441-442.
443 Chinkin 2000a, p.29; Abbott and Snidal, 2000, p.452.
444 Haas教授は、一般に、民主主義的な体制の国には国内からの遵守を求める力が働きやすく、非民主主義的な体制の諸国には国際的な平面での圧力が働きやすいと指摘している。See Haas 2000, pp.58-61.
445 山本 1994, p.47.
446 もっともこの要因が具体的にどれだけの強さを持って働くかについては、例えばその国が大国か小国か、相手国との間でどれだけの相互依存関係があるか、相手国が具体的にどのような報復措置をとるか、違反に対してどれだけ国際社会の非難が集まるか等の様々な具体的な諸条件によって異なってくる。
447 Weinstein 1969.
448 *Ibid.*, pp. 40-41.
449 *Ibid.*, p.42.
450 *Ibid.*, p.41.
451 *Ibid.*, p.44.
　ちなみに、吉田茂も外交における短期的な利益と長期的な利益を区別して、後者の重要性につき次のとおり指摘している。「国際信用に関連して重要なことは、正義に則って外交を行うということである。外交が自国の利益を直接対象とするのは、いうまでもないが、同じ自国の利益といっても、目先の利益と長い先々までを見通した利益とがある。国際正義を踏んでの外交でも、時には悪の勢力にうち負かされることもあり得よう。しかし、長い間には、必ず正義の外交がその国の利益と合致することになろう。徒に目先の国際情勢の変転に一喜一憂して、国の外交を二.三にするには、愚かなことである。正をとって動かざる大丈夫の態度こそ、外交を行うものの堅持すべきところであろう。」(吉田 1998, p.33) これは、Weinstein教授の国益観と軌を一にするものである。
452 Weinstein 1969, pp.47-48.
453 同旨 Abbott and Snidal 2000, p.423.
454 Chinkin 2000a, p.24-25; Bilder 2000, p.71.
455 Reisman 1992, p.137.
456 *Ibid.*, p.139.
457 Abbott and Snidal 2000, p.434; Aust 1986, p.789; Aust 2000, p.37; Bothe 1980, p.92;

Hillgenburg 1999, p.501; Lipson 1991, p.500; Reinicke and Witte 2000, pp.94-95.

458 もっとも、議会における国内の政治的反対の回避の方法に関していえば、法的拘束力を有しない国際「合意」の形式の採用に限らない。第6章第3節2.参照。

459 Roessler 1978, p.55.

460 See Schachter 1991a, p.97.

461 Aust 2000, pp.40-41.

462 国際約束の国内編入手続一般に関しては、山本 1994, pp.100-106参照。
日本の体制については、谷内 1991参照。各国の体制については、See Aust 2000, pp.145-160.

463 Aust 2000, pp.37-38; Shelton 2000, p.13.

464 Schachter 1991a, p.97.

465 1969年の条約法に関するウィーン条約第54条。

466 もちろんこれをしなかったからといって、法的な責任は、原則として生じない。Aust 2000, p.38.

467 Shelton 2000, p.12; Reinicke and Witte 2000, p.95.

468 Reinicke and Witte 2000, p.88.

469 Abbot and Snidal 2000, pp.451-454.

470 *Ibid.*, p. 453; Slaughter 2000, p.179, pp.188-192.
Bothe教授も、ある政府機関に国を代表したり、拘束したりする権限があるかどうか疑わしい場合には、その機関がとる手段として非法的なアプローチが有用であると指摘している。See Bothe 1980, p.92.

471 Schahchter 1991b, p.266; Schachter 1991a, p.97.

472 Abbot and Snidal 2000, pp.441-444; Shelton 2000, p.13; Rosenne 1983, p.90.

473 Abbot and Snidal 2000, pp.444-450; Chinkin 1989, p.861; Chinkin 2000a, pp.41-42.

474 ワッセナーアレンジメントの基本文書の邦訳は、『世界週報』1996年9月24日号pp.70-73参照。その他の文書、成立後の会合の経過等の資料は、http://www.wassenaar.org/に掲載されている。また、同アレンジメントの成立の経緯、問題点等については、加藤 1998、国吉 1998 及び佐藤 2000参照。

475 森川 1995参照。

476 もっとも、同アレンジメントには単純にはポスト・ココムとは言えない側面があり、1992年にG7諸国により開始された通常兵器関連の資機材・技術移転規制のもその起源を見ることができるとしている指摘もある（国吉 1998）。

477 Abbot and Snidal 2000, pp.445-446.

478 Abbot and Snidal 2000, pp.446-447.

479 吉川 1994, p.19. 一般に、CSCEの歴史については、この吉川 1994の他に、百瀬・植田 1992参照。

480 吉川 1994, pp. 19-39.

481 *Ibid.,* p.47.
482 *Ibid.,* 1994, p.50.
483 *Ibid.,* 1994, p.63.
484 *Ibid.,* 1994, p.96.
485 *Ibid.,* 1994, p.96. もっとも、後に東側は、この文書の意義を高く評価するとともに、この文書の遵守を訴え、国際法上の拘束力を強調した。すなわち、この文書は形式上は国際条約ではないとしても、西側で言われるような単なる希望の宣言や政治文書ではなく、参加国のコンセンサスの産物であること、参加国の最高首脳によって署名されていること、国際連合憲章等の国際条約に言及していることを理由として、「国際法的意義」を持つ文書であると主張した。さらに、デタント及び平和共存の原則に関するいわば「国際法の法」であるとした。しかし、その後人的接触や情報の自由に関する西側諸国の関心が高まるにつれて、第1バスケットに対してのみ法的拘束力を強調するようになり、80年代の半ばにはそのような主張を行わなくなった（*Ibid.,* pp.97-98 参照）。
486 Abbot and Snidal 2000, pp.446.
　第3バスケットを設けたことの意義として、（イ）人権と自由に関して東西関係の文脈に適した最低限のラインを設定したこと、及び（ロ）東西両陣営が人権に関する対話を継続することになったことが指摘されている。ゲバリ 1992, pp.99-100参照。
487 通商産業省通商政策局米州課 1997, pp.111-132.
488 *Ibid.,* pp.146-152.
489 *Ibid.,* pp.153-157.
490 「日本自動車メーカーの計画に関する橋本龍太郎日本国通商産業大臣及びマイケル・カンター米国通商代表の共同発表」、「ディーラーシップに関する橋本龍太郎日本国通商産業大臣及びマイケル・カンター米国通商代表の共同発表（その2)」（どちらも1995年6月28日、ジュネーブ）。*Ibid.,* pp.177-78, pp.182-183. See also 34 *I.L.M.*（1995), pp. 1524-1526.
491 Aust 2000, p.35.
492 同旨Aust 1986, p.789-790. なお、ある国の国内で情報公開に関する法令が制定されている場合には、他の行政文書同様に情報公開の対象として検討されることになる。もっともその場合であっても、相手国の同意がない場合は公開されないのが通常であると思われる。
493 Aust法律顧問は、これがこの形式を選択する最大の理由であるとしている。Aust 1986, p.792.
494 Lipson 1991, p.501.
495 Aust 1986, p.793; Aust 2000, pp.36-37.
496 Aust 2000, pp.36-37.
497 英国では、1997年より、他省庁が作成したMOUsであっても、外務省が一部コ

ピーを保管することとなった（Aust 2000, pp.36-37）。

498 国際約束を含めた国際法の有する機能及び有用性に関する指摘はそのどの側面に着目するかによって多様であるが、ここでは、これまで法的拘束力を有しない国際「合意」について行ってきた検討との比較に限定して議論を進めることとする。国際法の機能に関する理解の多様性については、大沼 2001, pp.27-29 註(55)及び(57)参照。

499 Bilder 1981, pp.6-7. ちなみに、同書は、第四点（ニ）のリスク管理の観点から国際約束の作成の方法を分析したものである。

500 *Ibid.*

501 Bilder 1981, pp.24-34. なお、Bilder教授は、この手法を用いることで完全にリスクから逃れることができるわけでないとし、①（自らの行動の自由を確保することの対価として）相手側の行動について確信できないこと、②法的拘束力の有無に関し争いが生じる可能性があること、③いずれにしても不履行に対しては、相手側又は世論から政治的・道義的に非難を受けること、及び④一定の条件の下では、禁反言といった法的な効果が生じること、の四点を指摘している（*Ibid.*, p.26-27）。これらについては、本書においても既にそれぞれ検討したとおりである。

502 大沼 2001, pp.19-24.

503 *Ibid.*, p.21.

504 *Ibid.*, p.22

505 同旨 *Ibid.*, p.32 註(67)

506 (a)の意思伝達・交渉媒介機能についていえば、法的拘束力を有しない国際「合意」がその当時者間の共通の理解の出発点として用いられることも考えられないわけではない。しかし、その内容の柔軟性が高いことから、国際約束と比べるとその枠組みの確定性（determinacy）は著しく劣る。また、法的拘束力を有しない国際「合意」が、国際法に準じた国際社会の共通理解・原則を体現している場合を除いては、「実定的共通言語」としての機能も果たし得ない。むしろ、内容が柔軟であるが故に妥協の手段に適しているという意味では、大沼教授の指摘する「政策」及び「政治」の特徴に近いと思われる。

507 以下取りあげる諸機能以外にも、Hillgenburg大使は、法的拘束力を有しない国際「合意」の機能として、相互の間の信頼醸成、国内法の調和に対する刺激等を挙げている。しかし、これらも、国際約束が有する機能と多かれ少なかれ共通していると考えることができる。See Hillgenburg 1991, p.501.

508 同旨 Aust 2000, p.332.

509 国際約束の具体的な名称の例については、第3章第2節2.及び前掲註[118]に言及の諸文献参照。

510 Aust 2000, p.346.

511 Reuter 1985.

512 Reuter教授の言葉で言えば、"rules of substantive law"（*Ibid.,* p.123）。
513 この意味で、紛争解決、修正、効力期間、終了及び効力発生に関する規定は、特に重要であり、時として困難な政治的な判断が求められることもある。See Aust 2000, p.346.
514 法一般の「明晰性」の必要性とそれを巡る諸問題については、碧海 2000, pp.121-128参照。
515 Klabbers 1994, pp.360-361; Chinkin 2000a, p.40.
516 それ故に、口頭の国際約束を法的拘束力を有しない国際「合意」と一括して扱う論者もいる。See Lipson 1991.

　口頭の合意の例としては、例えば、日米安全保障条約第6条の実施に関する交換公文に関連する藤山・マッカーサー口頭了解がある（1975年12月9日第76回衆議院内閣委員会における上原康助議員の質問に対する松永条約局長答弁参照）。
517 See 34 *I.L.M.* pp.1467-1473.
518 もっとも、日本について言えば、漁業の分野における協力に関する日本国とソヴィエト社会主義共和国連邦との間の協定のように、1985年5月12日モスクワで署名、同13日国会承認、モスクワで承認通知の公文の交換、公布及び告示並びに効力発生といった極めて例外的スピードで締結された事例がないわけでもない。外務省条約局 1998, p.538.

　また、日本国憲法第73条3号は、条約の締結に対し時宜によっては事後の承認を行うことを認めており、この制度を活用して迅速性を高めることは制度上不可能ではない。しかし、日本国政府としては、事後の承認を内閣として外交処理の責任を果たす上でどうしてもこれ以外に方法がないという場合に限った例外としている（1953年12月2日第18回国会参議院外務委員会における杉原荒太議員の質問に対する下田条約局長答弁、1961年10月31日第39回国会参議院外務委員会における杉原荒太議員の質問に対する中川条約局長答弁等参照）。
519 前掲註140の諸文献参照
520 柳井 1979, pp.395-409.
521 例えば日本の場合、1998年に締結された748件の国際約束の内731件（約98％）は行政取極である。
522 柳井 1979, p.423.
523 Chinkin 1989, p.860.
524 See also Roessler 1978, pp. 54-55.
525 通商産業省通商政策局米州課 1997, p.372.
526 米国国内法においては、ある文書が国際約束を構成するかどうかについての政府内の決定権限は、国務省にあり、各省庁は、事前にその可否につき協議する体制が確立しているようである。See 1 U.S.C. 112b.(d) and *Code of Federal Regulations* 22, Part 181.3（See n.119 above）。

　筆者の経験では、日本国政府内においても、多くの場合外務省条約局が同様

な文書のリーガル・チェックを行っている。

527 Klabbers 1994, pp.361.

　一例として挙げれば、二国間航空協定において路線等を定める付表又は附属書の改正は、この部分のみについては、より簡易な手続（日本の場合は、国会の承認を得ることなく行政府限りで）改正することができる。例えば、「日本国とアメリカ合衆国との間の民間航空運送協定」（1952年8月11日に東京で署名）第16条参照。

528 Bilder 1981, pp.49-55; Klabbers 1994, pp.361.

529 Aust 2000, p.38.

530 杉山 1998, p.469.

531 Stern 2000, pp.261-262.

532 このような現象に対して必ずしも十分に批判的分析を加えたものではないが、大まかな全体的なイメージを示すものとして、シュワイツ 1997; 馬場 1996; 橋本 1999参照。

533 バーゲンソル 1999, pp.203-8.

534 国際法過程におけるNGOの役割の拡大とその限界については、Chinkin 2000b参照。

535 谷内 1991, pp.114-116参照。

536 Schermers and Blokker 1995, p.23.

537 二国間の国際約束によって創設された国際機関の例も少数だが存在する。See Schermers and Blokker 1995, p.25.この他にも日本の場合、例えば、1958年1月11日に東京で交換された「日本国政府とアメリカ合衆国政府との間の教育交流計画に関する交換公文」に基づき設立された「在日合衆国教育委員会」及びその後進として1979年2月15日に東京で署名された「教育交流計画に関する日本国政府とアメリカ合衆国政府との間の協定」（国会承認条約）に基づき1979年12月24日に設立された「日米教育委員会」、ロシア、ベラルーシ及びウクライナの各国それぞれとの間で締結した協定（1993年10月13日に東京で署名された「ロシア連邦において削減される核兵器の廃棄の支援に係る協力及びこの協力のための委員会設置に関する日本国政府とロシア連邦政府との間の協定」、1993年11月5日にモスクワで署名された「核兵器の不拡散の分野における協力及びこの協力のための委員会設置に関する日本国政府とベラルーシ共和国政府との間の協定」及び1994年3月2日にキエフにおいて署名された「ウクライナにおいて削減される核兵器の廃棄に係る協力及びこの協力のための委員会設置に関する日本国政府とウクライナ政府との間の協定」）に基づき設置された各委員会（それぞれ「ロシア連邦において削減される核兵器の廃棄の支援に係る協力のための委員会」、「核兵器の不拡散の分野における協力のための委員会」及び「ウクライナにおいて削減される核兵器の廃棄の支援に係る協力のための委員会」）、1999年3月7日に署名された「日露青少年交流委員会の設置に関する日本国政府とロシ

ア連邦政府との間の協定」に基づき設置された「日露青少年交流委員会」等の例がある。

538 Schermers及びBlokkerは、アジア・アフリカ法律諮問委員会（AALCC）、Inter-American Defense Board及びInternational Wool Sutudy Groupの例を挙げており、これらは国際会議に各国政府の代表が集まって設立を決定するとの形式をとったとしている（Schermers and Blokker 1995, pp.23-24）。この内日本が加盟しているAALCCについては、日本は、1955年1月14日の閣議了解を得てその前身である「アジア法律諮問委員会」（ALCC）に加盟している。

　また、旧ソ連圏諸国が参加した経済相互援助協議会（いわゆる「コメコン」）は、1949年1月25日にモスクワにおける経済会合で設立されたが、同協議会の規程が採択されたのは1959年12月14日（発効は1960年4月13日）であり、その間同協議会は参加国の非公式な合意で運営されていた。See also Peaslee 1974, pp.326-327.

539 Schermers and Blokker 1995, p.26.

540 民法第33条及び36条参照。

541 例えば、日本として多年度にわたる拠出金の分担をコミットするためには、原則として国会承認条約の締結が必要である。柳井 1979, p.420参照。

542 Schermers and Blokker 1995, pp.26-29.

543 この文書の一例については、国際法事例研究会 1996, pp.9-10参照。

544 それぞれ、「日本国とソヴィエト社会主義共和国連邦との共同宣言」（1956年10月19日モスクワで署名）、「日本国と大韓民国との間の基本関係に関する条約」（1965年6月22日東京で署名）、「日本国とポーランド人民共和国との間の国交回復協定」（1957年2月8日ニューヨークで署名）、「日本国とチェコスロヴァキア共和国との間の国交回復に関する議定書」（1957年2月13日ロンドンで署名）による。

545 中村 1995.

　外交関係の開設は、相互の同意によって行う（外交関係に関するウィーン条約第2条）。外交関係の開設に係る文書の性質を考える際、この「相互の同意」の法的性質が問題となる。同条約の起草過程においては、これを（法的な）合意と同視していた趣であるが（横田 1963, pp.37-45）、他方、これを二つの一方的な意思表明の存続と理解して（法的な）合意とは区別する立場もある（中谷 2000）。Jennings判事及びWatts元顧問も、（それが意味する具体的内容は必ずしも明らかではないが）正式な合意（formal agreement）は必要ないとしている。See Jennings and Watts 1996, p.1058.

546 春田 1994, pp.342-348.

547 春田 1994, pp.361-362. 国際的には、多数国間の国際約束による免除等の取決めも存在する。*Ibid.*, p.332-342.

548 杉山 1998, pp.421-422, 441-442. なお、共同声明の骨子については、*Ibid.,* pp.468-

469参照。
549 内山 1999.
550 「半導体に関する共同声明」が、その原則として、市場原理の重要性、WTOルールとの整合性及び広範な国際協力の重要性を掲げていることもこの証左であろう。
551 前掲註10参照。
552 前掲註10参照。
553 Aust 2000, p.343.
554 Shelton 2000, p.8.
555 Abbot and Snidal 2000, pp.442-443. 枠組み条約の成立背景、法構造及び限界については、山本 1994, pp.673-676参照。
556 この枠組みの実施のために、1987年のオゾン層を破壊する物質に関するモントリオール議定書がある。
557 この枠組みのために、1997年に採択された気候変動に関する国際連合枠組条約京都議定書がある。この議定書は、実施メカニズム等の詳細をさらに下位の規則に委ねている。同議定書は、2002年4月末日現在未発効である。
558 1972年6月16日ストックホルムで行われた国際連合人間環境会議で採択。
559 1992年6月14日にリオ・デ・ジャネイロで行われた環境と開発に関する国際連合会議で採択。
560 通常、多数国間条約が発効するまで2年から12年、平均期間は約5年との指摘がある。See Malanczuk 1997, p.245.
561 Bilder 1981, pp.98-105.
562 Blix and Emerson 1971, p.104.
563 Nicolson 1953, p.78.
564 Aust 2000, p.34.
565 Lipson 1991, p.525, p.535.
　その他にも、Lipson教授は、「合意」を秘すことのコストとして、政府内においてさえ「合意」の内容に関し共通の理解が得られない、外交的な先例としての価値がなくなる点を指摘している（*Ibid.*, pp. 525-526)。
566 国会法第104条
「1　各議院又は各議院の委員会から審査又は調査のため、内閣、官公署その他に対し、必要な報告又は記録の提出を求めたときは、その求めに応じなければならない。
2　内閣又は官公署が前項の求めに応じないときは、その理由を疎明しなければならない。その理由をその議院又は委員会において受諾し得る場合には、内閣又は官公署は、その報告又は記録の提出をする必要がない。
3　前項の理由を受諾することができない場合は、その議院又は委員会は、更にその報告又は記録の提出が国家の重大な利益に悪影響を及ぼす旨の内閣

の声明を要求することができる。その声明があつた場合は、内閣又は官公署は、その報告又は記録の提出をする必要がない。

  4 前項の要求後十日以内に、内閣がその声明を出さないときは、内閣又は官公署は、先に求められた報告又は記録の提出をしなければならない。」

567 例えば、日本の場合、30年を経過した戦後外交記録の一般公開を2000年末までに16回にわたって行ってきた。その際、以下の公開基準に従って審査し、秘密指定を解除している。

(1) その公開により、(イ) 国の重大な利益が害される場合又は (ロ) 個人の利益が損なわれるような記録は、30年を経過していても公開しない。

(2)「国の重大な利益が害される場合」とは、例えば、(A) 国の安全、(B) 相手国との信頼関係、(C) 交渉上の利益等が害される場合又はそのおそれがある場合を指す。(http://www.mofa.go.jp/mofaj/annai/honsho/shiryo/index.html参照。)

568 前掲註219参照。

569 大沼教授が指摘する国際法の「意思伝達・交渉媒介機能」(第6章第1節参照) は、この「道筋」に関する認識の共有と重なり合う部分があると思われる。

570 Shelton 2000, p.9.

571 Bilder 2000, p.71.

572 大沼 1996, p.7.

  大沼教授は、また別の論文で、国際法が「主権国家間に妥当する法」又は「国際社会の法」とされてきたことにより、(1)「正しさ」「正義」との結びつき、(2)「権力」「強制」との結びつき、(3) 明確性、(4) 定型性と技術性、(5) 実定的共通規範性、(6) 一貫性と公平性、(7) 硬直性と先例墨守性、(8) 第三者による裁決ないし裁定性の特徴を持つと一般に理解されていると指摘している。大沼 2001 pp.29-30, 註(58)参照。

573 近代国内社会と国際社会の異同に無自覚なまま、国内法のイメージにそのまま依拠して、国際法を把握しようとする危険性については、大沼 1991参照。もっとも、本書のここの文脈においては、このような異同に無自覚だからこそ、かえって、「実定法の幻想」故に国際法に一種の「重み」を与えることになるということもできよう。

  なお、本書が法的拘束力を有しない「合意」を検討の対象とするのも、この種の「合意」が国内社会とは異なり国際社会においてははるかに重要な役割を担っていることに注目したからである。

574 Henkin 1979, pp.60-68.

575 もっとも、Henkin教授は、この「内的な力」の具体的な内容として、習慣 (habit)、他者の模倣 (imitation)、良心 (conscience) とともに、一国の憲法及び国内法体制、歴史及び伝統並びに価値観及び生活様式も挙げている。同教授は、このような観点から、一般的に、西側民主主義国、開かれた社会ほど国際法を

遵守しようとすると述べているが、この議論は必ずしも説得的ではない。もし、かかる観察が正しいのであれば、近代国内法の適用の歴史と経験が浅く、必ずしも法制度が整備していない開発途上国ほど国際法遵守の程度が低いことになるが、そのような相関関係が必ずしも自明のこととは思われない。例えば、明治期の日本のように、国際社会の一員となるため国際法の摂取・活用に意識的であった国の例もある。例えば、大平1953; 一又1973; 香西1975; 伊藤1979; 田中1987; 安岡1999等を参照。

576 Lipson 1991, pp.508-509.
　逆に、国際約束がこのような「重み」を持っているが故に、この形式を回避する場合もある。See Roessler 1978, p.53.

577 Widdows 1979, pp.138-139.

578 長谷川1987, p.108.

579 Widdows 1979, p.139.

580 その他の法的な効果——法的拘束力を有しない国際「合意」から派生する法的な含意・二次的な法的な効果——については、これらも両者に共通する現象であることは既に述べたとおりである（第4章第3節）。

581 ここで一応「近代国内社会」における法適用について述べているが、これはあくまで「理念型」としての記述である。現代世界のすべての国内社会においてこのような「理想的な」形で法適用が行われていないことは明白である。また、日本を含めたいわゆる先進国の社会においてさえも、法適用による権利回復が100%は実現していないことは言うまでもない。

582 河西1978, pp.65-71.

583 Lipson 1991, pp.507-508.

584 例えば、司法的な解決については、国際司法裁判所が20世紀末に向け活性化されてきたとの指摘もある。See Onuma 2002.

585 これに関連して、法には、強制力だけではなく、紛争解決及び交渉の手法を制約する機能もあるという興味深い指摘がある。すなわち、国際裁判に対する授権が相対的に低い場合であっても、大部分の紛争と解釈の問題は（法により）特定された手続によって取り組まれなければならず、その手続は一義的には専門的な言説（mode of discourse）を操る法律専門家によって運用されることを意味する。また、裁判以外の直接交渉の場であっても、国家は常に（いつか行われるであろう）法的な決定を意識しつつ取引を行うとしている（See Abbott and Snidal 2000, pp.430-31）。Lowe教授等が、「法は、交渉の場であっても、見えない第三者として常に存在している。自分の法的な議論がどれだけ強いかを紛争当事者が考えることは、交渉の結果に対して又は交渉から他の紛争解決形式に移行しようとする決定に対して影響を与える主要な要因である」（Collier and Lowe 2000, p.8）と指摘するのもこれと同様な趣旨であろう。

586 大沼教授は、「国際法の遵守を導くもの」として、国際法の遵守を導く多様な

要因を簡潔にまとめている。大沼 2001, pp.9-11参照。

　国際法の遵守の理由をめぐって、これまで行われてきた様々な議論については、上記の論文の他、特に米国についてはKoh 1997も参照。

587 Keller 1998, p.241.
588 Weiss教授も、前述の米国国際法協会の共同研究（前掲註32）を総括して、国際約束にも法的拘束力を有しない国際「合意」にもその遵守について一般的には同じ要因が働いている旨指摘している。Weiss 2000, p.537.
589 大沼教授も同様に、国家にとって国際法を遵守することに利益と不利益があること、しかも結局はその利益が不利益を上回ると諸国によって認識されており、そこに国際法の現状維持機能又はイデオロギー性があることを指摘している（大沼 2001, pp.17-19）。もっとも国際法に限らず、およそ何らかの「規範」又は「合意」の遵守は、それが一度決められたことを将来にわたって守るということを意味しているので、常に何らかの現状維持機能を内在しているということができる。したがって、そのことは、広い意味の「合意」である法的拘束力を有しない国際「合意」にも多かれ少なかれ関わる問題である。
590 Higgins 1994, p.16.
591 Henkin 1979, p.46.
592 Lipson 1991, p.513.
593 *Ibid.,* pp.509-512.
594 Bull 1995, p.136（引用は、邦訳p.174）.
595 Lipson 1991, p.533; Aust 2000, p.46.
596 Aust 2000, p.46
597 これまで紹介した国際政治学者及び国際関係論学者の議論を見よ。
598 大沼 2001, p.2.
599 国際法が国際社会において果たしている諸機能（大沼教授のいう前述の (a) 意思伝達・交渉媒介機能、(b) 国際社会の基本了解体現機能及び (c) 正当化・正統化機能）に着目したとき、国際政治分析にとって国際法は決して無意味でないという以下の議論については、これまでの議論を見てもわかるとおり大沼教授の諸論考から大きな示唆を得ている。特に大沼 2001参照。
600 大沼 1991, pp.76-77.
601 Reisman 1988.
602 以下引用する。(（ ）内は、引用者註)

　「こうした魅力（＝複雑な政治的問題から解放され、法の議論に取りかかること）に屈して、現代の国際法学は、学者にとっては都合の良い、しかし対象となっている事柄には不向きな、決定を認識するための単位（＝国際判例）を採用してきました。それはある良く知られた話をおもいださせます。ある夜、男がウィーンの町並みを散歩していると、身なりの良い、どうみてもしらふの、一人の市民が街灯の明かりの下でよつんばいになって這いずりまわっているのに

でくわしました。当然の事ながら男は、何がどうなっているのかと思って立ち止まります。よつんばいの方の男が時計を無くしたのだというので、この通りがかりの男は、捜すのを手伝いましょうと言って、時計は正確にはどこら辺に落としたのかと尋ねます。よつんばいの男は通りの反対側の方を指さして『あっちです』といいます。『じゃあどうして、そっちで捜さないんですか?』と通りがかりの男は怒ります。よつんばいの男はわかりきったことだといわんばかりにこう答えます。『だって、あっちは暗くて何も見えやしない。ここなら明るいじゃないですか』と。」 *Ibid.,* p.14.（訪日中に中央大学で講義した際の記録として、リースマン 1992があるが、これは、ほぼ前記の英語論考の邦訳に当たる。上記の引用は、上記邦訳p.153より行った。）

603 この意味で、Reisman教授が法には、「神話体系」（又は「神話システム」）（myth system）と「実践的基準」（又は「操作コード」）（operational code）の乖離があるとの指摘は、非常に示唆的である（*ibid.,* p.12）。本書も、このような考えにも触発されたものであるが、同教授が提唱する国際事件分析の手法は採用していない。神話システムと操作コードについては、リースマン 1983 pp.19-58も参照。

604 城山 1997.

文　献

1. 日本語文献　（50音順）

碧海純一. 2000. 『法哲学概論 新版, 全訂第2版補正版』（弘文堂）

芦部信喜. 1992. 『憲法学Ⅰ:憲法総論』（有斐閣）

新井弘一. 2000. 『モスクワ・ベルリン・東京: 一外交官の証言』（時事通信社）

アレント、ハンナ. 1994. 志水速雄（訳）『人間の条件』（ちくま学芸文庫）

アンダーソン、ベネディクト. 1997. 白石さや・白石隆（訳）『想像の共同体: ナショナリズムの起源と流行』増補版（NTT出版）

石田淳. 2000. 「コンストラクティヴィズムの存在論とその分析射程」『国際政治』第124号、11-26

石田雄. 1989. 『日本の政治と言葉 上「自由」と「福祉」』（東京大学出版会）

位田隆一. 1985a. 「『ソフトロー』とは何か」（一）『法学論叢』第117巻5号、1-26

位田隆一. 1985b. 「『ソフトロー』とは何か」（二）『法学論叢』第117巻6号、1-21

位田隆一. 1995. 「ソフト・ロー」国際法学会編『国際関係法辞典』（三省堂）512

伊藤不二男. 1979. 「国際法」野田良之・碧海純一編『日本近代法思想史』（近代日本思想体系 7、有斐閣）461-502

植木俊哉. 1999. 「国際組織と法: 国際組織法の概念」横田洋三編『国際組織法』（有斐閣）22-34

内山融. 1999. 「WTOと我が国通商政策の転換」『貿易と関税』1999年1月号、32-47

枝村純郎. 1997. 『帝国解体前後: 駐モスクワ日本大使の回想1990~1994』（都市出版）

エーデルマン、マーレー. 1998. 法貴良一（訳）『政治の象徴作用』（中央大学出版部）

NHK取材班. 1993. 『周恩来の決断: 日中国交正常化はこうして実現した』（日本放送出版協会）

大平善梧. 1953. 「日本の国際法の受容」『（小樽商科大学）商学討究』第4巻3号、299-314

大平正芳回想録刊行会編著. 1983. 『大平正芳回想録』（鹿島出版会）

大沼保昭. 1975. 『戦争責任論序説: 「平和に対する罪」の形成過程におけるイデオロギー性と拘束性』（東京大学出版会）

大沼保昭. 1981. 「国際法学の国内モデル思考」広部和也・田中忠編『国際法と国内法-国際公益の展開・山本草二先生還暦記念』（勁草書房）57-82

大沼保昭（編著）. 1996. 『資料で読み解く国際法』（東信堂）

大沼保昭. 1998. 『人権、国家、文明: 普遍主義的人権観から文際的人権観へ』（筑摩書房）

大沼保昭（編著）. 2000.『東亜の構想 : 21世紀東アジアの規範秩序を求めて』（筑摩書房）

大沼保昭. 2001.「国際社会における法と政治: 国際法学の『実定法主義』と国際政治学の『現実主義』の呪縛を超えて」同編『日本と国際法の100年』第1巻（国際法学会百周年記念論文集第一巻、三省堂）1-34

外務省国内広報課. 2000.『我らの北方領土 2000年版』（外務省国内広報課）

外務省条約局（編集）. 1998.『主要条約集（平成10年版）上巻』（外務省条約局）

河西直也. 1978.「国際紛争の平和的解決と国際法」寺沢一他編『国際法学の再構築（下）』（東京大学出版会）51-105

河西直也. 1981.「国際法における『合法性』の観念: 国際法『適用』論への覚え書き」（一）（二）『国際法外交雑誌』第80巻1号、1-44、2号、1-58

河西直也.1987.「国連法体系における国際立法の存在基盤-歴史的背景と問題の所在-」大沼保昭（編）『国際法, 国際連合と日本・高野雄一先生古稀記念論文集』（弘文堂）77-121

一又正雄. 1973.『日本の国際法学を築いた人々』（日本国際問題研究所）

勝海舟（述）. 1984.「氷川清話」江藤淳編集『勝海舟』（中央公論社）43-186

加藤洋子. 1998.「ココムからワッセナー合意へ――『新しい冷戦史』と今日の輸出規制」『国際問題』461号、16-30

カリエール. 1978. 坂野正高（訳）『外交談判法』（岩波書店）（原著は、François de Callières, *De la manière de négocier avec les souverains*, Paris: Michel Brunet, 1716）

吉川元. 1994.『ヨーロッパ安全保障協力会議（CSCE）: 人権の国際化から民主化支援への発展過程の考察』（三嶺書房）

国吉浩. 1998.「ココムの終焉とワッセナー・アレンジメントの成立」『新防衛論集』第26巻2号、94-111

栗山尚一. 1993.「栗山外務省条約局条約課長の日中共同声明の解説」竹内実編『日中国交基本文献集 下巻』（蒼蒼社）243-255、（時事通信社政治部編『ドキュメント 日中復交』（時事通信社、1972年）に掲載したものを再録）

ゲバリ、ヴィクトール=イヴ. 1992.「人的次元（第3バスケット）」百瀬・植田 1992 所収。

ケラー、ハーゲン. 1990. 西川洋一（訳）「中世の伝承に見るヨーロッパ文字文化の発展-所見と考察」『（大阪市立大学）法学雑誌』第37巻2号、265-287

香西茂. 1975.「幕末開国期における国際法の導入」『（京都大学）法学論叢』第97巻5号、1-38

国際法事例研究会. 1983.『日本の国際法事例研究（1）: 国家承認』（日本国際問題研究所）

国際法事例研究会. 1996.『日本の国際法事例研究（4）: 外交・領事関係』（慶應義塾大学出版会）

国際法事例研究会. 2001.『日本の国際法事例研究（5）: 条約法』（慶應義塾大学出

版会）

古城佳子 2001.「『緩やかな国際制度』と遵守: IMFのコンディショナリティーを事例として」『国際法外交雑誌』第100巻2号、35-62

小松一郎. 1995a.「行政取極」国際法学会編『国際関係法辞典』（三省堂）176-177

小松一郎. 1995b.「国会承認条約」国際法学会編『国際関係法辞典』（三省堂）339-40

坂野正高. 1971.『現代外交の分析』（東京大学出版会）

佐藤丙午. 2000.「ココムからワッセナーへ——不拡散輸出管理はなぜ生まれたか」『一橋論叢』第123巻1号、114-130

シュワイツ、M.L. 1997. 松隈潤（訳）「民の声を聞く——市民社会, NGO, 国際法」『西南学院大学法学論集』第29巻4号、57-75

篠田英朗. 2001.「国際社会における『法の支配』: 新しい紛争解決の方向性において」『創文』434号（8月号）、7-12

篠田英朗. 2000.「国家主権概念の変容——立憲主義的思考の国際関係理論における意味——」日本国際政治学会編『国際政治第124号: 国際政治理論の再構築』、89-107

城山英明. 1997.『国際行政の構造』（東京大学出版会）

杉山晋輔. 1998.「先端産業に於ける国家管轄権問題の本質」村瀬信也・奥脇直也編『国家管轄権: 国際法と国内法・山本草二先生古稀記念』（勁草書房）421-470

高野雄一. 1986.『全訂新版国際法概論』（下）（弘文堂）

田中忠. 1987.「我が国における戦争法の受容と実践: 幕末明治期を中心に」大沼保昭（編）『国際法、国際連合と日本』（弘文堂）385–426

田中成明. 1994.『法理学講義』（有斐閣）

丹波実. 1995.「国際約束」国際法学会編『国際関係法辞典』（三省堂）296

通商産業省通商政策局米州課（編）. 1997.『日米自動車交渉の奇跡: 新たな日米経済関係構築への取り組み』（通商産業調査会出版部）

中谷和弘. 1992.「言葉による一方的行為の国際法上の評価」『国家学会雑誌』第105巻1・2号、1-61

中谷和弘. 1993.「言葉による一方的行為の国際法上の評価」『国家学会雑誌』第106巻3・4号、243-298

中谷和弘. 1998.「言葉による一方的行為の国際法上の評価」『国家学会雑誌』第111巻1・2号、1-59

中谷和弘. 2000.「演習: 国際法」『法学教室』234号、124

中村耕一郎. 1995.「外交関係の開設」国際法学会編『国際関係法辞典』（三省堂）98-99

ニコルソン、ハロルド. 1968. 斎藤眞・深谷満雄（訳）『外交』（東京大学出版会）（原著は、Harold Nicolson, *Diplomacy*, 3rd ed., London: Oxford University Press, 1963）

西村めぐみ. 2000.『規範と国家アイデンティティの形成 OSCEの紛争予防・危機管

理と規範をめぐる政治課程』(多賀出版)

西元宏治. 1997.「条約解釈における『事後の実行』」『本郷法政紀要』第6号、207-240

ハヴェル、バーツラフ. 1991. 飯島周 (訳)「言葉についての言葉」『反政治のすすめ』(恒文社) 25-48. (原文は、1989年7月25日に執筆され、同年10月15日に西ドイツ (当時) で行われた国際書籍見本市平和賞授賞式で代読された演説)

バーゲンソル、トーマス. 1999. 小寺初世子 (訳)『国際人権法入門』(東信堂)

橋本ヒロ子. 1999.「多国間会議とNGOの役割——女性の地位向上を審議する国際会議を中心に」『国際問題』No.470、45-57

長谷川正国. 1982.「国際社会におけるいわゆる非法律的合意の一考察」(1)『福岡大学論叢』第27巻1号、1-37

長谷川正国. 1983.「国際社会におけるいわゆる非法律的合意の一考察」(2)『福岡大学論叢』第27巻3号、207-254

長谷川正国. 1984.「SALT I 及びSALT II 条約の遵守の国際法上の根拠」『福岡大学論叢』第28巻2–4合併号、169-215

長谷川正国. 1985.「国際社会におけるいわゆる非法律的合意の一考察」(3)『福岡大学論叢』第29巻1–4合併号、153-193

長谷川正国. 1986.「国際合意の新カテゴリー——M・ビラリーにおける『純粋の政治的拘束』の概念」、住吉良人他編『二十一世紀の国際法・宮崎繁樹教授還暦記念』(成文堂) 119-149

長谷川正国. 1987.「F・ミュンヒにおける『非拘束的合意』論」『福岡大学法学論叢』第32巻2号、97-128

長谷川正国. 1995.「紳士協定」国際法学会編『国際関係法辞典』(三省堂) 444

馬場憲男. 1996.「現代国際関係におけるNGO——国連を中心に」『国際問題』441号、2-16

春田哲吉. 1994.『パスポートとビザの知識』新版 (有斐閣)

廣瀬和子. 1995.「国際社会の構造と平和形成のメカニズム: 強制措置の実効性を中心に」廣瀬和子・綿貫譲治 (編)『新国際学: 変容と秩序』(東京大学出版会) 106-142

藤田順三. 1995.「条約の署名」国際法学会編『国際関係法辞典』(三省堂) 425

藤田久一. 1988.「外交政策形成における政府と議会——行政取決めの日米比較——」関西大学経済・政治研究所・公共政策研究班編『現代日本の公共政策』(関西大学経済・政治研究所) 422-466

藤田久一. 1992.『国際法講義 I』(東京大学出版会)

プレ、アラン／コット、ジャン=ピエール (共編). 1993.『コマンテール国際連合憲章 国際連合憲章逐条解説 下』(東京書籍)

細谷千博他 (編). 1999.『日米関係資料集 1945-97』(東京大学出版会)

マクルーハン、マーシャル. 1986. 森常治 (訳)『グーテンベルクの銀河系: 活字人

間の形成』(みすず書房)
マクルーハン、マーシャル. 1987. 栗原裕・河本仲聖 (訳)『メディア論:人間の拡張の諸相』(みすず書房)
皆川洸 (訳). 1980.「エーゲ海大陸棚事件」『国際法外交雑誌』第79巻1号、44-74
ミュラー、クラウス. 1976. 辻村明・松村健生 (訳)『言語と政治』(東京創元社)
村瀬信也. 1994.「現代国際法の動態」村瀬信也・奥脇直也・古川照美・田中忠著『現代国際法の指標』(有斐閣) 1-61
森川幸一. 1995.「ココム」国際法学会編『国際関係法辞典』(三省堂) 337
百瀬宏・植田隆子 (編). 1992.『欧州安全保障協力会議 (CSCE) 1975-92』(日本国際問題研究所)
安岡昭男. 1999.「日本における万国公法の受容と適用」『東アジア近代史』第2号、45-64
谷内正太郎. 1991.「国際法規の国内的実施」広部和也・田中忠編『国際法と国内法-国際公益の展開・山本草二先生還暦記念』(勁草書房) 109-131
谷内正太郎. 2001.「日本に於ける国際条約の実施」『国際法外交雑誌』第100巻1号、1-21
柳井俊二. 1979.「条約締結の実際的要請と民主的統制」『国際法外交雑誌』第78巻4号、391-451
藪中三十二. 1990.「日米構造問題協議: その今日的意義・特色及び法的位置づけ」『ジュリスト』965号、46-52
山本草二. 1994.『国際法』新版 (有斐閣)
山本吉宣. 1996.「国際レジーム論」『国際法外交雑誌』第95巻1号、1-53.
横田喜三郎. 1963.『外交関係の国際法』(有斐閣)
横田洋三. 2001.『国際機構の法構造』(国際書院)
吉田茂. 1998.『回想十年1』(中公文庫)
リースマン、W. M. 1983. 奥平康弘 (訳)『贈収賄の構造』(岩波書店)
リースマン、マイケル. 1992. 宮野洋一 (訳)「国際事件分析——国際法認識の新たな方法」『法学新報 (中央大学)』99巻1, 2号、137-170
リースマン、W・マイケル/ベーカー、ジェームズ・E. 2001. 宮野洋一・奥脇直也 (訳)『国家の非公然活動と国際法: 秘密という幻想』(中央大学出版部)

2. 外国語文献　(アルファベット順)

Abbott, Kenneth W. 1999. "International Relations Theory, International Law, and the Regime Governing Atrocities in Internal Conflicts," *AJIL* 93: 361-379

Abbott, Kenneth W., Keohane, Robert O., Moravcsik, Andrew, Slaughter, Anne-Marie and Snidal, Duncan. 2000. "The Concept of Legalization," *International Organization* 54 (3) (*"Special Issue: Legalization and World Politics"*): 401-420

Abbott, Kenneth W. and Snidal, Duncan. 2000. "Hard and Soft Law in International

Governance," *International Organization* 54 (3) (*"Special Issue: Legalization and World Politics"*) : 421-456

Arend, Anthony Clark. 1999. *Legal Rules and International Society*, New York: Oxford University Press.

Aust, Anthony. 1986. "The Theory and Practice of Informal International Instruments," *ICLQ* 35: 787-812

Aust, Anthony. 2000. *Modern Treaty Law and Practice*, Cambridge: Cambridge University Press

Barnett, Michael N. and Finnemore, Martha. 1999. "The Politics, Power, and Pathologies of International Organizations," *International Organization* 53: 699-732

Baxter, R.R. 1980. "International Law in 'Her Infinitive Variety,'" *ICLQ* 29: , 549-566

Beck, Robert J., Arend, Anthony Clark and Lugt, Robert D. Vander (eds.). 1996. *International Rules : Approaches from International Law and International Relations*, New York : Oxford University Press

Beschloss, Michael R. and Talbott, Strobe. 1993. *At the Highest Levels: The Inside Story of the End of the Cold War*, Boston: Little, Brown (邦訳: 浅野輔訳『最高首脳交渉: ドキュメント・冷戦終結の内幕』(同文書院インターナショナル、1993年))

Beyerlin, Ulrich. 1997. "Pactum de Contrahendo, Pactum de Negotiando," in , R. Bernhardt (ed.), *Encyclopedia of Public International Law*, Volume III, Amsterdam: North-Holland: 854-858

Bilder, Richard B. 1981. *Managing the Risks of International Agreement*, Madison: University of Wisconsin Press

Bilder, Richard. 2000. "Beyond Compliance: Helping Nations Cooperate" in Dinah Shelton (ed.), *Commitment and Compliance: the Role of Non-binding Norms in the International Legal System*, Oxford: Oxford University Press: 64-73

Blix, Hans and Emerson, Jirina H. (eds.). 1973. *The Treaty Maker's Handbook*, The Dag Hammerskjöld Foundation

Bothe, Michael. 1980. "Legal and Non-legal Norms: A Meaningful Distinction in International Relations?," *Netherlands Yearbook of International Law* 11: 65-95

Bowett, D.W. 1957. "Estoppel before International Tribunals and Its Relation to Acquiescence," *BYIL* 33: 176-202

Bull, Hedley. 1995. *The Anarchical Society: Study Of Order in World Politics*, 2nd ed., New York : Columbia University Press (邦訳: 臼杵英一訳『国際社会論: アナーキカル・ソサイエティ』(岩波書店、2000年))

Byers, Michael. 1997. "Taking the Law out of International Law: A Critique of the 'Iterative Perspective'," *Harvard International Law Journal* 38: 201-205

Cassese, Antonio. 2001. *International Law,* New York: Oxford University Press

Chayes, Abram and Chayes, Antonia Handler. 1995. *The New Sovereignty: Compliance with*

International Regulatory Agreements, Cambridge, Mass.: Harvard University Press
Chinkin, Christine. 1989. "The Challenge of Soft Law: Development and Change in International Law," ICLQ 38: 850-866.
Chinkin, Christine. 1997. "A Mirage in the Sand? Distinguishing Binding and Non-Binding Relations Between States," Leiden Journal of International Law 10: 223-247
Chinkin, Christine. 2000a. "Normative Development in the International Legal System," in Dinah Shelton (ed.), Commitment and Compliance: The Role of Non-binding Norms in the International Legal System, Oxford: Oxford University Press: 21-42
Chinkin Christine 2000b. "Human Rights and the Politics of Representation: Is There a Role for International Law," in Michael Byers (ed.), The Role of Law in International Politics: Essays in International Relations and International Law, Oxford; Oxford University Press: 131-147
Collier, John and Lowe, Vaughan. 2000. The Settlement of Disputes in International Law: Institutions and Procedures, Oxford; Oxford University Press
Deutsch, Karl W. and Hoffmann, Stanley (eds.). 1968. The Relevance of International Law: Essays in Honor of Leo Gross, Cambridge, Mass.: Schenkman Pub. Co.
Eisemann, Pierre Michel. 1979. "Le Gentleman's agreement comme source du droit international," Journal du Droit International 106 : 326-348
Fawcett, J.E.S. 1953. "The Legal Character of International Agreements," BYIL, 30 382-400
Field, David Dudley. 1876. Outlines of an International Code, 2nd ed., New York : Baker, Voorhis & Co., London : Trubner & Co.
Finnemore, Martha. 1993. "International Organizations as Teachers of Norms: the United Nations Educational, Scientific, and Cultural Organization and Science Policy," International Organization 47: 565-597
Finnemore, Martha. 1996a, "Norms, Culture, and World Politics: Insights from Sociology's Institutionalism," International Organization 50: 325-347
Finnemore, Martha. 1996b. National Interests in International Society, Ithaca, Cornell University Press
Finnemore, Martha. 2000. "Are Legal Norms Distinctive?," New York University Journal of International Law 32: 699-705
Finnemore, Martha and Sikkink, Kathryn. 1998. "International Norm Dynamics and Political Change," International Organization 52: 887-917
Francioni, Francesco. 1996. "International 'Soft Law': A Contemporary Assessment," in Vougham Lowe and Malgosia Fitzmaurice (eds.), Fifty Years of the International Court of Justice: Essays in honour of Sir Robert Jennings, Cambridge, U.K., Cambridge University Press: 167-178
Garner, Bryan A. (ed.). 1999. Black's Law Dictionary, 7th ed., St. Paul, Minn.: West Group
Gold, Joseph. 1983. "Strengthening the Soft International Law of Exchange Arrangements,"

AJIL 77: 443-489

Goldstein, Judith and Keohane, Robert O. 1993. "Ideas and Foreign Policy: An Analytical Framework," in *id.* (eds.), *Ideas and Foreign Policy: Beliefs, Institutions, and Political Change,* Ithaca, Cornell University Press: 3-30

Haas, Peter M. 2000. "Choosing to Comply: Theorizing from International Relations and Comparative Politics," in Dinah Shelton (ed.), *Commitment and Compliance: the Role of Non-binding Norms in the International Legal System,* Oxford: Oxford University Press: 43-64

Henkin, Louis. 1979. *How Nations Behave,* 2nd ed., New York, Columbia University Press

Higgins, Rosalyn. 1963. *The Development of International Law through the Political Organs of the United Nations,* London, New York, Oxford University Press

Higgins, Rosalyn. 1994. *Problems and Process: International Law and How We Use It,* Oxford, Oxford University Press

Hillgenberg, Hartmut. 1999. "A Fresh Look at Soft Law," *EJIL* 10: 499-515

Hoffmann, Stanley. 1968. "International Law and the Control of Force," in Deutsch and Hoffmann 1968: 21-46

Hoffmann, Stanley. 1987. "International Systems and International Law," in *id. Janus and Minerva: Essays in the Theory and Practice of International Politics,* Boulder and London: Westview Press: 149-177 (初出は、Stanley Hoffmann, *The State of War: Essays in the Theory and Practice of International Politics,* New York: Praeger Publishers, 1965)

Hopkins, C.A. 1998. "Review on *The Concept of Treaty in International Law* by Jan Klabbers," *BYIL* 68: 278-280

Hurd, Ian. 1999. "Legitimacy and Authority in International Politics," *International Organization* 53: 379-408

Hurrell, Andrew. 1993. "International Society and the Study of Regimes: A Reflective Approach," in Volker Rittberger (ed.), *Regime Theory and International Relations,* Oxford: Claredon Press: 49-72.

Hutchinson, D.N. 1993. "The Significance of the Registration or Non-Registration of an International Agreement in Determining Whether or Not It Is a Treaty," *Current Legal Problem* 46: 257-290

Ingelse, Chris. 1991. "Soft Law?," *Polish Yearbook of International Law* 20: 75-90

International Organization "Special Issue: Legalization and World Politics," Volume 54 Issue 3, Summer 2000 (edited by Judith Goldstein, Miles Kahler, Robert O. Keohane and Anne-Marie Slaughter)

  (後に、Judith Goldstein, Miles Kahler, Robert O. Keohane and Anne-Marie Slaughter (eds.), *Legalization and World Politics,* Cambridge, Massachusetts and London, England: The MIT Press, 2001として単行本化)

Jennings, Sir Robert and Watts, Sir Arthur (eds.). 1996. *Oppenheim's International Law*, 9th ed. Harlow, Essex: Longman

Johnston, Douglas M. 1997. *Consent and Commitment in the World Community: The Classification and Analysis of International Instruments*, Irvington-on-Hudson, N.Y.: Transnational Publishers

Katzenstein, Peter J. (ed.). 1996. *The Culture of National Security: Norms and Identity in World Politics*, New York: Columbia University Press

Keohane, Robert O. 1997. "International Relations and International Law: Two Optics," *Harvard International Journal* 38: 487-502

Keohane, Robert O. and Nye, Jospeh S. 1989. *Power and Interdependence*, 2nd ed., Glenview, Ill.: Scott, Foresman

Keller, Perry. 1998. "Book Review on *The Concept of Treaty in International Law* by Jan Klabbers," *ICLQ* 47: 240-241

Kiss, Alexandre. 2000. "Commentary and Conclusion" of Chapter 5, in Dinah Shelton (ed.), *Commitment and Compliance: The Role of Non-binding Norms in the International Legal System*, Oxford: Oxford University Press: 233-242

Klabbers, Jan. 1994. "Informal Agreements in International Law: Towards a Theoretical Framework," *The Finnish Yearbook of International Law* 5: 267-387

Klabbers, Jan. 1996a. *The Concept of Treaty in International Law*, The Hague: Kluwer Law International.

Klabbers, Jan. 1996b. "The Redundancy of Soft Law," *Nordic Journal of International Law* 65: 167-182

Kocs, Stephan A. 1994. "Explaining the Strategic Behavior of States: International Law as System Structure," *International Studies Quarterly* 38: 535-556.

Koh, Harold Hongju. 1997. "Why Do Nations Obey International Law," *Yale Law Journal* 106 : 2588-2659.

Krasner, Stephan D. 1983. "Structural Cause and Regime Consequences: Regime as Intervening Variables," in *id.,* (ed.), International Regime, Ithaca, Cornell University Press: 1-21

Kratochwil, Friedlich v. 2000. "How Do Norms Matter?," in Michael Byers (ed.), *The Role of Law in International Politics: Essays in International Relations and International Law*, Oxford; Oxford University Press: 35-68.

Kratochwil, Friedlich and Ruggie, John Geraed. 1986. "International Organization: A State of the Art on an Art of the State," *International Organization* 40: 753-775.

Kuriyama Takakazu. 1973. "Some Legal Aspects of the Japan-China Joint Communique," *The Japanese Annual of International Law* 17: 42-51

Lauterpacht, E. 1977. "Gentlemen's Agreements," in Werner Flume *et al.* (eds.), *Internationales Recht und Wirtschaftsordnung: Festschr. für F.A. Mann zum 70.*

Geburtstag am 11. August 1977, München: Beck: 381-398

Lipson, Charles 1991. "Why Are Some International Agreements Informal?," *International Organization* 45: 495-538

Malanczuk, Peter. 1997. *Akehurst's Modern Introduction to International Law,* 7th rev. ed., London: Routledge

Marston, Geoffery (ed.). 1990. "United Kingdom Materials on International Law 1989," *BYIL* 60: 579-583

Marston, Geoffery (ed.). 1993. "United Kingdom Materials on International Law 1992," *BYIL* 63: 629-631

McNair, Lord. 1961. *The Law of Treaties,* Oxford : Clarendon

McNeill, John H. 1994. "International Agreements: Recent U.S-UK Practice Concerning the Memorandum of Understanding," *AJIL* 88: 821-826

Mulford, David C. 1991. "Non-Legal Arrangements in International Economic Relations," *Virginia Journal of International Law* 31: 437-446

Münch, Fritz. 1969. "Comments on the 1968 Draft Convention on the Law of Treaties: Non-biding Agreements," *Zeistschrift für ausländisches öffentliches Recht und Völkerrecht* Bd.29: 1-11

Münch, Fritz. 1983, "Etude exploratoire" in Virally 1983a, 307-327 (Annexe III)

Münch, Fritz. 1997. "Non-Binding Agreements," in R.Bernhardt (ed.), *Encyclopedia of Public International Law,* Volume III, Amsterdam: North-Holland: 606-611

Nash (Leich), Marian. 1994. "International Act Not Constituting Agreement" in "Contemporary Practice of the United States Relating to International Law", *AJIL* 88: 515-519

Nash (Leich), Marian. 1995. "Peaceful Uses of Nuclear Energy" in "Contemporary Practice of the United States Relating to International Law," *AJIL* 89: 119-21

Nicolson, Harold. 1953. *The Evolution of Diplomatic Method,* London: Constable & Co. LTd.

Onuma Yasuaki. 1993. "Agreement" in *id.* (ed.), *A Normative Approach to War: Peace, War, and Justice in Hugo Grotius,* Oxford: Clarendon Press: 174-220

Onuma Yasuaki. 2002 "The ICJ: An Emperor Without Clothes?: International Conflict Resolution, ICJ Statute Article 38, and the 'Sources' of International Law," in Ando Nisuke *et al.* (eds.), *Liber Amicoram Judge Oda,* The Hague: Kluwer Law International

Paust, Jordan J. 2000. "International Law as Law of the United States: Trends and Prospects," a draft for Japanese American Society for Legal Studies, symposium, September 17

Peaslee, Amos J. 1974. *International Governmental Organizations : Constitutional Documents,* Revised 3rd ed., Vol.1 (1), The Hague : Nijhoff

Ratner, Steve R. 2000. "Does International Law Matter in Preventing Ethnic Conflict?," *New York University Journal of International Law* 32: 591-698

Reinicke, Wolfgang and Witte, Jan Martin. 2000. "Economic Interdependence, Globalization and Sovereignty: The Role of Non-binding International Legal Accords," in Dinah Shelton (ed.), *Commitment and Compliance: The Role of Non-binding Norms in the International Legal System*, Oxford: Oxford University Press: 75-100

Reisman, W. Michael. 1988. "International Incidents: Introduction to a New Genre in the Study of International Law," in W. Michael Reisman and Andrew R. Willard (ed.), *International Incidents: The Law That Counts in World Politics*, Princeton: Princeton University Press: 3-24

Reisman, Michael. 1992. "The Concept and Functions of Soft Law in International Politics," in Emmanuel G. Bello and Bola A. Ajibola (eds.), *Contemporary International Law and Human Rights*, Essays in honour of Judge Taslim Olawale Elias, Vol. 1, Dordrecht: M. Nijhoff: 133-144

Ress, Hans-Konrad. 1997. Addendum 1995 to "Non-Binding Agreements," by Fritz Münch in R.Bernhardt (ed.), *Encyclopedia of Public International Law*, Volume III, Amsterdam: North-Holland: 611-612

Reuter, Paul. 1985. "The Operational and Normative Aspects of Treaties," *Israel Law Review* 20 : 123-136.

Reuter, Paul. 1989. *Introduction to the Law of Treaties* (translated by José Mico and Peter Haggenmacher), London: Pinter Publishers

Roessler, Frieder. 1978. "Law, De Facto Agreements and Declarations of Principles in International Relations," *German Yearbook of International Law* 21: 27-59

Rosenne, Shabtai. 1989. "The Role of the Written Arrangement in International Relations and International Law," in *id.*(ed.), *Development in the Law of Treaties 1945-1986*, Cambridge: Cambridge University Press: 85-134

Rosenne, Shabtai. 1997. "The Qatar / Bahrain Case, What is a Treaty? : A Framework Agreement and the Seizing of the Court," *Leiden Journal of International Law* 8: 161-182

Satow, Sir Ernest. 1917. *A Guide to Diplomatic Practice*, London : Longmans, Green and Co.

Satow, Ernest. Bland, Neville (eds.). 1957. *A Guide to Diplomatic Practice*, 4th ed. London: Longmans, Greens and Co. Ltd.

Schachter, Oscar. 1977. "The Twilight Existence of Nonbinding International Agreements," *AJIL* 71: 296-304

Schachter, Oscar. 1991a. *International Law in Theory and Practice*, Boston: M. Nijhoff Publishers

Schachter, Oscar. 1991b. "Non-Conventional Concerted Acts," as Chapter 11 in Mohammed Bedjaoui (ed.), *International Law: Achievements and Prospects*, Paris: UNESCO: 265-269

Schachter, Oscar. 1997. "The UN Legal Order: An Overview," in Christopher C. Joyner (ed.), *The United Nations and International Law*, Cambridge: Cambridge University

Press: 3-26

Schermers, Henry G. and Blokker, Niels M. 1995. *International Institutional Law: Unity within Diversity*, 3rd rev. ed., The Hague: M. Nijhoff

Seidl-Hohenfeldern, Ignaz. 1979. "International Economic Soft Law," *Recueil de cours* 163: 169-246

Shelton, Dinah (ed.). 2000. Commitment and Compliance: *The Role of Non-binding Norms in the International Legal System*, Oxford: Oxford University Press

Shelton, Dinah. 2000. "Introduction: Law, Non-Law and the Problem of 'Soft Law'," in *id.* (ed.), *Commitment and Compliance: The Role of Non-binding Norms in the International Legal System*, Oxford: Oxford University Press: 1-18

Shinoda Hideaki. 2000. "The Politics of Legitimacy in International Relations: The Case of NATO Intervention in Kosovo," *First Press: New Writing on World Politics, Society and Culture* [http://www.theglobalsite.ac.uk/press.htm], October

Shinoda Hideaki. 2001. "Peace-building by the Rule of Law: An Examination of Intervention in the form of International Tribunals, *First Press: New Writing on World Politics, Society and Culture* [http://www.theglobalsite.ac.uk/press.htm]

Sinclair, Ian. 1984. *The Vienna Convention on the Law of Treaties*, Second, revised and enlarged ed., Manchester: Manchester University Press

Sinclair, Sir Ian. 1996. "Estoppel and Acquiescence" in Vougham Lowe and Malgosia Fitzmaurice (eds.), *Fifty Years of the International Court of Justice: Essays in honour of Sir Robert Jennings*, Cambridge, U.K., Cambridge University Press: 104-120

Sinclair, Ian. 1997. "Book Reviews and Notes on *The Concept of Treaty in International Law* by Jan Klabbers," *AJIL* 91: 748-750

Shaw, Malcolm N. 1997. *International Law*, 4th ed., Cambridge, U.K.: Cambridge University Press

Slaughter Burley, Ann-Marie. 1993. "International Law and International Relations Theory: A Dual Agenda," *AJIL* 87: 205-239.

Slaughter, Ann-Marie. 1995. "International Law in a World of Liberal States," *EJIL* 6: 503-538

Slaughter, Ann-Marie. 2000. "Governing the Global Economy through Government Networks," in Michael Byers (ed.), *The Role of Law in International Politics: Essays in International Relations and International Law*, Oxford; Oxford University Press: 177-205

Slaughter, Ann-Marie, Tulumello, Andrew S. and Wood, Stepan. 1998. "International Law and International Relations Theory: A New Generation of Interdisciplinary Scholarship," *AJIL* 92: 367-397

Stern, Brigitte. 2000. "How to Regulate Globalization?," in Michael Byers (ed.), *The Role of Law in International Politics: Essays in International Relations and International Law*, Oxford; Oxford University Press: 247-268

Suganami Hidemi. 1989. *The Domestic Analogy and World Order Proposals*, Cambridge; New York: Cambridge University Press（邦訳 H.スガナミ. 1994. 臼杵英一訳、『国際社会論：国内類推と世界秩序構想』（信山社出版））

Suganami, Hidemi. 1996. *On the Causes of War*, Oxford: Clarendon Press

Székely, Alberto. 1997. "Non-binding Commitments: A Commentary on the Softening of International Law Evidenced in the Environmental Field," in *International Law on the Eve of the Twenty-first Century : Views from the International Law Commission*, New York: United Nations Publication: 173-199

Tunkin, Grigory I. 1988. "International Law and Other Social Norms Functioning within the International System," Bin Cheng and E. D. Brown (eds.), *Contemporary Problems of International Law: Essays in Honour of Georg Schwarzenberger on His Eightieth Birthday*, London: Stevens & Sons Limited: 282-300

Virally, Michel. 1983a. "La distinction entre texts internationoaux ayant une portée jurisdique dans les relations mutuelles entre leurs auteurs et textes qui sont dépourvus: Rapport définitif," Institut de Droit International, *Annuaire,* Vol.60, tom I, Session de Cambridge, Travaux preparatoires : 166-327

Virally, Michel. 1983b. "Review Essay: Good Faith in Public International Law," *AJIL* 77: 130-134

Weil, Prosper. 1983. "Towards Relative Normativity in International Law?," *AJIL* 77: 413-442

Weinstein, Franklin B. 1969. "The Concept of a Commitment in International Relations," *The Journal of Conflict Resolution* 13: 39-56

Weiss, Edith Brown. 2000. "Conclusions: Understanding Compliance with Soft Law," in Dinah Shelton (ed.), *Commitment and Compliance: The Role of Non-binding Norms in the International Legal System*, Oxford: Oxford University Press: 535-553

Wendt, Alexander. 1992. "Anarchy is What States Make of It: the Social Construction of Power Politics," *International Organization* 46: 391-425

Wendt, Alexander. 1994. "Collective Identity Formation and the International State," *American Political Science Review* 88: 384-396

Wendt, Alexander. 1995. "Constructing International Politics," *International Security* 20: 71-81

Wendt, Alexander. 1999. *Social Theory of International Politics*, Cambridge: Cambridge University Press

Widdows, Kelvin. 1979. "What is an Agreement in International Law?," *BYIL* 50: 117-149

略号
AJIL: American Journal of International Law
BYIL: British Yearbook of International Law

DUSPIL: Digest of United States Practice in International Law
EJIL: European Journal of International Law
I.C.J. Reports: International Court of Justice, Reports of Judgments, Advisory Opinions and Orders
I.L.M.: International Law Materials
ICLQ: International and Comparative Law Quarterly
YILC: Yearbook of International Law Commission

あとがき

　この本は、法的拘束力を有しない国際「合意」という、国際社会における法と政治のいわば「すき間」を扱ったものである。著者としては、最初は、外務省条約局勤務時代に、「条約」でないにもかかわらず条約と同じぐらい、又はそれ以上に、頻繁に扱わなければならなかったこの種の文書、そしてそこに表れている「合意」の正体を見極めてやろうというつもりでこの問題に取りかかった。その結果、この問題が、これまで国際法学が必ずしも中心的な課題として扱ってこなかったにもかかわらず、実は、国際社会における「法的拘束力」とは何かというかなり本質的な問題へと繋がるテーマであることがわかってきた。著者が実務を通じて得た知見をできるだけ反映させるようにはしたが、この本の試みが実際にどこまで成功したかについては、読者のご批判を仰がなければならない。この本が様々な批判の「たたき台」としてこの分野におけるささやかな一歩となることができたなら、私としてはこの本を公にした意味が十分にあったと考えている。

　この本が世に出ることができた背景を簡単に説明しておきたい。

　本書は、著者が1999年7月より2001年6月末まで東京大学大学院法学政治学研究科比較法政国際センター客員助教授として在職する機会を得たことを利用して執筆したものである。著者は、これまで外交実務に携わる中で、いわば外交政策の「道具」としての国際法に関わってきた。しかし、この貴重な2年を通じて「研究対象」としての国際法にどっぷりと浸ることができた。

　その意味でも真っ先に大沼保昭教授に対し深甚なる感謝の意を述べなければならない。先生は、かつて著者が法学部学生だった時に先生のゼミに属し2年間にわたりご指導頂いただけでなく、それから十数年後、何の学問的実

績も素養もない著者を再度母校に受け入れるという貴重な機会を与えて下さった。東京大学在職中も先生と共同のゼミを開催する機会を得た。省みると、そのゼミで学生に対して教えていたというよりも、むしろ先生より教わることの方が多かったと思う。この本が完成に至る過程においても、本書の草稿を読んで頂くなど、度々貴重かつ厳しいアドヴァイスを頂いたことに対しても感謝申し上げたい。また、この本を出版することができたのも、先生のご推薦によるものであることも申し添えて置きたい。

東京大学在職中の2年間は、たくさんの先生のご指導の下、充実して過ごすことができた。まず、藤田久一教授（現関西大学）、横田洋一教授（現中央大学）、奥脇直也教授、小寺彰教授、岩沢雄司教授、中川淳司教授、中谷和弘教授をはじめとする東大国際法研究会メンバーの先生に感謝申し上げたい。著者は、2000年11月に同研究会の場で本書の初期段階の内容を発表する機会を得た。その場で得られた貴重なご意見とご批判は、本書を完成するに当たって大いなる糧となった。特に、奥脇教授には、お忙しい中本書の草稿を丁寧に読んで頂き、文章の「てにをは」に至るまで詳細なコメントを頂いたことは、感謝に堪えない。

長谷川正国教授（福岡大学）にも感謝申し上げたい。長谷川教授は、この分野における我が国の先駆者であるばかりでなく、何の面識もない著者の原稿を丁寧に読んで頂き、貴重なアドヴァイスと激励を頂いたことは、本書を完成させるための大いなる力となった。

いわば大学では「よそ者」である著者が、快適な2年間を過ごすことができたのは、佐々木毅元法学部長（現総長）、渡辺浩前学部長、そして高校又は大学時代の友人であった藤田友敬助教授、増井良啓助教授、白石忠志助教授、中山洋平助教授をはじめとする東京大学法学部の先生方の温かいご配慮があったからこそであると考えている。また、ただでさえ人手が足りない状況にもかかわらず、著者を2年間も大学に派遣することを快く許可した外務省にも感謝申し上げたい。

また、何の学問的業績がないにもかかわらず、本書の出版を快く引き受けて頂いた下田勝司東信堂社長にも感謝申し上げたい。

最後に、大学在籍中も、それ以外の時でも、常に著者を支えてきてくれた

妻、圭子に感謝の意をこめて本書を捧げたい。
　なお、本書は、著者個人の責任において書かれたものであり、直接引用した見解は別として、本書に述べられた見解は、当然のことながら、著者の属する組織の見解を何ら代表するものではないことを念のため申し添えておく。
　2002年7月

　　　　　　　　　　　　　　　　　　　　　　　　　　著　者

事項索引

〔ア〕

IMF（国際通貨基金）協定	93
——26条1項	130
IMFとの"stand-by agreements"	19
アイデンティティ	63, 66
アジア・アフリカ法律諮問委員会（AALCC）	183
ASEAN地域フォーラム（ARF）	168
アメリカとタンザニアの間の経済技術協力協定（1968）	130
アラブ連盟規約	
——第17条	52
アルジェリア民族解放戦線（AFLN）	91
アレンジメント	20

〔イ〕

一般国際法	68, 94, 175
一般条項	119
一方的行為	15, 92, 93
言葉による——	22, 143, 150, 151
一方的宣言	93
意図の宣言	50
医療技術	34

〔ウ〕

ウィーン最終議定書（1815）	149
ウクライナにおいて削減される核兵器の廃棄の支援に係る協力のための委員会	182
宇宙	23

〔エ〕

エヴィアン合意（協定）（1962）	91
エーゲ海大陸棚事件（裁判管轄権）（判決）（1978）	50-55, 77, 164
NGO（非政府団体）	14, 21, 22, 67, 101, 106, 124, 182
NTTの調達問題	35
MOU(s)	21, 25, 27, 33, 72, 78, 81, 112, 131, 132, 153, 170, 171
円借款取極	72

〔オ〕

欧州安全保障協力会議最終文書（1975）	110, 168, 173
欧州安全保障・協力機構（OSCE）	64
欧州石炭鉄鋼共同体	169
OECDのガイドライン	19
沖縄返還協定（1971）	127
オゾン層の保護のためのウィーン条約（1985）	129
オゾン層を破壊する物質に関するモントリオール議定書（1987）	184
覚書	33, 72

〔カ〕

外交関係樹立（開設）	43, 92, 126, 183
外交的保護権	133
外務省設置法	
——4条15号	30
海洋	23
カイロ宣言（1943）	8
閣議決定	104, 105, 120, 130
核兵器の不拡散の分野における協力のための委員会	182

カタールとバーレーン間の海洋境界画
　定及び領土問題事件（裁判管轄権、
　受理可能性）（第一判決）（1994）　52, 54,
　　　　　　　58, 70, 82, 84, 164, 165, 172
GATT
　——22条1項　　　　　　　　　　111
　加入　　　　　　　　　　　　　173
　環境　　　　21, 23, 106, 117, 124, 127
　——保護　　　　　　　　　108, 128
環境諸条約　　　　　　　　　　　117
環境と開発に関する国際連合会議（1992）
　　　　　　　　　　　　　　　　184
環境と開発に関するリオ宣言（1992）129
慣習国際法　　　　　　　　24, 69, 93
簡略形式の条約　　　　　　　　　154

〔キ〕

議会の承認　　　　104, 105, 112, 120, 121,
　　　　　　　　　　　123, 125, 130
気候変動に関する国際連合枠組条約
　（1992）　　　　　　　　　　　129
　——京都議定書（1997）　　　　184
議事録（Minutes）　　　　　 8, 33, 72
期待（expectation）　　　　10, 24, 116
　——形成　　　　　　　　　　　24
　——の共有　　　　　　 98, 100, 137
北朝鮮との合意枠組み（1994）　　91
議長サマリー　　　　　　　　　　112
議定書（Protocol）　　　　　18, 72, 129
規約　　　　　　　　　　　　　　72
90年議事録　　　　　　　　52-55, 163
行政取極　　　39, 121, 123, 125, 145, 181
協定　　　　　　　　　　　　 72, 79
共同コミュニケ　　7, 33, 37, 52, 55, 71, 72, 77
共同新聞（プレス）発表　　　　　37
共同声明　　　　　　7, 33, 34, 37, 72, 88
共同宣言　　　　　　7, 33, 37, 38, 72, 173
共同発表　　　　　　　　　　 37, 72

銀行法
　——4条3号　　　　　　　　　　30
金銭賠償等の回復（reparation）　86, 133
禁反言（estoppel）　　 10, 94, 175, 180
金融サーヴィス　　　　　　　　　34
金融サーヴィスに関する日本国政府及び
　アメリカ合衆国政府の（諸）措置（1995）34

〔ク〕

クリーン・スレート理論　　　　　87
軍縮　　　　　　　　　　　　　　24
軍備管理　　　　　　　　　　　107

〔ケ〕

経済相互援助委員会→コメコン
経済的、社会的及び文化的権利に関す
　る国際規約→社会権規約
契約（的）条約　　　　　　　44, 154
ケース法　　　　　　　　148, 150, 163
決議　　　　　　　　　　　　　　23
決着文書　　　　　　　　　 8, 35, 36
決定　　　　　　　　　　　　23, 72
権威　　　　　　　　　　　　　　10
憲章　　　　　　　　　　　　　　72
現状維持機能　　　　　　　　　187
原状回復　　　　　　　　　86, 133
原則宣言　　　　　　　　　　　129
権利義務関係→法的権利義務関係

〔コ〕

合意（された）議事録　　　　 57, 72
公開　　　　　　　　　　　　　112
交換公文　　　　　　　　　72, 79, 95
口上書　　　　　　　　　　　　　 8
　——交換　　　　　　　　　33, 126
交渉の合意（pacta de negociando）　19, 135
構成主義学派（Constructivism）　62, 63,
　　　　　　　　　　　　　66, 67, 166

行動主義	61	国際連合（国連）	82, 167
口頭の合意	19, 77, 132, 159, 172	——決議	19, 117
口頭の国際約束	19, 181	——事務局	80, 81
公表	13, 15, 80, 82, 112, 121, 130, 131, 148	——事務総長	171
外交史料の——	132	——総会	81
降伏文書（1945）	8, 146	——総会決議	68, 175
国際違法行為	92	——等への登録	53
国際会議の決議	129	国際連合（国連）憲章	124, 179
国際河川の使用に関するヘルシンキ規則（1966）	21	——55条・56条	75
		——102条	52, 82, 91, 169
国際関係論	11, 61, 62, 64, 67, 97, 140, 165, 167, 176	——102条1	80
		国際連合人間環境会議（1972）	184
国際機関	8, 9, 14, 23, 24, 68, 82, 125, 167	国際聯盟規約	
——との取決め	19	——18条	81, 82, 169, 171
——の決議（決定、宣言）	15, 19, 23, 24, 28, 93, 127, 129, 143, 151, 168	国政調査権	15
		国内管轄事項	95
——の設立（創設）	70, 125, 126	国内立法措置	105
——への登録	80, 84, 112, 130	国民の権利義務	131
国際機構間条約	154	国務省規則→米国国務省規則	
国際協定	81	国連環境開発会議（UNCED）	71
国際公共性	21, 106	国連国際法委員会	45-48, 80
国際裁判（所）の強制管轄	87, 133, 136, 141	国連条約法会議	45
国際司法裁判所	69, 82, 161, 169, 186	COCOM（対共産圏輸出統制委員会）	109, 110
国際人権規約	117, 127	個人	14
国際政治学	61-63, 66, 67, 101, 140, 165, 167, 176	国会承認条約	29, 39, 43, 121, 125, 126, 145
		国会法	
国際責任→国家責任		——104条	184
国際通貨基金協定→IMF協定		国家間条約	154
国際的な制度（institutions）	63	国家承継	87, 88
国際法学	10-12, 62, 64, 67, 97, 167, 176	国家承認	90, 93, 120, 175
国際復興銀行協定		国家責任（国際責任）	86, 92, 133, 136, 140
——6条	130	国家の一方的行為→一方的行為	
国際法協会	21	コメコン（経済相互援助委員会）	183
国際法上の効果	49		
国際約束締結権限	39	〔サ〕	
国際約束の直接適用	125	最終議定書（Acte Final）	18
国際（的な）ルール	11, 106	最終条項	79, 84, 119
国際レジーム論	61, 62, 165	在日合衆国教育委員会	182

裁判に付し得る紛争	87	——の定義	49
裁判付託合意 (compromis)	87, 95	条約集	56, 83
裁量を留保した約束	19	条約法会議	48
査証（の相互）免除	126, 127	条約法に関するウィーン条約 (1969)	19,
佐藤・ニクソン共同声明→日米共同声明 (1969)			29, 33, 44, 45, 47, 58, 61, 68, 71, 139, 150, 154, 170, 171
SALT I 条約暫定協定 (1972)	151	——2条	51
SALT II 条約 (1976)	151	——2条1 (a)	52
暫定合意 (Interium Accord)	120	——3条	51
暫定自治拡大に関する原則宣言 (1993)	150	——7条・8条	158
サンフランシスコ平和条約 (1951)	8, 29	——11条	51, 75
		——26条1・2	87
〔シ〕		——31条	55, 93, 154
CSCE内における調停及び仲裁に関する条約 (1992)	87	——32条	55, 163
		——54条	178
事後の実行（慣行）	94	——80条1	80, 82
事後の承認	181	将来望ましい法 (lex ferendo)	86
事実上の (de facto)	27	書簡交換	33, 126
実際的要請	16	署名	77, 84, 119, 121
実施取極	20, 159, 172	信義誠実 (good faith)	99, 106
実践的基準（捜査コード）	188	——原則	94, 95, 173
実定法主義	140	人権	21, 23, 106, 117, 124, 127
司法的解決	70, 186	——侵害	24
司法的な救済	133	紳士協定	28, 50
社会権規約	75	神聖同盟	149
上海コミュニケ→米中共同声明		森林原則声明 (1992)	71
重大な違反	87	神話体系（神話システム）	188
集団安全保障	102		
状況的な約束	101, 138	〔セ〕	
承継	87, 88	政権交代	87-90
——の効果	133	制限的拘束力を有する合意 (restricted binding force)	19
少数民族高等弁務官 (HCNM: High Commissioner on National Minorities)	64, 65	制限的（拘束力を有する）約束	19
常設国際司法裁判所	161	正式の条約	154
承認	92, 173, 175	政治的	27
情報公開制度	15	——規範	65
条約	7, 29, 30, 47, 56, 71, 72, 79, 81, 95, 131, 145, 149, 160, 163, 181	——拘束力	59, 60, 96
		——拘束力のある合意	58-61, 161, 165

事項索引　211

——条約	154	電気通信	34
——宣言	50		
政府機関間の取極	159, 172	〔ト〕	
政府承継	87	討議の記録	33, 72
政府承認	90, 93, 175	当局間の合意	132
政府調達	34	当事国による公布及び自国条約集への	
声明	112	掲載	80
世界人権宣言（1948）	117, 127	統制	10
宣言	18, 23, 38, 112	道徳的	27
全権委員	80	——規範	65
戦後外交記録の一般公開	185	——拘束力	27, 60, 161, 164
先進国	13, 14	——拘束力のある合意	58-61, 161, 165
戦争賠償の相互放棄	43	同盟条約	46
セント・ペテルスブルグ宣言（1868）	72	同盟体制	102
		途上国	13, 14
〔ソ〕		取極	72
相互主義（reciprocity）	126, 137	〔ナ〕	
ソフト・ロー	11, 14, 19, 23, 25, 28, 58, 60, 61,		
	65, 85, 103, 148, 149, 153, 161, 165	仲間内の圧力（peer pressure）	100, 110
〔タ〕		〔ニ〕	
第二次日米半導体取極（1976）	127	二国間条約	154
代表権	39	日・EC共同宣言（1991）	89
多国籍企業	14, 106	日米安全保障共同宣言（1996）	8
多数国間条約	23, 24, 154, 184	日米安全保障条約（新旧）	8, 29
WTO協定	111	日米間の新たな経済パートナーシップ	
		のための枠組みに関する共同声明	
〔チ〕		（1993）	170
地域的機関	24	日米教育委員会	182
地球環境保護→環境保護		日米共同声明（沖縄返還に関する）	
中部欧州相互均衡兵力削減（MBFR）		（1969）	8, 57, 127
交渉	110	日米構造問題協議最終報告書（1990）	34
調停	87	日米自動車（・自動車部品）交渉	78, 111,
直接投資及び企業間関係分野	35		122
		日米包括経済協議	34, 75, 88, 111
〔テ〕		日米和親条約	29
締結の合意（pacta de contrahendo）	19, 135	日露青少年交流委員会	183
定式性（formality）	26	日露間領土問題の歴史に関する共同	

作成資料集の新版（2001） 89
日露（関係に関する）東京宣言（1993） 8, 79, 89, 170
日韓基本条約（1965） 8
日ソ共同声明（1973） 38, 77
日ソ共同声明（1991） 38, 77
日ソ共同宣言（1956） 8, 37, 72, 79
日中共同声明（1972） 8, 38, 42, 79, 89, 126, 170
日中平和友好条約（1979） 8, 43, 160
日本国憲法
　──73条2号 29
　──98条2項 29
日本国政府及びアメリカ合衆国政府による自動車及び自動車部品に関する措置（1995） 34
日本国政府及びアメリカ合衆国政府による半導体に関する共同声明（1976） 123, 127, 184
日本国とソヴィエト社会主義共和国連邦との共同宣言→日ソ共同宣言
日本国とロシア連邦の間の創造的パートナーシップ構築に関するモスクワ宣言（1998） 89
人間環境宣言（1972） 117, 129

〔ハ〕

ハーグ平和会議（1899） 149
ハード・ロー 64, 153
パリ宣言（1856） 72

〔ヒ〕

ヒースロー空港の使用料に関するMOU（1983） 28, 164
非公式な協約（informarl compacts） 18
非（法的）拘束的合意 19
非国際法主体 21
非国家主体 14, 104, 124, 143
批准 80, 104, 173
　──条項 70
非状況的な拘束 101, 138
非承認政府 90
非条約的国際「合意」 30
非政治的条約 154
非友誼的行為（unfriendly acts） 86, 101

〔フ〕

附属書 129
復仇 101, 133
ブリュッセル共同コミュニケ（1975） 50
文化協定 135
紛争解決 119, 181
　──条項 98
紛争処理 141

〔ヘ〕

米国国際法協会 11, 97, 147, 148, 153, 187
米国国務省規則 56, 75, 84
米国通商法
　──301条 111
米ソ共同声明（1990） 76, 77
米中共同コミュニケ（1979） 42, 160
米中共同声明（上海コミュニケ）（1972） 42, 83, 159
平和条約→サンフランシスコ平和条約
平和条約問題に関する交渉の今後の継続に関する日本国総理大臣及びロシア連邦大統領のイルクーツク声明（2001） 89
平和条約問題に関する日本国総理大臣及びロシア連邦大統領の声明（1999） 89
平和と発展のための友好協力パートナーシップの構築に関する日中共同宣言（1998） 89
平和友好条約 46

〔ホ〕

包括的承継説	87
法源	28
──性	15
──論	14, 68
法であること	63, 64, 134
法的確信（opino juris）	54, 69, 93
法的含意	87
法的権利義務	50
法的権利義務関係	15, 18, 21, 45, 49, 70, 75, 85, 88, 107, 125, 126, 128
法的効果	29, 85, 88, 133, 180, 186
法(律)的紛争	87
──の解決	136
法の強制メカニズム	136, 140-142
報復（retorsion）	86, 101
保険に関する日本国政府及びアメリカ合衆国政府の(諸)措置（1994）	34
補足文書	20
ポツダム宣言（1945）	146
ボン条約（1979）	21
Ponsoby Rule	173

〔マ〕

末文	79, 80

〔ミ〕

未承認国	92
民主的正統性	105, 122, 130, 134
民主的統制	15, 16
民族集団（ethnic groups）	65

〔ム〕

無償賃金供与取極	72, 76

〔メ〕

Memorandum of Understanding→MOU(s)

〔モ〕

黙示の合意	19
黙示の承認	90, 92
黙認	175

〔ヤ〕

ヤルタ協定（1945）	8

〔ユ〕

輸出管理レジーム	109

〔ヨ〕

ヨーロッパ社会の法化	145
ヨーロッパ諸国	13
「予防外交の概念と原則」（2001）	168

〔リ〕

リーガル・チェック	122, 182
立法条約	44, 154
了解覚書→MOU(s)	

〔ル〕

ルール	24

〔レ〕

連合国共同宣言（1942）	8
連邦国際条約法（ロシア連邦）	150, 173

〔ロ〕

ロシア連邦において削減される核兵器の廃棄の支援に係る協力のための委員会	182

〔ワ〕

枠組み条約	128, 184
ワッセナー・アレンジメント	109, 110, 178

人名索引

Ago, R.	46, 160
アレクサンダー一世	149
Alfaro, Ricardo J.	46, 160
Aust, Anthony	59, 73-76, 94, 112, 152
ベーカー国務長官	76
Baxter, R. R.	99
ベシュロス, マイケル, R.	76
Bilder, Richard B.	97, 95, 116, 180
Bothe, Michael	178
Bowett, D. W.	95, 175
Brierly, J.L.	45-47, 49
Bull, Hedley	138
ブッシュ大統領	76
Byers, Michael	62, 64, 66
カリエール, フランソワ, デ	99
カンター, マイケル	35, 111
Eisemann, Pierr M.	40
Fawcett, J. E. S.	169
Field, David	18
Finnemore, Martha	63-67, 166, 167
Fitzmaurice, G.	46, 47, 49
ゴルバチョフ大統領	76
長谷川正国	40-43, 151, 152, 159, 160
橋本龍太郎	35, 111
Hass, Peter M.	97, 177
Henkin, Louis	185
Hillgenburg, Hartmut	180
廣瀬和子	167
Hurell, Andrew	165
勝海舟	99
Keohane, Robert O.	177
姫鵬飛外交部長	79
キッシンジャー国務長官	96, 99
Klabbers, Jan	58-61, 69, 152, 153, 160, 161, 165, 169
Kocs, Stephan D.	63
Lauterpacht, E.	45-47, 49, 69, 168
Lipson, Charles	62, 148, 166, 184
Lowe, Vaughan	186
Munch, Fritz	40, 41, 148, 149, 154
ニコルソン, ハロルド	99, 131
小田滋	163
大平正芳	79
奥脇直也	167
大沼保昭	116, 117, 167, 175, 185-187
プーチン大統領	89
Ratner, Steve R.	63-65, 166
Reisman, W. Michael	10, 103, 115, 142, 148, 172, 174, 188
Reuter, Paul	180
Rosenne, Shabtai	149
Satow, Sir Ernest	18
Schachter, Oscar	176
シェヴァルナッゼ外務大臣	76
周恩来総理	79
Sinclair, Sir Ian	175
タルボット, ストローブ	76
田中角栄	79
Virally, Michel	152, 175, 176
Waldock, H.	47, 48
Weber, Max	67
Weinstein, Franklin B.	101, 138
Weiss, Edith Brown	97, 187
Widdows, Kelvin	160, 169
吉田茂	99, 177

著者紹介

中村　耕一郎（なかむら　こういちろう）

1964年　東京都生まれ
1987年　東京大学法学部卒業、外務省入省
1999年〜2001年　東京大学大学院法学政治学研究科比較法政国際センター客員助教授
外務省総合外交政策局安全保障政策課首席事務官等を経て、
現在、在アメリカ合衆国日本国大使館一等書記官

主要著作

「外交関係の開設」「外交関係の断絶」（国際法学会編『国際関係法辞典』三省堂、1995年）

現代国際法叢書

国際「合意」論序説──法的拘束力を有しない国際「合意」について──

2002年10月10日　初　版第一刷発行　　　〔検印省略〕
＊定価はカバーに標示されています

著者ⓒ中村耕一郎／発行者　下田勝司　　印刷・製本　中央精版印刷
東京都文京区向丘1-20-6　郵便振替00110-6-37828　　発　行　所
〒113-0023　TEL (03)3818-5521　FAX (03)3818-5514　　株式会社　東信堂

Published by TOSHINDO PUBLISHING CO, LTD
1-20-6,Mukougaoka, Bunkyo-ku, Tokyo, 113-0023, Japan

ISBN4-88713-459-2 C3032 ¥3000E ⓒKoichiro Nakamura
E-mail : tk203444@fsinet.or.jp

── 東信堂 ──

国際法新講〔上〕	田畑茂二郎	二七〇〇円
国際法新講〔下〕	田畑茂二郎	二七〇〇円
ベーシック条約集（第3版）	代表編 山手治之・香西茂・松井芳郎・田畑茂二郎	二四〇〇円
国際経済条約・法令集（第二版）	代表編 小松一郎・小原喜雄・松井芳郎・山手治之	三〇〇〇円
国際機構条約・資料集（第二版）	代表編 香西茂・安藤仁介	三三〇〇円
国際立法──国際法の法源論	村瀬信也	六八〇〇円
判例国際法	代表編 松井芳郎・田畑茂二郎・坂元茂樹	三五〇〇円
プラクティス国際法	代表編 坂元茂樹・松本正・西本幸樹	一九〇〇円
国際法から世界を見る──市民のための国際法入門	松井芳郎	二八〇〇円
国際人権法入門	T・バーゲンソル 監訳 小寺初世子 訳	二八〇〇円
テロ、戦争、自衛──米国等のアフガニスタン攻撃を考える	松井芳郎	八〇〇円
人権法と人道法の新世紀	編集代表 松田竹男・藤田久一・坂元茂樹・薬師寺公夫	六二〇〇円
国際人道法の再確認と発展	人道法国際研究所 編	四八〇〇円
海上武力紛争法サンレモ・マニュアル解説書	竹本正幸 監訳	二五〇〇円
海洋法の新秩序──高林秀雄先生還暦記念	編集代表 山本草二・杉山茂・香西茂	五八〇〇円
国際法の新展開──太寿堂鼎先生還暦記念	編集代表 山本草二・杉山茂・香西茂	六七九六円
国連海洋法条約の成果と課題	高林秀雄	四五〇〇円
領土帰属の国際法	太寿堂鼎	三八〇〇円
摩擦から協調へ──ウルグアイラウンド後の日米関係	中川淳司・T・ショーエンバウム 編	四五〇〇円
国際法における承認──その法的機能及び効果の再検討	王志安	五二〇〇円
国際社会と法（現代国際法叢書）	高野雄一	四三〇〇円
集団安保と自衛権（現代国際法叢書）	高野雄一	四八〇〇円
国際人権条約・宣言集（第三版）	田畑・竹本・松井・薬師寺 編	改訂中・近刊

〒113-0023 東京都文京区向丘1-20-6　☎03(3818)5521　FAX 03(3818)5514　振替 00110-6-37828

※税別価格で表示してあります。

― 東信堂 ―

教材 憲法・資料集	清田雄治編	二九〇〇円
東京裁判から戦後責任の思想へ〈第四版〉	大沼保昭	三二〇〇円
[新版]単一民族社会の神話を超えて	大沼保昭	三六八九円
「慰安婦」問題とアジア女性基金	大沼保昭	一九〇〇円
なぐられる女たち――世界女性人権白書	和田春樹・大沼保昭・下村満子・小田滋編	一九〇〇円
地球のうえの女性――男女平等のススメ	鈴木有澤・米田務省訳	二八〇〇円
借主に対するウィンディキアエ入門	小寺初世子	一九〇〇円
比較政治学――民主化の世界的潮流を解読する	H・J・ウィーアルダ 大木啓介訳	二九〇〇円
ポスト冷戦のアメリカ政治外交――残された「超大国」のゆくえ	城戸由紀子訳	三六〇〇円
巨大国家権力の分散と統合――現代アメリカの政治制度	Ṣ・J・プルトゥス	三六〇〇円
プロブレマティーク国際関係	阿南東也	四三〇〇円
クリティーク国際関係学	今村浩 三好陽編	三八〇〇円
太平洋島嶼諸国論	関下稔他編	二〇〇〇円
アメリカ極秘文書と信託統治の終焉	中川涼司編 中川田秀樹編	二二〇〇円
刑事法の法社会学――マルクス、ヴェーバー、デュルケム	小林泉	三四九五円
軍縮問題入門〈第二版〉	小林泉	三七〇〇円
PKO法理論序説	J・インヴァラリティ 松村・宮澤・川本・土井訳	四四六六円
時代を動かす政治のことば――尾崎行雄から小泉純一郎まで	黒沢満編	二三〇〇円
世界の政治改革――激動する政治とその対応	柘山堯司	三八〇〇円
[現代臨床政治学叢書・岡野加穂留監修] 村山政権とデモクラシーの危機	読売新聞政治部編	一八〇〇円
比較政治学とデモクラシーの限界	藤本一美編	四六六〇円
政治思想とデモクラシーの検証	岡野加穂留編	四二〇〇円
	大六野耕作編	四二〇〇円
	岡野加穂留編	四二〇〇円
	伊藤重行編	続刊

〒113-0023 東京都文京区向丘１-20-６　☎03(3818)5521　FAX 03(3818)5514　振替 00110-6-37828

※税別価格で表示してあります。

━━ 東信堂 ━━

〔現代社会学叢書〕

開発と地域変動——開発と内発的発展の相克	北島滋	三二〇〇円
新潟水俣病問題——加害と被害の社会学	飯島伸子・舩橋晴俊編	三八〇〇円
在日華僑のアイデンティティの変容——華僑の多元的共生	過放	四四〇〇円
健康保険と医師会——社会保険創始期における医師と医療	北原龍二	三八〇〇円
事例分析への挑戦——個人・現象への事例媒介的アプローチの試み	水野節夫	四六〇〇円
海外帰国子女のアイデンティティ——生活経験と通文化的人間形成	南保輔	三八〇〇円
有賀喜左衛門研究——社会学の思想・理論・方法	北川隆吉編	三六〇〇円
現代大都市社会論——分極化する都市？	園部雅久	三三〇〇円
インナーシティのコミュニティ形成——神戸市真野住民のまちづくり	今野裕昭	五四〇〇円
ブラジル日系新宗教の展開——異文化布教の課題と実践	渡辺雅子	八二〇〇円
イスラエルの政治文化とシチズンシップ	奥山眞知	三八〇〇円
正統性の喪失——アメリカの街頭犯罪と社会制度の衰退	G・ラフリー／宝月誠監訳	三六〇〇円
福祉国家の社会学［シリーズ社会政策研究1］——21世紀における可能性を探る	三重野卓編	二〇〇〇円
戦後日本の地域社会変動と地域社会類型——都道府県・市町村を単位とする統計分析を通して	小内透	七九六一円
新潟水俣病問題の受容と克服	堀田恭子著	四八〇〇円
ホームレス ウーマン——知ってますか、わたしたちのこと	E・リーボウ／吉川徹・蘇里香訳	三三〇〇円
タリーズ コーナー——黒人下層階級のエスノグラフィ	E・リーボウ／吉川徹監訳	二三〇〇円

〒113-0023 東京都文京区向丘1-20-6　☎03(3818)5521　FAX 03(3818)5514／振替 00110-6-37828

※税別価格で表示してあります。

東信堂

責任という原理──科学技術文明のための倫理学の試み	H・ヨナス／加藤尚武監訳	四八〇〇円
主観性の復権──心身問題から「責任という原理」へ	H・ヨナス／宇佐美・滝口訳	二〇〇〇円
哲学・世紀末における回顧と展望	H・ヨナス／尾形敬次訳	二三八一円
バイオエシックス入門〔第三版〕	香川知晶編	八二六円
思想史のなかのエルンスト・マッハ──科学と哲学のあいだ	今井道夫	三八〇〇円
今問い直す 脳死と臓器移植〔第二版〕	澤田愛子	二〇〇〇円
キリスト教からみた生命と死の医療倫理	浜口吉隆	二三八一円
空間と身体──新しい哲学への出発	桑子敏雄	二五〇〇円
環境と国土の価値構造	桑子敏雄編	三五〇〇円
洞察＝想像力（たびだち）──知の解放とポストモダンの教育	D・スローン／市村尚久監訳	三八〇〇円
ダンテ研究Ⅰ──Vita Nuova 構造と引用	浦一章	七五七三円
ルネサンスの知の饗宴〔ルネサンス叢書1〕──ヒューマニズムとプラトン主義	佐藤三夫編	四四六六円
ヒューマニスト・ペトラルカ〔ルネサンス叢書2〕	佐藤三夫	四八〇〇円
東西ルネサンスの邂逅〔ルネサンス叢書3〕──南蛮と蘭寮氏の歴史的世界を求めて	根占献一	三六〇〇円
原因・原理・一者について〔ジョルダーノ・ブルーノ著作集3巻〕	加藤守通訳	三二〇〇円
ロバのカバラ──ジョルダーノ・ブルーノにおける文学と哲学	N・オルディネ／加藤守通訳	三六〇〇円
三島由紀夫の沈黙	伊藤勝彦	二五〇〇円
愛の思想史〔新版〕──その死と江藤淳・石原慎太郎	伊藤勝彦	二〇〇〇円
荒野にサフランの花ひらく〔続・愛の思想史〕	伊藤勝彦	二三〇〇円
必要悪としての民主主義──政治における悪を思索する	中森義宗／H・R・ヘイル編	一八〇〇円
イタリア・ルネサンス事典	中森義宗監訳	続刊

〒113-0023　東京都文京区向丘1-20-6　☎03(3818)5521　FAX 03(3818)5514　振替 00110-6-37828

※税別価格で表示してあります。

——東信堂——

【横浜市立大学叢書(シーガル・ブックス)・開かれた大学は市民と共に】

ことばから観た文化の歴史
——アングロ・サクソン到来からノルマンの征服まで
宮崎忠克　1500円

独仏対立の歴史的起源——スダンへの道
松井道昭　1500円

ハイテク覇権の攻防——日米技術紛争
黒川修司　1500円

ポーツマスから消された男
——朝河貫一の日露戦争論
矢吹晋著・編訳　1500円

グローバル・ガバナンスの世紀
——国際政治経済学からの接近
毛利勝彦　1500円

青の系譜——古事記から宮澤賢治まで
今西浩子　続刊

〈社会人・学生のための親しみやすい入門書〉

国際法から世界を見る
——市民のための国際法入門
松井芳郎著　2800円

国際人権法入門
T・バーゲンソル／小寺初世子訳　2800円

地球のうえの女性——男女平等のススメ
小寺初世子　1900円

軍縮問題入門【第二版】
黒沢満編　2300円

入門 比較政治学
——民主化の世界的潮流を解読する
H・J・ウィーアルダ／大木啓介・関下稔・中川涼司・永川秀樹司編訳　2900円

クリティーク国際関係学
中川涼司・永野秀樹編　2300円

時代を動かす政治のことば
読売新聞政治部編　1800円

福祉政策の理論と実際
——尾崎行雄から小泉純一郎まで
三重野卓編　3000円

知ることと生きること
——福祉社会学研究入門〈現代社会学研究入門シリーズ〉
香川知晶・平岡公一編　2381円

バイオエシックス入門【第三版】
——現代哲学のプロムナード
今井道夫・岡田雅昭・本間謙二編　2000円

〒113-0023　東京都文京区向丘1-20-6　☎03(3818)5521　FAX 03(3818)5514／振替 00110-6-37828

※税別価格で表示してあります。